方集出版社

陳添壽——著

紀事
下茄苳堡
臺南府城歷史情懷

每一本書，就像一個家園，都是一座城堡的流傳故事，總是讓人那麼的難以忘懷。

尤其是我日夜思念在那遠方年少時期成長的臺南後壁安溪寮老家的埕園「拙耕園」。

它就是位在那附近至少生活已經百年以上歷史的「下茄苳堡」記憶。

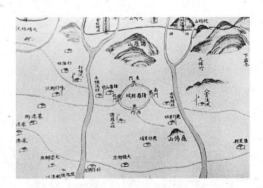

自 序

　　每一本書，就像一個家園，都是一座城堡的流傳故事，總是讓人那麼的難以忘懷。尤其是我日夜思念在那遠方年少時期成長的臺南後壁安溪寮老家的埕園——「拙耕園」。它就是位在那附近至少生活已經百年以上歷史的「下茄苳堡」記憶。

　　臺灣文獻學家洪敏麟在《臺灣舊地名之沿革》指出，舊地名充滿著先人創建聚落當時的感情，烙印在歷史軌跡裡的一個空間固有名詞。那兒的居民，從生至死，以及一代又一代，傳承襲用下來。

　　這種地名給予今日活在其地的子孫們，無比親切的感懷。我喜用「下茄苳堡」的舊地名正是凸顯這有歷史感情的意涵。

　　歷史是時間，地理是空間。「下茄苳堡」的「堡」字，其所存在發展於臺灣的歷史淵源，可溯自明清時期到日治臺灣的大正 9 年（1920 年）。在這段時間的地方行政組織，屬於在那開發較早的曾文溪以南地區通常使用「里」；而在那開發較晚的曾文溪以北到宜蘭地區，其地方行政組織則稱之為「堡」。

　　「堡」的地方組織下可以再分「庄」、「街」、「社」，尤其是1886 年（清光緒 12 年）劉銘傳在臺灣的實施土地清丈，製作了「庄圖」。因而清朝的「堡圖」是清丈時集合各「庄圖」的繪製而成，戰後臺灣省文獻會時期編印《臺灣堡圖集》。

　　洪敏麟在其《文獻人生：洪敏麟先生訪問紀錄》有段話，他說：「伊能嘉矩的臺灣地名研究，是以清代的堡為單位，對堡

內的重要地名進行探討；而安倍明義則是以日治時期街庄層級
地名作標的，以街庄作排列順序。從清朝時期的堡到日治時期
的街庄，兩者不是相連貫。」

　　洪敏麟說他的地名研究是在伊能嘉矩、安倍明義的基礎
上，再加以補充與修改的空間而選定以村里做為研究標的。我
認為這是洪敏麟對臺灣舊地名研究的貢獻，也因為他的研究更
精細，不僅到鄉鎮（庄街）以下的，更包含土名，例如我老家
土名「安溪寮庄」下的頂安、長安、福安等三個村。

　　我喜愛紀事孩提時代「下茄苳堡」自家中的「拙耕園」回
憶，而早期我在「拙耕園」祖厝的房間一角落，我就選擇借用
了古人習慣雅稱它為「安溪書齋」。

　　「安溪」二字除了有代表我先祖來自臺灣海峽對岸福建安
溪縣的遙遠家鄉地之外，「安溪書齋」成為是我年少時期讀書、
看書、買書、藏書的心靈深處祕境。

　　我的成長過程極為平凡，沒有值得炫誇的偉大人物事蹟與
擁有腰纏萬貫財富，也沒有驚濤海浪的精采故事。我生命中成
長軌跡是從最小角落的「安溪書齋」，走出了簡陋的小書房；我
經過屋前埕園的「拙耕園」綠地；再跨出穿越「下茄苳堡」與
「臺南府城」的城堡；然後，我振翼飛翔在一眼望去盡是廣表
的稻浪「嘉南平原」。

　　小時候，我總以為，到不了的才是遠方；長大後，我才明
白，回不去的都是故鄉。如今在我的古稀之年，記述我這段追
求知識的漫遊人生旅程，儘管我不是成為某領域中的一位什麼
「大師」，但我回味和深處感受到青少年時期獨自享有自由閱讀
生活的一種樂趣。

　　我喜歡 1982 年諾貝爾文學獎得主馬奎斯在《百年孤寂》寫道:「生命中曾經有過的所有燦爛,終將需要用寂寞來償還。」而每當我獨處的懷鄉情愁湧現時,我會用閱讀與書寫來療癒澎拜心靈的思緒。

　　所以,本書分成四個部分:

　　第一部分是【歷史的下茄荖堡】。記述最早時期下茄荖堡、東寧時期下茄荖堡、清治時期下茄荖堡、日治及當今下茄荖堡等四個階段的地理環境與變遷。

　　第二部分是【動盪的下茄荖堡】。記述與「下茄荖堡」發展關係的歷史人物,特別是引發社會動盪的歷史性事件,諸如吳球、劉却、朱一貴、黃教、張丙、沈知、賴鬃、戴潮春、吳志高等事件。

　　在這發生一連串動盪的歷史事件中,我們「下茄荖堡」居民是如何面對這動盪不安的社會,勇敢的生活與生存了下來。

　　第三部分是【閱讀的下茄荖堡】。記述我早期住在「下茄荖堡」的閱讀與書寫起步的階段。這階段的時間,主要是我在 1950年代到 1970 年代的歲月裡,我的生活和接觸的環境,主要還是以「下茄荖堡」及其鄰近的嘉南區域為主,「下茄荖堡」成為是孕育我閱讀啟蒙與書寫起步之地。

　　在我閱讀的追求知識路上,回溯當年我是多麼敬佩胡適之先生的博覽羣書,和其勤做學問的態度與精神,乃至於影響我報考大學獨鍾情要選擇哲學系,雖不如願但幸運進入輔仁大學攻讀圖書館學,也努力嘗試發表多篇評論性文章,部分的原稿全文已收錄在拙作《文學、文獻與文創——陳天授 65 作品自選集》。

這裡閱讀與早期書寫的文字，是在記述當時發表這些作品的啟蒙背景，特別是 1970 年代中期當我在軍中服義務役的最後二個月，記下即將退伍之前〈惆悵舊歡如夢──記一段當兵日子的愛情手札〉的這段愛恨情愁。

迄今 50 年後，我審修當時閱讀與書寫的文字，複雜的往日情愫恍惚有如今日的一幕幕浮上心頭。〈惆悵舊歡如夢──記一段當兵日子的愛情手札〉的內容，過去的歲月似夢境一般，已經永遠讀不回，留下的盡是無窮盡的惆悵與思念，畢竟那是我人生中難得一次慘酷體驗的歷程。

記述這段當兵愛情札記的淬鍊，可讓我的心智更加成熟，而且我也有幸在以後自己人生的成長過程中，再經歷了許多不同生活與工作的環境考驗，雖然後來自己並未能如願地留在企業界和圖書館界服務，但我終究堅持走在喜愛閱讀與書寫有關人文社會科學的通識道路上。

第四部分是【書寫的下茄苳堡】。選錄的是我在 1980 年代至今（2020）年的期間，主要出版著作中有關每本書〈自序〉的彙輯。這階段是我開始在大學教書，和正式進入專書書寫和出版的成熟時期。

我將這些作品一共分成「政治經濟與治安類的著作自序輯」、「文創產業與管理類的著作自序輯」，和「專欄雜文與自述類的著作自序輯」等三輯。

思考做這樣分類的三輯內容，精確地說來我認為並不是很恰當，但一方面為了釐清自己作品的出版書序，一方面為了讓讀者能了解我在每一階段閱讀、學思與書寫的文字，其所凸顯的還是離不開我早期在「下茄苳堡」，已經養成喜愛閱讀與書寫

的啟蒙。

最後是兩篇的【附錄】。分附錄一：【臺灣政經史系列叢書】〈發刊詞〉，與附錄二：【臺灣政治經濟思想史論叢】（卷一至卷七）總目錄。

附錄一：【臺灣政經史系列叢書】發刊詞，是 2019 年 10 月 25 日我寫於主編元華文創公司【臺灣政經史系列叢書】的〈發刊詞〉。

我誠摯期望透過這篇〈發刊詞〉能夠讓有更多的學者、專家，共同來參與這塊園地的耕耘，以彙集更多這方面的學術專業著作來嘉惠士林。

附錄二：【臺灣政治經濟思想史論叢】（卷一至卷七）總目錄，是我目前在元華文創出版【頂尖文庫】及【臺灣政經史系列】叢書中，已經彙集出版的有關政治經濟學與臺灣政經發展的學術論文。

我希望透過這〈總目錄〉所列出的各篇名，能夠提供有志於這研究這領域的讀者，方便他們的查閱與參考。

我常自勉並期望自己能有如英國思想家約翰·彌爾（John S. Mill），在其自傳《我的知識之路》中，記述他一生所追求知識的精彩與豐碩。我以他為我努力的標竿，要求自己活到老，學到老的樂此不疲。

回到我書寫《紀事下茄苳堡》的初衷，儘管如今的「下茄苳堡」，不但是行政區已經被充新調整劃分，連它的地名也被改掉而消失了，現在許多鄉民對於「下茄苳堡」的認識已是模糊，但仍存在歷史的重要集體記憶。

現在的「下茄苳堡」雖似難尋，就連我老家「拙耕園」也

已成了廢園舊事的不堪回首。但這階段的集體記憶又是在訴說著我青少年時期的往事，它斷續的片段記憶又似晴空掠過的彩霞，投影在我年少不知愁滋味的心坎。

我想起了一首歌，晨曦作詞、谷村新司作曲、鳳飛飛唱的〈另一種鄉愁〉，其中有詞：

「沒有哭泣的那一種滋味／那種使人刻骨銘心的鄉愁／如果深深經歷那種感受／才會明白為何佔滿心頭／啊啊……只要獨處／日升日落許多感觸／啊啊……那種滋味／澎湃飛舞怎能傾訴／那雲和樹／不要遮斷那故鄉的道路／……」。

我的「下茄苳堡」鄉愁，更讓我容易也聯想起三毛作詞、李泰祥作曲、齊豫唱的《橄欖樹》歌曲，其中有詞：

「不要問我從哪裡來／我的故鄉在遠方／為什麼流浪／流浪遠方／流浪為了天空飛翔的小鳥／為了山間輕流的小溪／為了寬闊的草原／……還有為了我／夢中的橄欖樹……」。

當今如果我能夠讓我同時擁有這兩首歌的心境，並將《橄欖樹》改成《茄苳樹》，「另一種鄉愁」當屬「下茄苳堡鄉愁」莫屬。

《紀事下茄苳堡》的書寫過程，我的心境就是完全浸潤在這種交織糾葛所形成的氛圍下完成，它孕育了我豐碩生命成長和知識追求的多重階段歷程。迄今不管是我移居何處的漂泊流浪，它永遠是我甘之如飴，午夜夢迴的難忘之地。

　　《紀事下茄苳堡》帶給我的夢想，就是期望有一天它能化成一座〔下茄苳堡故事館〕，或於芙蓉埤畔成立〔安溪書院〕，使其充滿了有歷史人物掌故、有地理環境變遷、有清晰圖片導覽、有仿鹽分地帶〔南瀛文學〕出版〔下茄苳堡文學〕的刊物、有才藝教學、有成立青少年獎助學金，以及結合地方鄉土特色，發展旅遊、美學、飲食等文化創意產業等等，讓歷史「下茄苳堡」再度為臺南後壁區的展現風華。

　　寫好這篇〈自序〉的今天，正是母親嵩歲 102 的週年忌，我圓滿地完成先母與陳姓歷代祖先神主牌位，恭迎回安住昔日「下茄苳堡」的今日後壁區新建懷恩塔，讓先母與歷代祖先永遠安息在他（她）們最熟悉的地方——下茄苳堡安溪寮（庄）。

　　謹以此書《紀事下茄苳堡》列入我的【嘉南記憶五書】，承續《我的百歲母親手記——拙耕園故事》、《臺南府城文化記述》、《稻浪嘉南平原》、《流轉的時光——臺南府城文化風華》等四書，來紀念我的父親陳其、母親陳廖甪纏，感謝他（她）們為我和家族人奉獻終其一生的鞠勞。

　　同時，註記我自己古稀之年閱讀、學思與書寫的人生歲月。

陳益青 謹識

2020 年 8 月 13 日臺北蟾蜍山南麓迎風樓安溪書齋
2022 年 3 月 23 日修稿於臺北城市大學圖書館研究室

目 次

第一部分
歷史的下茄苳堡

最早時期下茄苳堡

臺灣初期發生的地名，大多具備著濃厚歷史、地理、民俗、風俗習慣上特殊的文化意義與啟示。「下茄苳堡」的「茄苳」二字，植物學名 Bischofia javanica，指秋楓，亦稱秋風、茄冬、加冬。

周鍾瑄《諸羅縣志》：「加冬樹，葉似冬青，子亦如之。大者陰可數畝。」「茄苳」即重陽木，屬於半落葉性常綠大喬木，木色呈深褐色，是優質行道樹或庭園樹，硬度適中，經久耐用，極有利供建築用途。

「茄苳」的根、皮、葉皆可作藥用；果實成熟時，可食用；葉亦可用於料理、泡茶，如大家喜歡吃的茄苳蒜頭雞。「茄苳」的壽命不但長，而且可生長成巨樹，常成為民間信仰膜拜的「樹公」或「樹王」尊號。

「茄苳」是被臺灣原住民邵族尊呼的聖樹，象徵其祖靈和子孫世代的繁衍。另鄒族傳說中的天神「哈莫」（Hamo）用樹葉創造人類，其中「茄苳」樹葉則是變成平地人。

「茄苳」的種植與生長遍及全臺各地。因此，臺灣有不少地方都喜歡以「茄苳」（臺語：Ka-tang）為名，如：茄苳（今屏東縣佳冬鄉）、茄苳腳（今臺南市新營區嘉豐里）、下茄苳（今臺南市後壁區嘉苳里）、上茄苳（今臺南市後壁區侯伯、嘉民、嘉田等里）等地。

迄今臺灣對於最早住民有各種不同的說法，有來自本地說、有來自北方說、有來自西方說、有來自南方說。根據學者專家的論述，認為在臺灣最早出現的住民，是以來自臺灣西方的大陸閩越族，和來自臺灣南方的菲律賓馬來族等二種最有可能。

人類的起源於非洲的說法，特別是近世代以來，無論從其體格、語言、習慣，以及生活用具的發展與演變，可說是人類從非洲的遷徙到南亞，逐漸形成閩越族，再越過海洋來到平湖（今澎湖）、臺灣的遷移過程。

如果我們可以接受這一種說法，臺灣遂可說是成為閩越族和馬來族經過無數代次的爭鬥與融合而成的民族，更至於說臺灣原住民族就是成為南島民（語）族的始祖。

然而，也因為無正式文字的確切記載下來，其間雖歷經遇有日本海盜和大明國海盜的從海上登岸。這其中包括明嘉靖（1522-1566）年間的林道乾，天啟、崇禎（1621-1644）年間的顏思齊、鄭芝龍由澎湖進入臺灣，但其都非真正有計畫性移民的定居下來。

臺灣一直要等到 16、17 世紀大航海時代的歐洲人東來以後，經由荷蘭、西班牙的佔據統治，臺灣才正式開始接觸西方文明社會的進入土地墾殖與經濟作物普遍開發的時期。

1624 年荷蘭人從佔領臺灣南部的大員開始，臺南市轄區過去在荷蘭人到來時，主要是為平埔族中的西拉雅族居住範圍。西拉雅族之中，又以新港社、目加溜灣社、蕭壠社、蔴荳社等勢力最大，除了西拉雅族之外，與下加冬在地緣上最接近的要屬今臺南市東山區洪雅族的哆囉嘓社。

　　因此，檢視開發與下茄荖地區密切有關的文字記述，要到
鄭成功據臺以後才會陸續出現許多可資佐證的具體文獻。

東寧時期下茄苳堡

1662 年（明永曆 16 年、清康熙元年）鄭成功逐走荷蘭人，稱臺灣為東都，置承天府，設府治於赤崁樓，劃府治為東安、西定、寧南、鎮北四坊，並設天興縣治於開化里（今佳里區），轄北路（今臺南至基隆）；設萬年縣治於埤子頭（今左營區），轄南路（臺南至恆春）。是年底，鄭成功卒，1663 年鄭經退守臺灣。

鄭經的開始大力經略臺灣，1664 年（明永曆 18 年）8 月鄭經改東都為東寧，改天興、萬年二縣為二州，南北路及澎湖各增置安撫司。1681 年（明永曆 35 年）鄭經卒。1683 年（明永曆 37 年、清康熙 22 年）鄭克塽降清。

檢視鄭成功、鄭經、鄭克塽三代的統治臺灣 21 年，其間鄭經執政的凡 19 年以「東寧」稱呼全臺，歷史上遂也有將「明鄭時期」稱之為「東寧王國時期」，或簡稱「東寧時期」。

1980 年重刊《臺南縣志》〈卷一〉的記載，後壁鄉（今臺南市後壁區）在明鄭時期就有「本協」、「下茄東」、「上茄東」的地名，後來統稱之為「下茄苳庄」，而在清治時期靠八掌溪邊的稱之為「下茄苳北保」，靠急水溪邊的則為「下茄苳南保」。

明鄭東寧時期下茄苳庄的八掌溪與急水溪，這八掌溪與急水溪的「雙溪」水流，其所經過的廣大地區，這「雙溪」的水成為孕育「下茄苳堡」歷史發展與變遷的「母親河」。

　　蔣毓英《臺灣府志》：「八掌溪，自鹿子埔山東南出，西過上茄冬之北，諸羅山之南，又西過小龜佛山，逶邐數里，匯於猴樹港（今朴子、東石地區），入於海（臺灣海峽）。」

　　八掌溪發源於奮起湖（畚箕湖）主要是臺南市與嘉義縣的市縣界溪，亦是嘉義縣與嘉義市的縣市界溪，全長約有 80.86 公里，其所流經的地區包括：當今嘉義縣的義竹鄉、布袋鎮、鹿草鄉、水上鄉；嘉義市西區、東區；嘉義縣中埔鄉、番路鄉；還有臺南市的北門區、學甲區、鹽水（舊名大奎壁）區、後壁區、白河區。過鹽水街入臺灣海峽。流域總面積約有 474.74 平方公里。

　　蔣毓英《臺灣府志》：「急水溪從大武籠山北，西過大排竹（今臺南市白河區大竹里）之南，又過下茄冬，經倒咯嘓（今臺南市東山區）之北，西迤而與嘓溪會，同入於海（臺灣海峽）。」

　　急水溪上游稱之為白水溪，主要發源於嘉義縣中埔鄉與大埔鄉交界處的凍子頂山。大凍山是嘉義縣與臺南市的交界處，標高 1,241 公尺，是臺南市第一高峰。

　　昔日笠園主人陳秀喜有詩描述大凍山：「一片翠綠的山坡上／關子嶺的中央／笠園山莊背向大凍山／遠望白河，布袋鎮／左鄰枕頭山，麒麟山／右鄰是霧和彩虹的故鄉。」

　　與大凍山屹立東西相望的枕頭山，由於它特有的石灰岩構造，其礦石經過了日治時期 1923 年以來的長時間開採，再加上日月的風蝕與雨水的沖刷，已經在岩面上刻劃留下了三條長形並列的「川」字型白色鑿痕。

　　尤其在 1970 年代的前後，當從白河、後壁等清治時期的所

謂「下茄苳堡」地區，我們站立仰頭向東望去枕頭山，很明顯可以看見這「川」型白痕，刻劃著臺灣採礦歷史的破壞生態景象。

所幸，近年來隨著環保意識的抬頭，石灰岩的開採已趨沒落，「川」字型白色鑿痕已被復育樹林所覆蓋，重新展現綠意盎然。

如果從枕頭山頂向西一望的天邊無際，除了近處可以俯瞰白河水庫的景緻之外，也讓嘉南平原的盡收眼底，特別是在天氣晴朗的時分，甚至能遠眺臺灣海峽的沿海風光。

急水溪其所流經的地區包括：當今臺南市的白河區關子嶺北側，進入白河水庫淹沒區，白水溪的流到關子嶺這一線，形成中南部的地理分界。

白水溪再流至白河區南側與六重溪匯集後，始稱急水溪，其幹流流經臺南市的白河區、新營區、鹽水區、學甲區、柳營區、東山區、北門區、後壁區、六甲區、下營區等行政區，最終於北門區注入臺灣海峽。流域總面積約有 379 平方公里。

臺灣河川普遍急流短促的特性，也凸顯在八掌溪與急水溪的湍湍溪水，這「雙溪」的水環抱著流經早期的下茄苳堡，與當今後壁區的臨近地域，成為代代相傳「下茄苳堡」遊子在外日夜思戀的鄉愁。

陳氏開臺始祖之一的陳立勳，其在 1661 年（清順治 18 年）加入鄭成功部隊，隨後入墾地以北港為起點，逐漸向南墾荒，除擁有現今嘉義縣鹿草鄉、六腳鄉之外，另雲林縣水林鄉、北港鎮一帶亦擁有田園數百甲，往南可達當今臺南市後壁區下茄

茇，皆為其墾地。

　　隸屬「下茄苳堡」的鹿草鄉，其開墾時間更早可追溯 1624 年（明天啓 4 年）顏思齊、鄭芝龍等人，在嘉義沿海一帶的建立拓臺「諸羅外九庄」時，鹿仔草和龜佛山就分別列名其中。

　　周鍾瑄《諸羅縣志》〈外紀〉：「鹿獐之多，由草之暢茂，且稀霜雪，故族蕃息而肥碩。三十年來附縣開墾者眾，鹿場悉為田；斗六門以下，鹿、獐鮮矣。」

　　曹永和在〈鄭氏時代之臺灣墾殖〉書中指出，大槺榔東堡的開墾有陳水源入「茄苳腳庄」，自大陸招致移民分給墾地，凸顯大槺榔東堡在清代以前即已進行開墾，地置在雲林縣境。

清治時期下茄苳堡

「下茄苳堡」在 1683 年（康熙 22 年）的到了大清國統治臺灣之後，許多來自中國大陸飄洋過海的漢族人，主要以閩南地區人士為主，開始大量從倒風內海溯八掌溪或急水溪而上，來到「下茄苳堡」區域的開發墾殖土地，形成「下茄苳庄」，就是一個具有代表性的漢人重要聚落。

1684 年 4 月臺灣改稱臺灣府隸屬福建省，設府治於今臺南市，改天興州為諸羅縣，縣治初在佳里興（今臺南市佳里區），後遷至諸羅山（今嘉義市）；改萬年州為臺灣、鳳山二縣，臺灣縣為府治附郭，縣治設於今臺南市舊區，鳳山縣治設於興隆庄（今高雄市左營區）。

1694 年（康熙 33 年）諸羅縣下署有今臺南市範圍內有新舊咯庄、大奎壁庄、下茄苳庄、井水港庄的出現。1696 年（康熙 35 年）高拱乾的《臺灣府志》指出，下茄苳庄離府治〔今臺南市舊區〕一百三十里，鹿仔草庄〔今嘉義縣鹿草鄉〕離府治一百五十五里。1717 年（康熙 56 年）周鍾瑄《諸羅縣志》指出，商船輳集，載五穀貨物，港水入至下加冬仔止。

1722 年的康熙末年，下加冬庄內已出現下加冬街，建有下加冬庄倉二十間，是為附近官民納租繳糧，和供應汛兵米糧的重要駐地。蔣毓英《臺灣府志》：「諸羅縣下加冬撥調北路營把總一員、兵一百名。」

從 1723 年（雍正元年）、乾隆年間的防務由於閩、浙總督

覺羅滿保和藍鼎元的增兵建議，將鎮標左營（右軍）守備一員、把總一員、兵一百三十三名，駐防下加冬汛，兼轄哆囉嘓汛、烏山頭、八漿（掌）溪、急水溪、鐵線橋等塘。

到 1869 年（同治 8 年）舊設守備一員、把總一員、外委一員、兵裁存八十五名，駐防下加冬汛。嗣後，因店仔口街（今臺南市白河區）的興起，才導致下加冬街的漸趨沒落。

檢視《臺南縣志》〈臺南縣清朝康熙時期輿圖〉，在諸羅縣首度出現下茄苳庄的下茄苳，對照〈臺南縣清朝雍正時期輿圖〉在諸羅縣更已清楚標出下茄苳南保、下茄苳北保。

亦即「下茄苳堡」地區的發展到了雍正時期（1723-1735），和 1760 年（乾隆 25 年）時，因行政區的設有廳制，下茄冬庄已經細分成下茄苳南保、下茄苳北保，並與白鬚公潭之白沙墩庄改屬鹽水港廳管轄。

更因為受到清政府實施招募移民的開辦「水田化運動」，與「臺產稻米資閩省內地」等重大政策的影響，「下茄苳堡」地區的稻米、甘蔗種植，逐漸取代了荷蘭時期（1624-1662），和鄭成功治臺時期（1662-1683）以鹿皮為主的階段，米、糖成為「下茄苳堡」主要生產的經濟作物。

「下茄苳堡」當時的水利主要靠埤，埤又名陂。周鍾瑄《諸羅縣志》：「凡築堤瀦水灌田，謂之陂；或決山泉，或導溪流，遠者數十里，近亦數里。」即蓄水於池沼內，以灌溉田地的設施。

位在「下茄苳堡」地區知名的陂包括：八掌溪垹陂、埔姜林陂、馬朝後陂、楓仔林陂、佳走林陂、三間厝陂、烏樹林大

陂、安溪寮陂、王公廟陂、新營等庄陂，和涵水陂的包括：小埔姜林陂、長短樹陂等。

「下茄苳堡」地區種植稻米與蔗糖經濟作物的相剋嚴重現象，亦已出現在清季高拱乾的〈禁飭插蔗并力種田示〉指出，分一人之力於園，即少一人之力於田；多插一甲之蔗，即減收一甲之粟。

高拱乾要所屬士民須知，競多種蔗，勢必糖多價賤，允無厚利；莫如相勸種田，多收稻穀，上完正供，下贍家口，免遇歲歉呼饑，稱貸無門，尤為有益。然而，下茄苳堡地區稻米與蔗糖的種植，一直發展到 20 世紀 70 年代才有了重大產業結構的轉型。

郁永河《裨海遊記》寫他於 1697 年（康熙 36 年）元月，自福建出發，2 月下旬抵達臺南府城，4 月上旬渡過大洲溪，經過新港社、目加溜灣社、麻豆社、蕭壠社；又渡過茅港尾溪（今下營區茅港里），和鐵線橋溪（今新營區鐵線里），經過哆囉嘓（Doroko）社（今臺南市東山區）；又夜渡急水溪、八掌溪，抵達諸羅山（今嘉義）。

郁永河當時渡過茅港尾溪、鐵線橋溪、急水溪與八掌溪，該路線為當時府城到諸羅縣城南北官道中繼站，其所經過的通道正是當時「下茄苳堡」附近的主要區域。

高拱乾《臺灣府志》：「臺灣北路營，經制額設，分防下加冬汛千把一員、步戰守兵八十五名。」而以「寮（藔）」命名，通常為農作生產加工而搭建，或是提供瞭望任務執行者歇息的屋舍，形成聚落後變成地名。例如安溪寮（藔）、菁藔都具有這

種功能性的意涵，安溪寮（藔）更具有來自福建泉州府安溪縣的地緣村和血緣村關係。

　　諸羅山這地方則在 1786 年（乾隆 51 年）的林爽文事件平息之後，乾隆皇帝為諸羅縣軍民在這場事件中表現的「嘉勉其義」，隔年遂將「諸羅縣」更名「嘉義縣」。

　　回溯「下茄苳堡」的「下茄苳北堡」，其範圍包括：今臺南市的後壁區中部及白河區西北部，共轄 12 個庄。

　　這 12 庄指今後壁區境內的菁藔庄、崩埤庄、長短樹庄、竹圍後庄、新港東庄、下茄苳庄、上茄苳庄、土溝庄；白河區境內的海豐厝庄、大排竹庄、詔安厝庄、蓮潭庄。

　　「下茄苳南堡」範圍包括：今嘉義縣水上鄉的東南部，以及臺南市的白河區中北部、後壁區東南部及新營區北部，共轄 16 個庄。

　　這 16 庄指今水上鄉境內的番仔藔庄、牛稠埔庄、三界埔庄；白河區境內的竹仔門庄、埤仔頭庄、店仔口街、頂秀祐庄、下秀祐庄、客庄內庄、馬稠後庄；後壁區境內的本協庄、烏樹林庄、安溪藔庄；今新營區境內的許丑庄、埤藔庄、王公廟庄、後鎮庄、土庫庄、卯舍庄。

　　「庄」是臺灣農業移民社會開墾定居形成「庄」，開墾之後會有大型「庄」的出現，這個庄位於數個庄的交通要道便形成「街」。「街」成為是生意人百工聚集的地方。因此，從「庄」、「街」的地名亦可清楚了解臺灣在清季時期的開發，和住民聚落形成的過程與變遷。

　　現今臺南市後壁區卅六庄下茄苳泰安宮旌忠廟香境，涵蓋

後壁、白河、新營、東山、鹿草及水上共五十九庄頭的每年民
俗慶祝活動,更凸顯下茄苳堡在延續清季以來的重要地位與地
方文化特色。

日治及當今下茄苳堡

　　「下茄苳堡」到了日本統治臺灣初期的 1895 年至 1901 年間，因為臺南縣劃分為嘉義、鹽水港、臺南、蕃薯藔（今旗山）、鳳山、阿猴（今屏東）等六廳。「下茄苳堡」分隸屬嘉義廳與鹽水港廳的其下署計有 28 庄。

　　「下茄苳北堡」的崩埤庄、菁寮庄、新港東庄、長短樹庄、竹圍後庄屬於鹽水港廳；「下茄苳北堡」的下茄苳庄、上茄苳庄、土溝庄、海豐厝庄、大排竹庄、詔安厝庄、蓮潭庄、土庫庄、卯舍庄屬於嘉義廳店仔口支廳。

　　「下茄苳南堡」的安溪藔庄、本協庄、烏樹林庄、馬稠後庄、竹仔門庄、埤仔頭庄、店仔口街、頂秀祐庄、客庄內庄、下秀祐庄屬於嘉義廳店仔口支廳；「下茄苳南堡」的王公廟庄、後鎮庄、許丑庄、埤藔庄屬於鹽水港廳。

　　當時在「下茄苳南堡」已出現安溪藔、烏樹林的新地名。安溪藔即當今的後壁區所屬分頂安里、長安里、福安里等 3 個里，其中的頂安里即是我老家的所在地。

　　1906 年嘉義地區發生大地震，造成一夕間就有 1,216 人死亡，至少 2,306 人受到重傷。1909 年（明治 42 年）日治臺灣總督府廢鹽水港廳，因此「下茄苳南堡」、「下茄苳北堡」改隸嘉義廳。1920 年（大正 9 年）文官總督田健治郎將民政與警察分開，改革地方制度，廢廳設州，州下廢支廳設郡市，郡市下廢

區堡、里、澳、鄉而設庄、街。

實施所謂的「五州二廳時期」，五州指臺北州、新竹州、臺中州、臺南州、高雄州；二廳指臺東廳、花蓮港廳。1926年增設澎湖廳為五州三廳。

當時臺南州下署：臺南市、新豐郡、新化郡、曾文郡、北門郡、新營郡、嘉義郡、斗六郡、虎尾郡、北港郡、東石郡。

「嘉義郡」下署：嘉義街、水上庄、民雄庄、新港庄、溪口庄、大林庄、小梅庄、竹崎庄、番路庄、中埔庄、大埔庄、番地。

「新營郡」下署：鹽水街、新營庄、柳營庄、後壁庄、白河庄、番社庄。

亦即將原嘉義廳下茄苳南堡、本協庄、鳥樹林庄、安溪寮庄、下茄苳北堡、菁寮庄、崩埤庄、長短樹庄、竹圍後庄、新港東庄、上茄苳庄、土溝庄及白鬚公潭堡、白河墩庄等合稱「後壁庄」，隸屬臺南州新營郡。

「下茄苳南堡」、「下茄苳北堡」併為新營郡後壁庄，「下茄苳堡」正式走入歷史。據《後壁鄉誌》載：後壁區舊稱「侯伯寮」，因位於「頂茄苳」後方，當地人也以閩南語慣稱「後壁寮」（閩南語中，慣以『後壁』（āu-piah）指稱後方、背面）。

這象徵著「頂茄苳」的發展在先，「後壁寮」的發展在後。亦即代表著後壁寮在「頂茄苳」的後方，初期的簡陋築舍只是以茅簷為主，由該地指稱為後壁寮，雖經日久發展成為人群較多的聚落時，有時仍慣用原稱呼為其地名。

從清末開始到日治初期，後壁區內發展重心轉到菁寮，例

如 1917 年於菁寮設立的「菁寮信用組合」（今後壁農會前身）。之後，因為縱貫道路與縱貫鐵路的通過後壁寮與新營附近，導致新營的取代鹽水，後壁車站附近也取代了菁寮的逐漸發展。

1945 年 10 月 25 日，中華民國政府接收臺灣、澎湖，12 月公布《臺灣省縣政府組織規程》，將原有 5 州 3 廳 11 州廳市，改劃為 8 縣 9 省轄市及 2 縣轄市。新營郡改新營區。

1950 年 9 月，又調整為 16 縣 5 省轄市，原各區署一律裁撤，新營區廢止，原臺南縣和嘉義市劃分為臺南、嘉義、雲林三縣，後壁鄉成為臺南縣下署。百年延續下來的「下茄苳北堡」與「下茄苳南堡」等大部分地區，歸屬後壁鄉的基層行政單位。

當今後壁鄉更在 2010 年 12 月 25 日臺南縣市合併升格後改稱後壁區。目前後壁區下署 14 個里：土溝里、新嘉里、竹新里、新東里、頂安里、後壁里、侯伯里、嘉苳里、上茄苳里、菁豐里、菁寮里、長短樹里、長安里、福安里。

縣市合併後的後壁區，其地理位於臺南市最北端，嘉南平原中北方，八掌溪南方 2 公里處，為八掌溪與急水溪沖積而成的狹長平原，全境大多屬嘉南平原。嘉南平原是臺灣最大的平原，面積達 4,500 方公里。

後壁區的北邊和西邊隔著八掌溪與嘉義縣水上鄉、鹿草鄉為界，東接白河區，東南鄰東山區，南與新營區毗連。後壁區土地面積為 72.2189 平方公里。由於具有豐富的水資源，遍植水稻，是嘉南大平原穀倉中的穀倉，其種植面積達 3,500 多公頃，位居全國之冠。

後壁區人口數則因受城鄉發展的影響，已從 1981 年的

34,138 人，降至 2019 年的 23,001 人。這主要原因還是與臺南縣市合併之後，新營、後壁、白河、東山等地區位居臺南市城市發展的邊陲地帶。

下茄苳堡或後壁區未來的發展，如能在規劃成為臺南市副都市的行政中心，和發展地方文化創意特色的結合觀光休閒產業，規劃各種各類型的項目活動，一定可以再現文化風華。

第二部分

動盪的下茄苳堡

我家先祖與下茄苳堡

　　從下茄苳堡的發展歷史，來對照檢視我們陳家來臺先祖的遷移歷程。我們陳家原籍有可能是最早住過中國河南，到了七、八世紀唐朝跟隨開漳聖王陳元光到了福建地區，居住在泉州府安溪縣一帶，並可能於 1660 年代隨鄭成功軍隊來臺。

　　我們陳家比較有資料可考的，是在 18 世紀與 19 世紀之交的嘉慶年間（1796-1820），傳到了我家來臺的最近三代，終於定居在當時隸屬鹽水港廳下茄苳南堡安溪寮庄的土名頂寮這地方。這與我們安溪寮福安寺供奉主神清水祖師始於 1765 年（乾隆 30 年），至今已逾 255 年以上的時間極為相近。

　　到了日治時期改為臺南州新營郡後壁庄安溪寮頂寮；臺灣光復後，再改為臺南縣後壁鄉頂安村；2010 年 12 月 25 日與臺南市合併改制為直轄市，成為臺南市後壁區頂安里。

　　回溯下茄苳堡，不分南堡、北堡都是一個極富有文化歷史、人傑地靈的好地方。安溪寮庄除了頂寮之外，還有中寮、下寮，即是現今臺南市後壁區的頂安里、長安里、福安里等三個里，當地人習慣上還是稱呼土名「安溪寮」。

　　時間依此計算，確知我家先祖來臺至少已 200 年以上，而且是依賴源由急水溪上游的白水溪分流，史上記載 1699 年（康熙 38 年）庄民合築安溪陂的水源，從事闢土耕作和生活作息的一代一代傳承。

　　然而，動盪的下茄苳堡地區也先後在歷經 1696 年（康熙 35 年）吳球、1701 年（康熙 40 年）劉却、1721 年（康熙 60 年）朱一貴、1767 年（乾隆 33 年）黃教、1836 年（道光 16 年）張丙、1840 年（道光 20 年）沈知、1853 年（咸豐 3 年）賴鬃、1862 年（同治元年）戴潮春、1875 年（光緒元年）吳志高等重大事件。

　　對於上述動盪事件的發生經過情形，其記述比較為完整詳細的要屬伊能嘉矩《臺灣文化志》的〈治「匪」梗概〉篇了。每次我閱讀這部日本學者寫的書，總要感慨我們下茄苳堡住民，當其所經歷這些社會混亂現象的時候，這不也正是我們陳家先祖在下茄苳堡安溪寮（庄）所必須面對的家園生活寫照嗎？

　　回溯先祖篳路藍縷在追求物質上安居樂業，和精神上安身立命的年代，他們在下茄苳堡這地方先後也遭逢許多社會動盪的事件，儘管在那極為艱困的時刻，他們依然靠著樂天知命的努力，和無怨無悔的毅力，默默的勇敢承載了下來。

吳球、劉却事件與下茄苳堡

　　周鍾瑄《諸羅縣志》記述：1696 年（康熙 35 年）7 月，新港民吳球（?-1696）謀亂，吳球是新港東田尾（今臺南市東山區聖賢里）人，平常喜好弄武鬥狠。當時有朱祐龍，詐稱自己是前明朝朱氏的後裔，有事可免於刑罰。所以，吳球家與其來往密切，並暗地裡密商結夥意圖作亂。

　　當時有陳樞因發生侵占公家財物被官府逼督甚急的案子，特找了吳球商量；吳球聽了之後，抹著他的長髯，以好大的口氣說：「這小事一樁！我們好好來研究如何來幹掉這些小子。」

　　吳球同時還告訴陳樞，說他們密謀即將起事的這檔事，陳樞聽了之後受到很大的鼓舞，於是尊稱吳球為國師，並積極到各地協助召集群眾，來的人數也越來越多。其中有位余金聲民眾更約好曾經擔任協助治安保甲職務的林盛，過來共同參與舉事，林盛首先假裝願意接受參加之後，便連夜趕往臺南府城向官府告發。

　　同月，北路參將陳貴即率領官兵包圍吳球的住處，擒獲吳球、陳樞、余金聲等為首的 7 人，經官府拷問其實情之後皆處以杖刑致死，但其中鼓吹起事者之一的朱祐龍竟然逃之夭夭，不知去向。

　　「吳球事件」之後的 5 年，根據《諸羅縣志》〈崔符〉記述：1701 年（康熙 40 年）冬，劉却作亂。劉却原擔任臭祐庄（屬於下茄苳南堡頂祐里及下祐里二庄，今臺南市白河區秀祐里）的

管事乙職，平時即很喜歡以拳棒的武藝自負，往來結交的朋友也盡是些無賴惡少，他們並以歃血為盟的組成幫派。

經過一段時日之後，劉却黨派的同夥中有欲謀不軌的份子，認為已經等到了非擁護劉却為他們首領不可的時機，否則群眾不會願意繼續服從和追隨。

因此，他們就經常藉由深夜燃製樟腦的時候，偷偷地將劉却安排坐在一處瓦屋可以點燃火燭的地方；並向同夥來者表示：「劉大哥家中每夜紅光燭天，非常兆也！」

同時間，他們也會安排讓劉却家中擺放的神爐可以無端發火，眾人也相互吆喝：「此不君，即帥耳！」果然，劉却心動，乃在家內鑿穴，並以放置耕作農具來掩人耳目，實際上則是偷偷進行製造刀鎗武器的勾當，並約定待好時日以利舉事。

12 月 7 日，劉却一夥人在一場揚旗擊鼓聲中起事。他們最先突擊燒燬在下茄苳北堡下茄苳庄的下茄苳營，和追散其兵；並乘夜前進抵達茅港尾東堡茅港尾庄，強奪商店街中的財物等貨品，導致附近許多不肖的亂民乘機四出劫掠，連帶眾多百姓的身家性命財產受到很大損失。

當劉却隊伍駐紮在急水溪岸時，北路參將白道隆整隊勉力抵抗，等待鎮、道兩標的發兵增援。5 天後，官兵集結大戰劉却於急水溪附近，劉却大敗，官兵生擒其黨徒陳華、何正等人，餘眾被殺害者甚多。劉却不得不逃往山區藏匿，之後僅依賴其部眾掩護，利用夜間摸黑外出辦事。

1703 年（康熙 42 年）2 月，劉却在笨港秀才庄（大槺榔東頂堡北港街附近，今雲林北港鎮）被抓。在清兵班師回營之後，

劉却被斬於市，而其長子受杖刑致死，妻子奴婢皆處發配。吳球、劉却的事件終告平息。

　　檢視從 1696 年（康熙 35 年）7 月的吳球舉事，到 1703（康熙 42 年）2 月的劉却被殺，凸顯這 8 年期間因為諸羅知縣董之弼、毛鳳綸的官治無能，和鳳山縣吏的貪污腐敗，導致社會秩序的動盪不安，讓下茄苳堡地區居民飽受生計與生命財產的威脅。

朱一貴、黃教事件與下茄苳堡

朱一貴（1689-1722）原籍福建漳州長泰縣人，早年來臺謀生，在鳳山縣之母頂草地（即港東中里之大武汀庄，在林仔邊溪之南岸）地區靠養鴨為生，也自稱曾在臺廈道的衙門擔任守夜更夫的工作。朱一貴為人豪爽，生性善交朋友，日久累積了一點社會的政經實力，隱然成為地方的意見領袖，人人稱他為「鴨母王」。

1721年（康熙60年）春，鳳山知縣李丕煜升任，遺缺由臺灣知府王珍暫行代理，王珍將其政務全權委由次子代為處理，但因其官僚氣息凌人，平日又喜歡作威作福，欺壓百姓，加上當時的稅斂苛虐，遂引發當地居民的嚴重不滿。

檢視當時康熙執政的後期，臺灣漢人的活動空間，主要是在以臺灣府城及其城郭臺灣縣為核心區。北路下茄苳（今臺南後壁區後壁里）至斗六門（今雲林縣斗六市）的住民為閩客相半區，斗六門以北則為客番相雜的邊陲區；南路以下淡水溪為界，右岸為閩籍、左岸為粵籍的生活區。

朱一貴當時起事的糾集民眾，主要還標榜自己是大明皇帝朱姓的後代，作為他反清復明為號召。4月19日，朱一貴與黃殿等群黨由羅漢內門（今高雄市內門區）舉事，並糾合李勇、吳外等人，立旗幟書「大元帥朱」，先襲劫岡山塘汛，以及在下淡水粵籍領袖杜君英的響應下，27日，合力攻下鳳山縣城。

5月，朱一貴率眾進佔府城，府城分巡臺廈兵道梁文煊、臺

灣知府王珍、海防同知王禮、臺灣知縣吳官域、諸羅知縣朱夔等文武官員皆避走澎湖。朱一貴接著攻陷諸羅縣治（諸羅山庄，即嘉義西堡嘉義街）。朱一貴號稱「義王」，建國號「大明」，年號「永和」。

藍鼎元在擒賊朱一貴的捷報中記述，6月23日，清軍攻下府城，分遣兵力掃蕩南、北二路。朱一貴走北路，先逃至東北方的大目降（今臺南新化區），再兵敗北走灣裡溪（今曾文溪）、茅港尾（今臺南下營區茅港里），過鐵線橋（今臺南新營區鐵線里），抵鹽水港（今臺南市鹽水區），夜遁下茄苳（今臺南市後壁區），絕食月眉潭（嘉義縣新港鄉月眉村、月潭村一帶）。

當時北路舉事的群眾也受到官兵的極力圍堵，朱一貴被迫不得不回頭往南走佳里興堡溝仔尾庄（今嘉義縣太保鄉太保村（溝尾）、後庄村（後溝尾）一帶），被庄民王仁和密謀楊旭、楊雄兄弟的誘使到其家中，以酒菜灌醉之後，暗地裡通報官兵及附近鄉壯，將朱一貴擒獻官軍。隨後，杜君英等人亦被臺灣總兵藍廷珍用計所擒。

1722年3月底，朱一貴及其同黨羽被捕後的解送北京接受審訊，朱一貴等皆被判處死。朱一貴從自稱帝至被擒，前後為時尚不及二個月，其供詞業由中央研究院史語所所整理出版，亦收錄在臺灣銀行經濟研究室編《臺案彙錄己集》，是暸解整起「朱一貴事件」的第一手資料，頗為珍貴。

「朱一貴事件」之後，清廷增設巡臺御史一職，首任巡臺御史黃叔璥著有《臺海使槎錄》一書，其中第四卷〈赤嵌筆談〉中附有〈朱逆附略〉一文。另外，有關朱一貴及其起事的記載，

最為完整詳盡，且為人所熟知的還有藍鼎元的《平臺紀略》、《東征集》兩書。

檢討「朱一貴事件」的爆發原因，清廷並未真正深入去探討統治上的真正危機，而只歸咎於少數官員的行為失檢，從而於 1722 年（康熙 61 年）設置御史一職的匆促派員來臺，以加強官吏的監督。但清廷為加強治亂工作，也開始建築城池的增兵設防，和屬行保甲的團練組織。

「朱一貴事件」之後的餘黨林亨、鄭仕、楊合、王忠的延續作亂，直到 1723 年（雍正元年）全部被捕獲，繩之以法。

然而，到 1767 年（乾隆 33 年）在臺南府城地區又發生了「黃教事件」。

黃教（?-1769），原籍福建泉州同安，移民來臺後，世代定居臺灣縣大目（穆）降（今臺南市新化區）。

黃教的素行不良，是位跳梁小丑，平日慣於搬弄是非的卑鄙小人，曾因犯竊盜罪入監服刑。出獄後，不改習性，變本加厲，屢次沿山潛行的結夥偷竊商店民家，尤其大肆搶奪農家生產必備的牛隻，農民被迫與黃教約定，凡飼牛一頭，每年必向其交粟一石，農民敢怒不敢言，雖訴之官府的緝拿，但始終未有結果。

《臺案彙錄己集》記述：1767 年（乾隆 33 年）10 月 2 日，黃教與其黨羽陳宗寶、鄭純、石桑、黃芳等人以岡山（今大崗山）為大本營，率眾豎旗起事。當夜即突擊攻入岡山汛軍營，搶劫軍火，殺戮汛兵。

黃教起事之初，官府誤判只要靠生蕃的圍堵，就可以有效

嚇止黃教勢力的潛入山區。官府並聲稱內山係生番的土地，賊
匪不能竄入。未料，黃教率眾選擇竄入內山，以逃避臺灣知府
鄒應元的領軍追捕；而且所到之處，更擴大的遍及鳳山縣、諸
羅縣全境。

　　黃教夥眾所經過路線和官兵的衝突點，北路攻入雁門關
汛、大穆降汛、竹子門、隆恩庄、下茄苳、大排竹，再往北交
戰於新埤、三角、鹿寮，到達石榴班汛、斗六門汛，並燒斗六
門巡檢門，最北到水沙連。

　　11 月初，更轉入南路水蛙潭、磅礴汛、萬丹汛、新園汛，
最南到枋寮口汛等處。官兵受傷慘重，共計被殺死的有千總一
員、把總一員、兵丁 96 名，擄去兵丁 4 人。

　　同時，黃教夥眾也以「閩人復仇」為理由，攻擊各地客家
莊，客家人死傷甚重。加上，黃教熟悉山區，且以游擊方式攻
打兵力薄弱的各軍營官衙，官府即使動用大批軍力，仍無法捉
緝到案。

　　中旬之後，清廷特派福建水師提督吳必達前來臺督軍，但
只採取防守策略，將零星小汛歸併大汛，並於入山重要隘口堵
禦，前後調兵 4,000 餘人，同時調派熟番的武力來協防，和帶引
官兵入山搜捕。

　　黃教夥眾在逃亡中，鄭純、黃芳等一部分黨羽被捕，黃教
更深入生番地界之外，亦曾經躲進楠仔仙溪上游踏網、邦尉等
生番社界內，這也凸顯清朝治理臺灣的為防範漢人作亂，其所
導致動亂的地點往往起於番漢交界處。

　　隔（1768）年 2 月，水師提督吳必達、臺灣知府鄒應元等

人運用計謀策反黃教屬下石雙等 6 名臥底，在豬母耳（今臺南市新化區知母義附近）砍傷黃教後，黃教的活動能力及空間再度受到壓縮。

3 月，黃教在官材壠山內（今臺南市楠西區鳳興一帶）被官方買通假裝進山入夥的舊識鄭純、周寅所殺，隨後徒眾亦被瓦解。與下茄苳堡動盪有關歷時半年的「黃教事件」終告平息。

檢視「朱一貴事件」和「黃教事件」的連續造成臺灣社會的不安，和影響地方住民的安寧，我們的下茄苳堡住民皆難逃受其侵擾和造成損害。

張丙、沈知、賴鬃事件與下茄苳堡

　　我家烈祖一代出生的時間，大約是在 1785 年（清乾隆 50 年），有資料確切的是我高祖生於 1827 年（道光 7 年），卒於 1894 年（光緒 20 年）。當高祖 5 歲的那年，也就是 1832 年（道光 12 年）9 月的下茄苳南堡地區，本正是收割稻穀的季節，却不幸遭逢嚴重旱災的導致稻作歉收。

　　當時官府嚴令禁止各鄉里之間米穀的外流，有住在嘉義縣店仔口（下茄苳南堡，今臺南市白河區）的人士張丙。他家世代在店仔口經營魚行，以賣魚為生。然而，張丙因被官府指控在店仔口地區違法越區收購販賣稻穀，迫使他糾眾即以下茄苳堡地區為其起事的根據地。

　　周芸皋（本名周凱，1779-1837）在其《內自訟齋文集》書中，收錄〈記臺灣張丙之亂〉的記述：

> 1832 年（道光 12 年）的冬天，張丙的倡亂於嘉義，先殺害知縣、知府，後圍嘉義城，破鹽水港，劫軍火、器械於曾文溪。同時，彰化黃城陷斗六門，是為北路賊。鳳山許成、臺灣林海攻鳳山，奪羅漢門，應張丙為南路賊。而鳳山粵莊奸民李受，又乘間假義民旗，焚殺閩莊阿里港 70 餘處。凡 3 個月，事平。

　　檢視「張丙事件」的開始起事，是以八掌溪沿岸的茄苳為

　　根據地，先搶劫鹽水港佳里興巡檢署，殺教徒古嘉會及汛兵，掠下茄苳（今臺南市後壁區）、北勢坡、八漿（掌）溪各汛。

　　嘉義縣知縣邵用的進攻店仔口（今臺南市白河區）時，受到張丙的圍捉撻辱後分屍。臺灣府知府呂志恆則以鄉勇會營往援，與張丙對峙在下茄苳北堡的大排竹（今白河區大竹里）。

　　張丙在陳辦、陳連、詹通等庄民加入該集團之後，聲勢逐漸擴大。張丙稱「開國大元帥」，年號「天運」，以追殺貪官汙吏為號召，並封詹通、陳連、陳辦等人為元帥，劉仲等人為先鋒，柯亭為軍帥。

　　位在縣南的店仔口以南，由張丙與詹通據守；縣北的崙仔莊（今雲林縣元長鄉崙仔村）、土庫（今雲林縣土庫鎮），由陳辦、陳連等人盤踞。眾人皆推舉張丙為「總大哥」，分大小四十二股。諸股首、帥皆稱「大哥」。股首下為旗首，旗首下為旗腳；每股百餘人或數百人。以派飯分穀為糧，以勒民出銀買旗保莊為餉，以攻汛戕官所得軍器為械。

　　張丙接著率眾圍攻嘉義城，並分眾搶攻大武壠（今臺南玉井區）汛、加溜灣（今臺南善化區）汛，得悉總兵劉廷斌率兵來援嘉義的情報，張丙乃令各股分道迎敵，塵戰多日。有黃番婆率眾攻破鹽水港（鹽水港堡）之後，順利取得進攻嘉義城的優勢位置。

　　該期間，張丙更率眾四出騷索擾民，逼脅附和。劉廷斌乃於城外築起土圍牆來加強固城工事，張丙乃遣眾轉攻復掠鹽水港。加上，陳辦的復攻笨港（今雲林縣北港鎮），致使嘉義所屬各汛幾乎全遭焚掠。

　　是時，南路有鳳山縣許成、臺灣縣林海，進行擾亂阿公店（今高雄市燕巢區）、鳳山等地。北路彰化縣黃城與張丙的約定，豎旗於嘉義、彰化交界的林圯埔（沙連堡，今南投縣竹山鎮）之後，張丙焚燒嘉義北門，威脅角仔寮庄（今嘉義市角仔寮），並分遣其眾，勒索銀穀財務。

　　許成、林海繼續南下擾亂東港、萬丹、阿猴（今屏東）等閩南人村庄。當王得蟠（王得祿之弟）圍堵詹通於灣內庄（今高雄灣內里）時，張丙復分股圍攻嘉義城。張丙苦於攻城一月還未能順利奪城成功，而部眾又分踞各庄自飽。

　　庄民由於初見張丙宣示不害鄉里，派飯封穀、買旗保庄，猶勉強應付。然而，後來庄民受到張丙部眾長時間的需索無度，庄民如果稍有不應，張丙部眾便大掠庄民財務，焚燒庄舍。庄民清楚感受到自己被張丙部眾所騙，遂群起團結一致全力抵制張丙部眾的胡作非為。

　　福建陸路提督馬濟勝搭船率兵抵達鹿耳門之後，軍隊先駐紮郡城北門外，次進兵西港仔，駐兵茅港尾，再進兵鐵線橋。由於受到橋長而狹小，溪流湍急無法涉水而過的限制，乃返駐兵茅港尾。儘管張丙率眾氣勢如虹，但馬濟勝親自督率大軍，利用一大清晨出其不意地展開猛烈攻擊，越過鐵線橋，攻下鹽水港堡，終於進入嘉義城。

　　因為張丙起事是以八掌溪沿岸的茄苳為根據地，因此陸路提督馬濟勝率兵所路過地區，包括茅港尾、鐵線橋、鹽水港堡，和最後的進入嘉義城，馬濟勝率兵的這一條戰線，都極為接近我們下茄苳堡地區的住家，和影響這地區居民的生活與安全。

　　彰化黃城既不能北攻，遂改率眾千餘人欲南下與張丙會合，導致黃城與張丙、陳辦、陳連等人被捕。官兵押解張丙、詹通、陳辦、陳連等人到府城處死；又處決了李武松諸人於嘉義、梟首店仔口諸處；同時剖黃城諸人的心肝來祭祀死事者。北路平。

　　緊接著，馬濟勝繼續督兵南下鳳山，攻下南路的許成，擊斃蔡臨。南路之亂亦告平息。

　　1836 年（道光 16 年）「張丙事件」平息 4 年後，1840 年（道光 20 年），下茄苳堡安溪寮又遭遇嘉義沈知等率眾的焚劫下茄苳堡地區，雖然很快就被臺灣兵備道周凱、臺灣鎮總兵達洪阿率兵弭平。之後其黨夥的欲謀再響應，但未有結果，沈知集團終告被平定。

　　1853 年（咸豐 3 年）5 月，又發生嘉義西堡（今嘉義縣太保市東北部、水上鄉中部及嘉義市大部分地區）茄苳庄（今臺南市後壁區上茄苳里）賴鬃、賴義兄弟的治安事件。根據《嘉義管內采訪冊》記述：賴氏兄弟為搶劫犯罪，嘉義縣呂朝樑派出兵勇捉拿，賴鬃兄弟乃乘勢豎旗招集各地群眾，以相互呼應來抗拒官兵。

　　響應賴鬃兄弟起事的，有來自彰化的曾家角、鹽水港的張古，他們率眾的彼此倡和，在地方上也造成一股聲勢。打貓街（今嘉義縣民雄鄉）是當時重要的必經通道，也因為官府無力控制治安，保護居民生命安全，導致嘉義西堡茄苳庄等堡內居民受傷慘重，最後導致嘉義城被困。

　　7 月，恆裕總兵督率軍馬來支援，加上城內居民的配合協力

抵禦，最後城圍才得以解困。賴鬃被擒的繩之以法，其餘徒眾亦紛紛被捕。該事件平息。

　　張丙肇事期間所造成社會的動盪不安，讓人很容易聯想起沈知集團的起事是延續著「張丙事件」之後的殘餘勢力，乃至於賴鬃、賴義兄弟的起事，其等所造成連續長時間的社會動盪事件，致使下茄苳堡居民的身家性命財產遭遇重大傷亡。

戴潮春、吳志高事件與下茄苳堡

　　1860 年（清咸豐 10 年），我高祖在生下我曾祖父之後的 2 年，即發生臺灣所謂「三大民變」的「戴潮春事件」。這是繼 1786 年（清乾隆 51 年）「林爽文事件」在彰化、諸羅地區所造成重大社會治安之後的另一事件。

　　戴潮春（字萬生），臺灣府彰化四張犁莊人（今臺中市北屯區四張犁），祖籍福建漳州府龍溪縣。戴潮春原在在北路協擔任書記工作，北路協副將的嘉義營參將夏汝賢，知道戴潮春家中頗具財富，想要勒索不成，逼使戴潮春後來不得不以加入當時的「天地會」，以求自保。同時，戴潮春也在地方上以協助辦理團練為名，來壯大自己聲勢。

　　戴潮春出錢出力的投入「聯莊保路」效果，頗受到彰化縣前後任知縣高廷鏡、雷以鎮的讚賞和倚重。但是由於當時的「天地會」在地方上的勢力越來越大，引起清廷的特別注意。

　　1862 年 4 月 3 日，臺灣兵備道孔昭慈率兵抵達彰化，捕殺了「天地會」總理洪氏，並命令曾任彰化知縣淡水廳同知的秋日覲領兵前來協助；另外，招募四塊厝（今臺中市大雅區四德里、二和里）的林日成前來支援掃蕩工作。

　　由於福建向來靠臺灣接濟米糧，該事件爆發之後致使米價上漲，連帶影響福建立刻陷入斷糧的危機。閩浙總督慶瑞緊急派遣福甯鎮總兵曾玉明渡海來臺，召集臺勇平定戰事，並命令臺灣鎮總兵林向榮自西螺出兵作戰。

　　同時，臺灣府知府洪敏琛緊急成立籌防局應對事變，並向外國商行籌借十五萬兩銀作為軍費，並以關稅抵還。

　　「戴潮春事件」從 1862 年 4 月 7 日起事，一直延燒到 5 月 9 日的一個多月時間，我們下茄苳堡一帶居民所遭遇的重大劫難，造成許多百姓身家財產的損失。

　　林豪在《東瀛紀事》的對於「戴潮春事件」記述，特別是針對有關在下茄苳堡地區所發生的經過情形有如下敘述：

> 4 月 7 日，掛印總兵林向榮統兵 3,000 名發郡城，以都司陳寶三為帶隊官，同知甯長敬負責辦理軍糧的後援補給工作。
>
> 9 日，軍次枋埤（崩埤，今臺南市後壁區崁頂里），立五大營區的相互犄角，準備迎擊竄據在八掌溪北岸南靖厝（今嘉義縣水上鄉南靖村）、後寮仔（今嘉義市西區北湖里、東區後湖里）的戴潮春部將戴彩龍、陳弄等人的進犯。適逢下大雨導致八掌溪溪水的暴漲，官兵無法前進遂改駐軍鹽水港。
>
> 16 日，戴潮春率「天地會」黨人圍攻彰化縣城，並從八卦山以大砲轟城。18 日，城破，孔昭慈、夏汝賢等身死。戴潮春除自封為東王外，封林日成、陳弄與洪欉為南王、西王與北王，設置大將軍，儼然自成一國的幾乎掌控臺灣中部與部分北部地區。
>
> 28 日，戴彩龍據白沙墩（今後壁區新嘉里），欲截斷官府的穀糧供應路線，致使青寮、後壁寮一帶皆陷入戴軍

的掌控之下，致使供應的糧道被迫中斷矣。

5月初，兵備道洪毓琛派千總龔朝俊帶屯番500名，從九品陸晉帶鄉勇200名前來增援。5日，至安溪寮庄，遇到戴軍的突擊，陸晉為其部下所殺，龔朝俊只得且戰且走，集合部眾紮營於安溪寮庄。

7日，戴軍乘勝攻大營，官軍大潰，軍備盡失，澎湖把總周允魁戰死。龔朝俊分軍應援，遇林鎮於荒野，僅有二卒，乃相與退守安溪寮庄。9日，移駐鹽水港，收拾潰眾，重新整裝待援。

當時嘉義城被圍、解圍，再被圍，其時間已長達6個月。參與守城的嘉義詩人賴時輝作有〈巡城口占〉：「矢盡糧空日，軍心夜數驚；秋深宵柝令，殘月照孤城。萬生終自潰，人力勝天工；戴賊揮螳臂，堅城未許攻。」

10月21日起至隔年（1865年）1月10日，署水師提督樸勇巴圖魯吳鴻源統兵3,000名抵郡城，進軍鹽水港，轉戰鹿仔草（今嘉義縣鹿草鄉）、梅影厝與埔心（今嘉義縣太保市梅埔里），還有南靖厝、後寮、大崙、二重溝（今嘉義縣水上鄉）等地。

時因將士多染疾疫，死難者眾，吳鴻源遂令下屬扼守後壁寮庄（今臺南市後壁區）。直到隔（2）月12日官兵攻破上樹頭庄（今嘉義縣水上鄉三鎮村），進攻馬稠仔後庄（今鹿草鄉豐稠村）。

吳鴻源在移軍下茄苳（今臺南後壁區嘉苳里）之後，遣屬洪金陛分駐白沙墩（今臺南市後壁區新嘉里），通判楊興邦、張

　　啟奎前至水堀（窟）頭（今嘉義縣水上鄉），以壯犄角；除派金廈精兵攻後寮仔之外，並督降將吳志高（吳仔牆）為響導，親統游擊周逢時、守備蘇吉良諸軍從店仔口（今臺南市白河區）直抵嘉義城下。

　　時吳鴻源所率部諸將連破劉厝庄（今嘉義市劉厝里）、小定厝（今嘉義縣民雄鄉雙福村）、上塗溝與下塗溝（今嘉義縣水上鄉塗溝村）之後，進剿南靖厝（今嘉義縣水上鄉）、新港、大崙等地。

　　嗣因嘉義城守的戰事塵戰已久，兵備道洪毓琛與吳鴻源對戰局的意見相左，洪毓琛責問吳鴻源為何進擊二重溝呂仔梓已經二個月之久了，為什麼還未能攻下？最後導致改派曾元福取代吳鴻源之職，並轉軍進駐斗六門，下茄苳堡戰事得以稍息。

　　清軍反攻斗六門之時，戴潮春逃往武西堡（今彰化縣埔心鄉、溪湖鎮等地區）藏匿，惟見大勢已去，遂遣散餘黨，獨自前往北斗（今彰化縣北斗鎮）投案。

　　審訊中，丁日健問戴潮春：「為何率眾造反？」戴潮春回說：「這是本藩一個人起意，與百姓無關」，且因拒絕向丁日健下跪，當場被殺。戴潮春被殺後，林日成、洪從、嚴辦、呂梓等仍分散各地繼續抵抗，直到 1865 年（同治 4 年）才全部被清軍平定。

　　「戴潮春事件」的影響下茄苳堡地區前後歷時 4 年之久。當今崁頂放火馬祭典的源起於崁頂聚落以北的舊八掌溪河道，即「戴潮春事件」的古戰場；而地方現存有「林進避崩埤」，相傳是清末盜匪襲擊運銀官兵、盜匪搶庄遭崁頂壯丁襲殺事件，

皆指當地曾經的殺戮地。

10 年後，發生於店仔口「吳志高事件」，根據甘為霖（William Campbell）《素描福爾摩沙——甘為霖臺灣筆記》，在〈鞏固各地教會〉和〈白水溪的驚險脫逃〉的文中記述：

> 1875 年 1 月 28 日，他們早上從頭社（今臺南市大內區頭社里）出發，當天晚上抵達白水溪。他們在途中所經過的四個市鎮，都舉辦了很好的露天集會，他們在店仔口停留了最久，在那裡，他們見到了吳志高的住宅。

吳志高（1826-1880）出生在臺灣府嘉義縣冀箕湖莊潭底（今臺灣臺南市白河區河東里），後來遷居客庄內（今白河區外角里）。家境富裕，是個半官半盜的地方領袖，他憑靠著個人強勢的性格，以及部下對鄰近村落和農家不斷掠奪，才獲得現在的權勢。據說他有兩百個持有武器的部下隨時待命。

甘為霖又提到，吳志高相當反對臺灣府那些有影響力的外國傳教士，到店仔口東邊的村落做定期的宣教。因為他擔心，大清政府有一天可能會對他採取強烈的措施，屆時他唯有撤退到東邊偏遠山區一途。因此，對於會阻礙他撤退的事物，都抱持強烈的反對態度。吳志高也告訴我們幾個弟兄，不准新建教堂，說這會影響到他預留給自己做墓地的風水。

檢視 1875 年吳志高在店仔口白水溪教會襲擊甘為霖的事件，雖經嘉義知縣和英國領事的調停，逮捕 4 名凶手逞罪、官府代賠 100 元、頒告示要民眾善待基督徒。

　　1878 年初，白水溪教堂再度遭縱火，也可能是吳志高幕後主使，不過在地方官員忌憚或掩飾下，都以查無實據結案。

　　「店仔口」吳志高的白水溪教案事件，若回溯 1862 年（同治元年）戴萬生（潮春）亂起，率眾進紮店仔口，此時吳志高就已投入林向榮所屬官軍。林向榮兵敗自殉，吳志高回到家鄉店仔口，待水師提督吳鴻源來剿，吳志高又隨其官軍入嘉義，解開重圍。

　　1865 年（同治 4 年），戴潮春舊部嚴辦復作亂，吳志高又隨臺澎兵備道丁日健征討。吳志高因有功於朝廷，曾獲賞斗六都司的虛銜。吳志高衣錦還鄉，還在巷仔口林厝新築都司府，並修復店仔口文祠，創立玉山書院。

　　就 1875 年和 1878 年的白水溪教會的兩度受到襲擊事件，這時候也正是我曾祖父青少年階段在下茄苳堡，與我高祖和玄祖共同生活的一段時期。

　　從 1832 年（道光 16 年）張丙、1836 年（道光 20 年）沈知，再到 1862 年（同治元年）戴潮春的事件，在這短短的 30 年間，接二連三的發生這麼嚴重的社會治安問題，我們下茄苳堡居民長期以來所遭逢的社會亂事，正有如分巡臺灣兵備道徐宗幹《斯未信齋文集》所說：「臺地之難，難於孤懸海外，非內地輔車相依可比。」諺云：「三年一小反，五年一大反，豈真氣數使然也？」

　　伊能嘉矩《臺灣文化志》記述清治時期臺灣「匪亂」對於治安的影響，似恰可比為流入塘坡的水流，方其設防堅牢無絲毫的缺隙時，汪洋的巨流隨一定的水路徐徐就低而下，但偶有

一蟻穴之弱點生於其間，忽侵透之，難免不能抑止瀰漫而至潰
決矣。

清治臺灣時期民亂的起事連連，一言以蔽之，就是人民生
活的窮困矣！下茄苳堡地區住民何其不幸，又再遭遇 1862 年發
生於店仔口的大地震所造成的災害，以及 1906 年 3 月發生於嘉
義廳打貓東頂堡梅仔坑莊（今嘉義縣梅山鄉）一帶，因斷層錯
動而發生芮氏規模 7.1 強烈地震，包括鹽水港廳的樸仔腳支廳，
和店仔口支廳也都有房屋倒塌，和居民傷亡的情事發生。

我們陳家在下茄苳南堡的先祖生活，想必在生計上也會受
到拖累和影響。我曾祖父出生於 1860 年（清咸豐 10 年），並在
32 歲那年續絃我的曾祖母。我曾祖母娘家在西拉雅族人為主的
鹽水港廳哆囉國西堡（今臺南市東山里）番社街（俗稱中街）。

曾祖母的戶籍資料儘管是註記「福」，但在日治時期的戶籍
謄本註記「福」字，是表示講臺語的人，而不是指中國人，如
果是中國人會註記「清（國）」、「支（那）」。

根據當時臺灣所謂「有唐山公、沒唐山嬤」的社會，我從
曾祖母母系和我手上浮有肘橫紋的大膽推斷，我身上應留有漢
人與西拉雅平埔族人的混合血脈。

第三部分

閱讀的下茄苳堡

從王尚義到《野鴿子的黃昏》

我出生於原屬下茄苳堡，現今臺南市後壁區的一個工農家庭，先父在世的時候，他在烏樹林糖廠擔任基層技工，母親則是務農兼家庭主婦。

我的真正閱讀與書寫歲月的開始，應該是在省立後壁中學念初中的時候，我喜歡翻閱當年兄姊帶回家裡來的書刊。

高一的時候，我離開臺南下茄苳堡後壁鄉下「拙耕園」的老家，到比較接近府城文化氣息濃厚的校外地方租屋，讓我感染一起住宿同學的閱讀與書寫嗜好，更讓我初次知道有商務印書館、《人人文庫》，文星書店、《文星叢刊》、《文星雜誌》，和水牛出版社、《水牛文庫》等出版的圖書與雜誌。

高二的時候，我轉學到清朝時期有諸羅之稱「嘉義」的省中就讀。我真幸運遇到對我閱讀與書寫影響最深的歷史老師張強。印象中他在課堂上曾經特別提起，他有位詩人弟弟張健，在臺北的臺灣師範大學教書。老師也介紹了他弟弟在《藍星詩社》、《水牛文庫》出版的詩、散文集，讓我對老師及其弟弟的文史才華更加仰慕。

雖然當時我已經開始閱讀王尚義在《文星叢刊》出版的《從異鄉人到失落的一代》，以及由《水牛文庫》出版的《野鴿子的黃昏》、《野百合花》、《深谷足音》和《荒野流泉》等書。但經老師課堂上的再勉勵之後，我才鼓起勇氣開始我的書寫習作。

　　我的這篇〈從王尚義到《野鴿子的黃昏》〉，登於 1968 年 10 月《嘉中青年》第 3 期，那年我 17 歲，也就是我閱讀與書寫生涯中發表的第一篇文字。

　　再往後的日子裡，我一直都保持閱讀與書寫的習慣，但我從未加入任何文學團體，我孤芳自賞、寂寞地走著，屬於自己喜歡的閱讀、學思與書寫的道路。

　　我檢視這篇 50 年前的舊作〈從王尚義到《野鴿子的黃昏》〉，也對照了我發表該文後，所引發具名示枋的一篇迴文〈從王尚義到《野鴿子的黃昏》一文談起〉，並謝謝該文的指教。

　　另外有兩張照片，是我們高三（14）班同學難得與我們的歷史老師，也是擔任我們班級導師的張強合照。藉本文，我要特別感謝張強、張健這對兄弟檔的老師，對我在閱讀、學思與書寫之路的啟蒙與引導。

（2017.06.26）

從三院圖書館到聯合目錄編製之芻議

　　1970 年秋天，我從下茄苳堡的後壁鄉下，來到位在臺北（今新北市）新莊的輔仁大學，開始我的大學生活。那是我剛從升學壓力和家庭束縛中被解放出來的時節，我像極了一隻久囚的籠中鳥，高興奮力地往北方飛翔。

　　我已經記不起我是如何來到位在臺北郊區外新莊的天主教輔仁大學，但我卻印象深刻地，我是從校門口，像個鄉巴佬，一手是拎著裡面裝有棉被的麻布袋，一手是拎著裡面裝滿書籍和衣物的皮箱，走在鋪了水泥的地面上，兩旁雖種植有杜鵑類的花草，但是它們長得比人矮了許多，沿路上都沒有樹蔭，我直覺得輔大校園很大，我走得滿頭大汗，一直往前走到了路的底端地方，正是文學院的紅樓學生宿舍，和剛落成有蔣中正總統夫人宋美齡題字的「中美堂」三個大字，開始展開我的大學新生活。

　　1972 年 5 月，我在《輔大青年》第 7 期，我發表了我在輔大的第一篇文章，篇名〈從三院圖書館到聯合目錄編製之芻議〉，這是我進入圖書館系二年來的讀書心得，談論其連結學校的文學院、法商學院和理學院等三座圖書館，如何透過編製聯合目錄的方式，以嘉惠學生的功課研習和論文的撰寫。

　　回溯在那電腦資訊科技尚未如現在進步的年代，這篇文字

　　或許對當時校方的圖書館行政改進措施還有一點點參考價值，而現在只存留是我自己書寫論文的歷史文獻了。

（2017.06.09）

構思胡適之先生著作書目提要的緣起

　　1970 年秋，我進入輔仁大學圖書館學系就讀，是該系的第一屆學生，我們系也是繼臺灣大學圖書館學系以來，國內第二個學校成立的科系。

　　當時我們系上有同學填聯考志願表時，除了第一志願是臺大圖書館系之外，第二志願就是我們系，錄取分數蠻高的。我們系上學生人數有 60 位之多，男生數約占四分之一。

　　系剛成立，系主任魏欽一神父，帶了我們二年，指導與協助我們先成立了輔大圖書館學系學會，並於 1972 年 6 月發行《輔大圖書館學刊》創刊號。系主任的〈發刊詞〉指出，「在科學發達，教育普及的今日，書籍乃知識傳播的主要工具，圖書館的重要性亦與日俱增。」

　　然而，1970 年代臺灣社會對於圖書館學大都抱持一種可有可無的漠視心態，雖然有少數先進人士不遺餘力的大力提倡，仍未能引起熱烈的普遍響應，故使我們國內圖書館事業比起國際標準尚有一大段的差距。

　　儘管我們系自成立以來的時間尚短，然而由於同學們均深深體會到振興圖書館事業的重要性，經過全體師生不斷的苦心籌畫與經營，除盡力將系上活動辦得有聲有色外，又出版了《輔仁圖書館學刊》，提供同學發表論文的園地，其刻苦努力、實幹的精神所憑藉的完全是一股傻勁。

　　我也以《輔仁圖書館學刊》的主編，除了寫〈我們的方向

——走進圖書館〉，和〈胡適之先生著作書目提要〉等兩篇文字
之外。同時為了充實稿源，我特別從文學院圖書館借了整套的
《文星叢刊》，由系上同學分組，利用寒假時間撰寫提要，而當
時我分配到閱讀與書寫的是《文星叢刊》105-117 號《胡適選集》
（12 冊）。

　　現在我將我在〈輔仁圖書館學刊〉創刊號所發表的〈我們
的方向——走進圖書館〉、〈胡適之先生著作書目提要〉和《胡
適選集》（13 冊）的文字，都曾收錄在由蘭臺出版社發行的《臺
灣創意產業與策略管理》一書裡。

（2017.06.10）

2022.03.22 後記：

　　〈胡適之先生著作書目提要〉全文更在審修之後收錄在
2018 年 8 月元華文創公司出版的《臺灣政治經濟思想史論叢》
（卷三）：自由主義與民主篇。

《胡適留學日記》底透視

　　我在輔仁大學三年級時，擔任圖書館系學會會長（總幹事），在舉辦各式活動中，我印象最深，也自覺最有意義的兩項事情，就是舉辦書展和出版刊物。《耕書集》這刊物就是我任內創辦的。

　　《耕書集》創立的宗旨是希望提倡學生讀書風氣，和鼓勵同學撰寫書評。當時我們系主任已改由藍乾章教授接任，藍主任之前職務是中央研究院傅斯年圖書館館長。當我向他報告我有此構想，他馬上同意並在經費上支援，同時寫下《耕書集》這三個字作為刊頭。

　　我非常感謝藍主任對我這構想的支持，《耕書集》以雙週刊方式出刊後，每期分由二位同學輪流負責邀稿和校對。輪到我的這篇〈胡適留學日記底透視〉已經是第 8 期了。《耕書集》在我卸任會長之後，還繼續辦下去。

　　我為什麼會選擇《胡適留學日記》（四冊）作為我書寫的對象，因為我從高中在南部念書的時期，我就已是一位標準的「胡適迷」。

　　當年這套書和《胡適文選》、《胡適四十自述》等書，在我上臺北念書的時候，我都還特地從臺南老家帶上來，也一直留在身邊，隨時閱讀。

　　我現在翻閱當年買的《胡適留學日記》，書後還留下寫的「陳添壽藏書購於臺南南一書局 1970.4.12 NT$ 97.00 共四冊」字跡；

　　《胡適文選》和《胡適四十自述》則留有我寫的「陳添壽藏書
購於（嘉義）明山書局 1967.9.20 夜」等字跡。

（2017.06.13）

我們的方向——走進圖書館

我執筆的〈我們的方向——走進圖書館〉一文，是 1972 年 6 月刊載於《輔大圖書館學刊》創刊號），全文如下：

國內圖書館事業的發展，乃近幾十年之事。況此期間，國事多變，戰亂頻繁，舉凡政治、經濟、教育、學術文化，障礙重重，致未能盡全力以發展圖書館事業。

民國以來，雖有袁同禮、劉國鈞、杜定友諸前輩的極力提倡，然其成效甚緩，尚停留在半生不熟的階段，只以藏書為功用，而未能將其巍然的建築轉型成為一座極具機動性的工廠，主動接近民眾，負起社會再教育與闡揚文化的重責大任。

二次戰後，歐美大力推展圖書館事業，究其原因乃緣於國家政策設計委員會鑑於資料的運用與管理，對國家長期文化科學之發展有重大關係。近三十年來，誠可謂「知識爆發的時代」，各類圖書資料，源源不斷地推出，科學知識，日新月異，如何尋找資料，如何應用資料與如何管理資料，以便供應「造福人生」的需求，在在便牽涉到圖書館學的領域。

輔大圖書館學系成立已二年，圖書館學會創立也近周歲，在這一兩年中，我們已體認出圖書館事業在臺灣的發展處境，也預知它應走要走的路向。

所以，篳路藍縷的精神是吾人所最需；好高騖遠、幻想成果絕非吾人所欲；量人量己、察情體勢是吾人所最悉；固執原則、抱持成見是吾人所最忌；而「走進圖書館」、「利用圖書館」

是吾人所最要循。圖書館是知識的寶庫，人類思想的泉源，民
族文化命脈之所繫。

　　國父說：「革命基於高深的學問」，「學問為濟世之本」，要
救國家，要改造社會，萬賴於斯，而不走進圖書館便不能將圖
書館活化了，更失去探究知識寶庫奧祕的大好機會。

　　吾人是將來圖書館事業發展的中堅鬥士，是國人與知識寶
庫的中間橋樑，道遠任重，能不惕勵？緬懷五千年的歷史文化
與西近科學的文明都提供了足夠資料給吾人應用，能不深自期
許？

　　「翻舊書、看新書、寫書評、作提要」，更是吾人在大學時
代〈我們的方向──走進圖書館〉的最大課題。民國六十一年
五月十八日記於文學院文友樓。

（2017.06.14 修改）

學術研究在臺灣

1972 年 11 月 16 日《輔大新聞》刊出我寫的〈學術研究在臺灣〉，這是我在《輔大新聞》發表的第一篇文字，對於我喜歡閱讀和書寫帶來很大的鼓勵。屈指算來，這時間已是我進入輔仁大學校園的第四個學期，我已經逐漸習慣了臺北的濕冷天氣與住宿生活。

1970 年代的臺灣，對於一位從臺南後壁鄉下，隻身離家背井來到臺北求學的青年而言，在家庭經濟環境不是很富裕的情況，有時候心裡還是難免會產生許多的感觸。就以我自己為例，我喜歡閱讀，尤其是自己靜靜在寢室和圖書館看書，感受那與南臺灣鄉間特有不同的氛圍。

由於喜歡閱讀，加上書寫的文字慢慢被學校的刊物登載出來，除了益發自己信心，和更廣泛閱讀之外，也面臨到需要購買書刊所帶來的金錢壓力。這壓力越重越讓我更需要有稿費的收入，以減輕買書和生活上的負擔與困擾。

在那戒嚴的年代，我也與一般學生同樣的感受，尤其是文學院的學生，我發現越是被禁的書刊，大家越是想盡辦法要買或借來閱讀。諸如：當時我買的第一本禁書是《中國哲學史》，書上當然都不敢列印出作者和出版者，但我知道那是馮友蘭於 1936 年在北京清華大學編印出版的講義資料。

當時我買的第二本禁書《文學大綱》（上下兩大冊），出版者是臺灣商務印書館發行，作者只寫「本館編審部編」，但是我

知道那真正作者是鄭振鐸，1927 年由上海商務印書館發行。

當時我買的第三本禁書《插圖本中國文學史》（四冊），書封面都未列印作者和出版者，只有在〈自序〉最後一行寫著「公元一九三二年六月四日鄭振鐸於北平」。

當時我買的第四本禁書《明萬曆原刻清故宮珍藏繡像金瓶梅詞話》（上中下三冊），書封面都未列印作者和出版者，但從〈金瓶梅詞話序〉有「竊謂蘭溪笑笑生作金瓶梅傳」。

當年我念的圖書館學系，買的上列四套禁書卻是文史哲類，雖記憶著我當年的喜歡閱讀和書寫，但也更突顯了戒嚴時代禁書對於學術研究所帶來的影響，促成了當年我這篇〈學術研究在臺灣〉的書寫。

（2017.06.11）

理想中的大學校園

　　我在輔仁大學大三年級的上學期，眼看學期的即將結束，回想自己早年憧憬的四年大學生活，在輔園生活已經過去了一半，心裡難免有一些感觸。

　　我現在看到這張我站在輔仁大學學校大門口的獨照，我似乎可以感受出當年初踏輔大校園意氣換發的興奮心情；而另外一張坐在寢室書桌前的照片，也讓我有重溫當年喜歡閱讀和書寫的年少狂熱。

　　記得大一、大二時，我都是住在文學院紅樓的男生宿舍，到了大三上學期，雖然文學院的宿舍已無法容納高年級舊生，但我仍有機會搬進更舒適、二人一房的法商學院宿舍，室內設備也比較現代化，但或許是建物格局的關係，一直到我搬離該宿舍，我始終感受它沒有文學院宿舍來得自由和開放。

　　據了解，當時天主教輔仁大學的文學院、法商學院和理學院等三個學院，是分別隸屬臺灣、美國和德國的三個教會團體所組成的，所以在建築與管理上也會呈現不同的風格。

　　我的這篇〈理想中的大學校園〉的書寫，或許多多少少正是受其影響，而在這種氛圍下，完成我書寫當時的校園生活情景和心理感觸。

（2017.06.12）

論大學教育與大學圖書館

我在輔仁大學大三下學期的開學不久，在學校的《輔大青年》第 8 期發表了這篇〈論大學教育與大學圖書館〉，這是我在《輔大青年》繼上一期發表〈從三院圖書館到聯合目錄編製之芻議〉的一篇文章。

《輔大青年》是一年才出刊一期，我的連續發表，除了給我在輔園帶來些微知名度之外，讓我感到興奮的是給我帶來一筆稿費。這稿費對於一個每個月必須仰賴家裡從南部寄生活費上來的窮學生而言，是何等的難得和具有鼓舞閱讀與書寫特殊意義。

現在我看到我書房擺著 1972 年 11 月與 12 月由世界書局出版的《新校資治通鑑注》（精裝全十六冊）與《新校史記三家注》（精裝全五冊），我就感觸特別深。

我檢視《新校資治通鑑注》（精裝全十六冊）的基本定價是陸拾圓整；《新校史記三家注》（精裝全五冊）的基本定價是貳拾伍圓整。我查了現在網路的售價，2007 年 2 月版《新校史記三家注》（平裝全五冊）的定價 NT$ 3,900 元；2009 年 5 月版《新校資治通鑑注》（平裝全十六冊）的定價是 13,000 元。

我想我在 1970 年代買的《新校資治通鑑注》（精裝全十六冊）和《新校史記三家注》（精裝全五冊）這兩套書，也許正確售價的數字已不是那麼重要，留在我內心深處的是，當年我是怎麼努力書寫地存了足夠錢？我是怎麼從臺北重慶南路的書店

買書之後，又如何搭乘往新莊的公路局車子，將這些笨重的書籍帶回輔仁大學宿舍的住處？以後這兩套書又是如何隨著我在各地的飄泊生活？這才是我努力閱讀與書寫的美好回憶。

（2017.06.15）

不為也，非不能也！

　　1972 年期間，我在《輔大圖書館學刊》、《輔大新聞》和《輔大青年》陸續發表評論性的文章之後，突然有一天，當時的《輔大新聞》社長蔡傳志（化學系）、總主筆周玉山（筆名茶陵、社會系）、總編輯蘇逢田（哲學系）、採訪主任蔡建仁（歷史系）、總經理葉景成（經濟系）等人，突然找上我，邀請我加入《輔大新聞》的編輯群。

　　我們雖來自不同科系，但是大家有志一同，更是滿腔熱血地發表高論。1973 年 5 月 12 日《輔大新聞》98 期出刊的這篇〈不為也，非不能也！〉，就是在我接任第四版編輯之後，以「王弄」為筆名，針對學校文學院圖書館的使用情形，所發表的評論文章。

　　這期拙文的登出，引發了 5 月 25 日第 99 期由本報記者楊孟華的回應文章〈不為乎？不能乎？〉。該文前還特別註明：「本報九十八期，有位王弄同學曾以『不為也，非不能也』為題，對本校圖書館做了一番針砭之言。筆者曾就此訪問了人文科學圖書館館長錢公博神父，他對『不』文中所提之意見，認為還算中肯，惟某些情況似與事實頗有出入，他很高興能趁此之便，答覆王同學幾個值得商榷之地方。」

　　回想我的被邀請加入當時由蔡社長、周總主筆和蘇總編輯等同學所主導的《輔大新聞社》，讓我有機會實地參與了報紙編輯的經驗，這可是在我生命中的閱讀、學思與書寫旅程，極為

珍貴的一段回憶。

　　我也因為有這次在《輔大新聞社》的機會，得以認識了周總主筆，日後我更從與他的交往中學習很多。周總主筆後來在政大、世新大學擔任教授，並榮任考試院考試委員。

（2017.06.16）

開拓凜然新氣勢

　　我參與《輔大新聞》編輯的時間並不長,當我們正準備出版第 100 期時,卻傳來《輔大新聞》要改組的壞消息,已經定稿正校對的稿子,全部擱下,我的這篇〈開拓凜然新氣勢〉,正由蘇總編輯進行第一校,從現存的照片中仍然可以看出當時文字的內容和校稿的筆跡,如今這篇稿子也就成為我個人未刊稿的歷史文獻了。

　　長期以來我的閱讀與書寫,早已養成剪報的習慣,這裡我留有 1999 年 1 月 8 日《聯合報》第 37 版刊出周玉山學長〈夢迴輔仁〉的一篇文章,其中有段話,容我在此引述如下:

> 「在校期間,我擔任《輔大新聞》總主筆,經常撰寫社論,大膽建言。時值七十年代初期,國家多難,學子沸騰,我對退出聯合國、保釣運動、中日斷交等事件多所著墨,自不免批評當道。于校長因此接見,多所慰勉,而無一句干涉,令我懷念至今。」

　　周文中所指的于校長,正是于斌樞區主教,他同時也是資深國大代表,而當時主管教務的是資深立法委員林棟。畢竟,當時臺灣政經環境正處在風雨飄搖的時刻,我想《輔大新聞》的改組,或許與當時的氛圍有關吧!

　　我這裡還保存一張 1973 年 12 月 1 日當年我參加蔡傳志社

長與梁上元小姐舉行婚禮時的照片，記得負責拍照的正是周玉山總主筆。新娘梁小姐的父親梁寒操是國民黨黨國大老，當時好像是擔任中國廣播公司董事長，只是我當時並不清楚中國廣播公司的特殊背景與發展歷史。

迄今我印象深刻的是，這喜宴的安排在圓山大飯店，對我這個來自嘉南平原的鄉下學生而言，可以感受一場與鄉間婚禮完全不同的場面與氛圍。我為了生平頭一次參加這麼盛大喜宴，我還真為自己該穿的西裝和皮鞋大費周章。

我的參與《輔大新聞》，讓我有機緣認識這大夥朋友，尤其周總主筆的文筆和涵養一直是我學習的對象。我更要感謝 1981 年間，承蒙周世輔老師的從旁協助，促成我從離開與媒體聯繫的工作，調往中央單位服務。

多年後，我更料想不到當年擔任輔大教務長的林棟立法委員又出任我在中央服務時期的長官。人生際遇真微妙，有些時候還真由不得人。

（2017.06.17）

請賜給農民精神食糧

　　改組後的《輔大新聞》，即從第 100 期起，由歷史系的吳榮嶺擔任社長、大傳系林松青擔任總編輯、中文系的羅肇錦擔任總主筆，社址仍設學校中美堂一一三室。該期不但如期於 1973年 6 月 12 日出刊，而且還特別為慶祝創刊發行 100 期，增刊出版四開兩張。

　　我雖然離開《輔大新聞》的編輯職務，但仍繼續我的閱讀與書寫，並未因為改組而停止投稿，這篇刊登在《輔大新聞》第 100 期的〈請賜給農民精神食糧〉一文，我仍然不改評論時政的風格，主其事者也接受了我的稿件。

　　1970 年代臺灣面對國內外政經環境的險惡，在產業發展上主要以農業來扶持出口輕工業的成長。我出身工農家庭，先父在世是在臺糖公司擔任基層工人，母親則是務農，我認為我的為農民發聲，乃是天經地義的事。

　　回溯當時我針對臺灣農村正面臨的問題，大膽地向政府提出呼籲，只是現在回想起來，和相形對照之下，農民仍然是社會的最底層，臺灣農村的問題依然層出不窮。

　　令人最感傷的是，自己在外努力奮鬥了一輩子，好不容易從教職退休下來，卻依然必須面對因年金改革的減少退休金額和家庭生活壓力的諸多問題。

　　現在窗外下著細雨，我想起蘇東坡在 64 歲被貶至海南時，寫的一首五言律詩〈倦夜〉：「倦枕厭長夜，小窗終未明；孤村

一犬吠，殘月幾人行。衰鬢久已白，旅懷空自清；荒園有絡緯，虛織竟何成。」

東坡居士詩中的「衰鬢久已白，旅懷空自清；荒園有絡緯，虛織竟何成。」這不正是我的鬢髮已白，在外空有淒清情懷？而父母親留下的家園，我有如荒園中的絡緯蟲，最終能織成什麼結果來？

（2017.06.18）

有待加強的臺灣公共圖書館事業

　　大二暑假，我有一部分時間在臺北承德路一間家庭式麵包機廠打工，靠雙手技巧裝配零件的工作，那是一次難得的體驗，讓我深深感受到臺灣是日本品牌的加工廠，工廠老闆賺的錢並不多，也只能轉嫁剝削這些打工的窮學生。

　　這年暑假除了打工之外，輔大圖書館學會特別舉辦同學訪查臺灣各地公共圖書館的活動。過完暑假，開學之後升了大三，由於我擔任輔大圖書館學會會長，整理訪查的報告，自然落在我的責任上。這篇〈有待加強的臺灣公共圖書館事業〉就是這背景下，由我負責撰寫完稿，並刊登在 1973 年 6 月發行的《輔大圖書館學刊》第 2 期。

　　〈有待加強的臺灣公共圖書館事業〉這篇文章，後來被《大學雜誌》於 1974 年 9 月以〈臺灣公共圖書館事業發展的障礙在哪裏？〉為題，轉載於該雜誌第 77 期。這時間點我已從輔大畢業，正待命準備服大專役。

　　現在我檢視《大學雜誌》轉載我寫的這篇文字，赫然發現這篇文字的下一頁，也同時轉載了我當年在《輔大新聞》，由其擔任總編輯蘇逢田撰寫的〈自由與心路〉一文。

　　今天我也特別記述於此，表示我對這位大學同學的敬佩之意。遺憾的是自從我倆在輔仁大學畢業的離開文學院紅樓之後，迄今我們都未曾有過再見面的機會。

　　2000 年之後的有一天，我在中央警察大學我的研究室，聽

一位同事談起，說他曾無意間碰見這位哲學系畢業的逢田兄在桃園地方的一間宮廟當起了「廟公」，只是我迄今未能有機會與其碰面，再獲得進一步的證實。

　　猶記得當年我從文學院二樓窗口，眺望著逢田兄穿著一件薄夾克，單手牽著一部破腳踏車，嘴上叼著一根菸，獨自走在校園迴廊的水泥地上，其仙風道骨的身影還一直深深地留在我的腦海中。

（2017.06.19）

大學生與國家的現代化

　　輔大圖書館系的學生，系方課程規定，畢業之前，要求學生在大學三年級的暑假必須到圖書館或相關單位實習，我也因此有機會到行政院國科會科學資料中心實習，這也是我第一次聽到有這麼一個負責為國家發展科學的單位。

　　當時國科會科學資料中心尚未搬到現在和平東路的科技大樓，我想當時的國科會科學資料中心辦公大樓是向中央研究院租借的，所以處所才會選擇在南港院區內。

　　我在知道這地方之後真是高興極了，主要的原因是暑假期間我就可以名正言順的留在臺北，而且到中央研究院的國科會科學資料中心打工，更何況我可以有機會接近心儀已久的胡適紀念館，閱讀其相關的書籍與資料。

　　我非常感謝國科會科學資料中心的熱心安排，讓我這位家不是在臺北的南部小孩，可以住進院內宿舍裡的一間小房間，雖然房子的樣式有點老舊簡陋，但是我已經非常心滿意足了，特別是我可以享受到院區寬廣的學園和氛圍。儘管我住在那裡只有一個月，後來屋子要整修，我不得不搬離宿舍，住到緊鄰院區外後方的民間公寓。

　　回憶大三那年的暑假，我在中央研究院區、胡適紀念館，還有國科會科學資料中心的短短二個月時間，院區生活和科資中心現代化的資訊管理，給我諸多的啟發，特別是在閱讀與書寫方面。

　　這篇〈大學生與國家的現代化〉就是大三暑假實習結束，大四上學期一開學回到輔大校園之後，針對當時實習工作的情境有感而寫。

（2017.06.20）

挺立於能源風暴中的臺灣

我很幸運在大學四年級上學期申請到文學院宿舍，我還是喜歡回來住進這裡的氛圍，大家都是文學院的學生，所學習、所閱讀的領域比較接近，生活上大家也顯得比較熱絡。

大三暑假在中央研究院國科會科學資料中心帶給我的最大啟示，是自我感受的希望能考進研究所，延續我喜歡閱讀與書寫的樂趣。可是當時 1970 年代初期國內大學幾乎沒有圖書館研究所的設立，更談不上資訊科學的專業領域。

印象中當時只有中國文化學院（現已改制大學）歷史研究所設有圖書組，錄取名額非常有限，所以當時我們許多同學在一畢業之後都選擇立刻出國深造，特別是系上的女同學。

後來我決定轉考社會科學類的研究所，也買了幾本相關的書籍，煞有其事地翻了又翻，可是大四上學期的這段時間，因為室友都是哲學系的學生居多，也因此我認識了他們系上的許多男女同學，也常參與他們的聚會活動，而始終未能定下心來準備考試。

加上，到了大四下學期又沒申請到宿舍，只好搬到離學校後方較遠的泰山路街上，和一位中國文化學院新聞系的學生，分租一戶民宅的加蓋 3 樓，房東在一樓開瓦斯行。

住到泰山路，走路經學校後門，進到教室大約需要 25 分鐘，我也可以搭指南 1 路車，在學校前門下車，再走進教室，然而這更費時。所幸大四下學期必修課較少，但是這時候我弟弟為

了大學重考北上，和我短暫的住在一起，讓我格外感受到的是生活與經濟上壓力。

1974 年 3 月間，我帶著發表過的作品，應試通過，談好兼職編輯的上班和待遇，並發給我服務證，任期是 1974 年 3 月 24 日起至 12 月 30 日止，於是我開始我另一階段的閱讀與書寫生涯。

1974 年 4 月，《中外產經月刊》出版第 19 期的〈挺立於能源風暴中的臺灣〉，是我以陳天授為名在該雜誌所寫。

2017 年 6 月間，我特地到位在中山南路的國家圖書館查詢了資料，並影印了這篇文字和另外一篇〈勞工的真正問題在哪裡？〉等兩文的詳細內容，也把我帶回到 40 多年前在輔大校園的生活情境和回憶。

（2017.06.22）

勞工的真正問題在哪裡？

　　1974 年 3 月 22 日起，我開始到《中外產經月刊社》的兼職編輯工作，我得以正式接觸校園之外的生活世界。

　　記憶中的雜誌編輯室就在一處頂樓加蓋的房間，我認真的每次依規定時間到達辦公室整建資料和撰寫文稿，忙得不亦樂乎。

　　我除了在 4 月份出版的期刊，發表了〈挺立於能源風暴中的臺灣〉一文，主要是因為臺灣必須面對當時爆發「以阿戰爭」所帶來的能源危機。

　　到了 5 月的「五一勞動節」，雜誌社交給我的題目是要我寫一篇有關勞工議題，我在寫好〈勞工的真正問題在哪裡？〉的文章之後，社長和總編輯決定將其作為該期雜誌主題的勞動節獻言。

　　檢視〈挺立於能源風暴中的臺灣〉與〈勞工的真正問題在哪裡？〉二文的內容，都已經跨越我身為文學院學生研讀的領域，所幸圖書館學系所開設課程的範圍較為廣泛，其中包括了對於社會科學方面的涉獵和文獻介紹，這對於我日後的閱讀與書寫助益甚大。

　　遺憾的是我在此工作二、三個月之後，或許雜誌因為經營上面臨一些困難，儘管現在我查閱該月刊 6 月、7 月、8 月的編輯委員會成員都還將我列名其中。其實我自己也因為 6 月學校畢業在即，我就未再到該雜誌上班，也沒有繼續發表文章。

　　現在我回想仍然心存感激，我能有擁有這麼一段珍貴的閱讀與書寫經驗。對照近日以來，執政的蔡英文政府提出「轉型正義」議題，特別是針對社會相對所得低的軍公教警消和勞工的年金改革，讓我想起《中外產經月刊社》的編輯經驗，和發表的上述兩篇文章。

　　更讓我聯想到大學時期指導我閱讀與書寫的國文老師曹昇教授，他認為我當時年輕想要多為國家做事，對社會就要懷抱有正義感，他特別建議我研讀清代焦循撰寫的《孟子正義》一書，期望我以培養天地浩然正氣。

　　記得當時我聽從師言，趕快存了足夠買書的錢，從新莊搭車到臺北重慶南路的臺灣中華書局買了該書的上下冊，這份閱讀的狂熱之心，迄今手上再拿到這套書，總覺得還有餘溫的感受。

　　今天我從書架拿下來翻閱時，赫然發現裡面夾著一張中國圖書館學會舉辦 1970 年 12 月 1 日至 7 日的圖書館週活動，其所策畫「讀書最樂」所印製的書籤，或許可以拿來印證我大學四年時間所留下喜歡享受閱讀與書寫樂趣的紀錄。

（2017.06.23）

我構思撰寫《近代學人著作書目提要》的經過

　　這篇〈我構思撰寫《近代學人著作書目提要》的經過〉，曾刊於 1987 年 7 月 10 日《大華晚報》，回溯我書寫這篇文字的構想的往事，應起於 1970 年冬天，我念大學一年級時期的寒假。

　　當年我們大學新生的第一個寒假，政府依規定都必須參加位在臺中成功嶺的軍事集訓，國家重視青年教育，希望年輕人經由成功嶺走向成功之路。

　　回憶當年臺灣社會的環境，從我在成功嶺受訓期間，我的大一國文老師曹昇教授回給我的信中內容，大概就可以感受出當時候的社會氛圍。恩師曹昇教授給我的第二封信，是在我大一時候的暑假，信的內容正是我在這篇文字上所敘述的一段往事。

　　老師的這封信，整整寫了 13 張信紙，其中對於我構思撰寫《近代學人著作書目提要》的計畫，除了多所鼓勵之外，也臚列了一份近代百位學人的參考名單給我。老師的祖籍與胡適之先生同是安徽績溪人，老師對我這位來自臺南下茄苳堡的本省籍青年愛護與鼓勵有加。

　　檢視《大華晚報》刊出我這篇〈我構思撰寫《近代學人著作書目提要》的經過〉一文，以及重新審閱恩師給我的這兩封信，證之我所以將這些文字一直留存至今。

　　曹昇老師如今已經遠去，但他老人家當年對我的期望，無非是在我閱讀與書寫的人生道路上，不斷地聽到老師的叮嚀，

提醒我要時時的鞭策自己，砥礪自己，繼續的閱讀與書寫。

　　如果我在教學和研究的學術上，能夠累積出來一些成果的話，我當永遠記得和感謝老師的鼓勵，努力不懈，以不辜負老師的殷殷教誨。

（2017.06.27）

胡適的被查禁書

我的構思撰寫《近代學人著作書目提要》，我選擇胡適為撰寫對象的第一人。蒐集胡適之先生的著作並不很難，因為畢竟當時他剛過世不久，而且在南港中央研究院有胡適紀念館可以提供資料，於是我就大瞻地列出一份計有四十七本有關胡適之先生著作的書目。

在這份書目中，我開始依續閱讀，我除了購買當時已由胡適紀念館出版的《中國中古思想史長編》、《白話文學史（上卷）》、《神會和尚遺集》等書之外，其中遇到最困難的是光列有書名，但沒有出版處，乃至於更無法查閱其內容。

例如《盧山遊記》、《人權論集》這兩本，我只好去函請教胡適紀念館，當時王志維秘書函覆了我一封長信：「《盧山遊記》，係絕版書，本館曾尋求很久，迄今未得到。《人權論集》，在民國十九年一月發行前一日即被查禁，外間未流傳，僅少數三、五人有此書，此書至今仍為查禁書，目錄另鈔奉。」

我就這樣進行閱讀與書寫〈胡適之先生著作書目提要〉，這篇文字就成為我構思書寫《近代學人著作書目提要》的第一篇，當我把這篇刊登出來的文字送請曹昇老師指正時，他鼓勵我一定要繼續撰寫，同時老師特地從書房拿出有他和師母、中國公學旅臺校友，其等與胡適之先生於 1949 年 3 月 29 日在臺北的合照，送給我做紀念，這張相片我一直珍藏至今。

我想起當年的志大才疏，為了不辜負老師的期望，雖然我

又陸續蒐集和閱讀了梁啓超、陳寅恪等人的著作，但最終因自己沒毅力，加上後來因為工作性質的關係，而迄今未能完成這項閱讀與書寫的計畫。

　　今天除了自己愧對老師的期望之外，藉此我要感謝當 1987 年 7 月 10 日《大華晚報》刊登我這篇〈我構思撰寫《近代學人著作書目提要》的經過〉一文時，我記得這文章發表了之後，很榮幸還接到當時擔任立法院圖書館館長，後來出任國家圖書館館長顧敏老師的來電鼓勵，讓我興奮不已，永遠銘記在心。

（2017.06.29）

梁啟超的《飲冰室文集》

我在閱讀與書寫〈胡適之先生著作書目提要〉的完成之後，繼續展開《近代學人著作書目提要》的閱讀與書寫，選定的近代學人是繼胡適之先生之後的梁啟超先生。

記得為了閱讀與書寫〈梁啟超先生著作書目提要〉，我還省吃儉用的存夠了錢，到臺北市重慶南路的臺灣中華書局買了《飲冰室文集》（全八冊）。買了這麼一套《飲冰室文集》，讓我花了一筆錢，雖然勉強可以自己解讀是為了閱讀與書寫的需要，也難免是要滿足自己的一點點虛榮心吧！

對我而言，當時的閱讀梁啟超著作要比閱讀胡適之的著作來得辛苦，儘管閱讀梁啟超的作品，大家喜歡開玩笑認為，看他的作品就會有如夏天飲冰水的清涼感受，但畢竟我是在胡適推動白話文革命之後，才開始接受其教育成長的一代。

所以，我在閱讀《飲冰室文集》第二冊的〈論中國學術思想變遷之大勢〉時，就沒有繼續閱讀，〈梁啟超先生著作書目提要〉就成為我未竟之稿子，構想《近代學人著作書目提要》的閱讀與書寫也就此打住。

今日我重新翻閱《飲冰室文集》（全八冊），手摸著這套已蒐藏近半世紀的舊書，發現我剪貼著一則梁啟超記述〈人生什麼事最苦呢？〉，文內是這麼寫的：人生什麼事最苦呢？貧嗎？不是。失意嗎？不是。老嗎？病嗎？死嗎？都不是。人生最苦的事，莫若身上背著一種未來的責任。

　　人若能知足，雖貧不苦；若能安分，雖失意不苦。凡人生在世間一天，便有應該做的事。該做的事，沒有做完，便像是有幾千斤重擔子，壓在肩頭，最苦是沒有的了。為什麼呢？因為受那良心責備不過，要逃躲也沒處逃躲啊！

　　讀完梁啟超的這則記述，真感自己未能完成《近代學人著作書目提要》的閱讀與書寫，這何曾不是自己人生最苦的事之一嗎？

（2017.06.30）

吳相湘的《民國百人傳》

我的這篇〈我構思撰寫《近代學人著作書目提要》的經過〉，文內提到我曾深受大學一年級國文老師曹昇教授的鼓勵，如果時間在往前推的話，我不能不細說，我之所以會有撰寫的念頭和決定這篇文字的名稱，我想多少是受到當時知名歷史學家吳相湘教授出版《民國百人傳》（四大冊）的啟發和影響。

《民國百人傳》是吳教授於 1971 年元月 15 日交由《傳記文學雜誌社》編輯出版，第一冊的書內頁註記「謹以此書呈獻 中華民國革命建國萬千無名英雄 中華民國六十年元月吉日」。這套書是在我過完大一那年寒假，開學時從臺南老家回到學校之後買的。

猶記得當年在輔大紅樓宿舍閱讀這套書的時候，對其中許多的人物我並不是有研究，惟有篇〈胡適「但開風氣不為師」〉的內容深深吸引著我。

由於高中時期就開始閱讀胡適的著作，和文星書店所出版的雜誌和叢書，而我第一次知道吳相湘的大名，是在文星書店出版他主編《中國現代史叢刊》（第五、六冊）。我那時期的文青歲月真羨慕「主編」這職稱和工作。

《民國百人傳》是我大學時期喜歡閱讀的一套書，除了對我當年構思撰寫《近代學人著作書目提要》多所啟發之外，之後我又陸續買了吳教授寫的《俄帝侵略中國史》（正中版）、《近代人和事》與《民國人和事》（三民書局）、《民國史縱橫談》（時

報文化）等書，對我日後所從事的工作和專欄的書寫很有助益。

　　現在我重新閱讀《民國百人傳》裡〈胡適「但開風氣不為師」〉的這篇文字，發現其內容甚少提到胡適與《自由中國》雜誌、「中國民主黨」之間的關係，或許是疏忽，或是有意，這是我比較不能理解和感到遺憾的。

　　可是也有幸運之處，我是我在這套書的剪貼，有篇吳教授發表在 1982 年 11 月 5 日《中國時報》上〈我的書齋〉一文，提到讀書人都喜以「某某齋」為他讀書藏書撰述的地方，如中國目錄學權威余季豫先生的讀書所，就是請羅振玉篆書「讀己見書齋」，他的《四庫提要辯正》是一代名著。傅增湘先生則是以「藏園」為他的讀書藏書所。我也模仿稱自己閱讀與書寫的地方為「安溪書齋」

（2017.07.01）

胡適的《胡適文存》及其他

　　我重新閱讀吳相湘《民國百人傳》（第一冊）的〈胡適「但開風氣不為師」〉一文，我發現文內有段引述《胡適文存》（第三集卷一）的第一篇〈我們對於西洋近代文明的態度〉，很值得參考。

　　我現在身邊收藏的這套《胡適文存》（共四集、每集分裝一大冊），是 1953 年 12 月由遠東圖書公司印行的初版。

　　吳著《民國百人傳》的書中略述：胡適於 1954 年間，曾在一次臺北歡迎茶會的演說，公開表示懺悔過去對社會主義觀感的錯誤。因為，胡適曾於 1926 年 6 月在他這篇〈我們對於西洋近代文明的態度〉指出，十八世紀的新宗教信條是自由、平等、博愛。

　　十九世紀中葉以後的新宗教信條是社會主義。這是西洋近代的精神文明，這是東方民族不曾有過的精神文明。在當時，一般知識分子總以為社會主義這個潮流當然是將來的一個趨勢。

　　所以，胡適才會在 1954 年間再進一步指出，在外國，如在美國，現在有幾個雜誌，最著名的如《自由人》（*Freeman*）雜誌，裡面的作家有許多都是當初做過共產黨的、做過社會主義信徒的，現在回過頭來提倡個人主義、自由主義的經濟制度。

　　這種在思想上的根本改變，我們不能不歸功於三十七年來世界上這幾個大的社會主義實驗的失敗，使我們引起覺悟——

包括我個人，在今天這樣的大會當眾懺悔。我方才講，這是好現象。我希望政府的領袖，甚至於主持國營公營事業的領袖，聽了這些話……應該自己反省反省……像我胡適之當眾懺悔的話，值得大家仔細一想的！

承上述，1920 年代的胡適崇尚社會主義，經歷時間與環境的變化，到了 1950 年代的胡適卻轉而主張自由主義，我們檢視其從社會主義到自由主義的思想變化，胡適的自由主義思想不但深深影響整個臺灣思想界，進而牽動《自由中國》雜誌創刊，和關係後續發生「雷震案」的發展。

1950 年代以後胡適在臺灣的提倡自由主義思想，充分印證在我這出生於 1950 年代、1960 年代中葉以後的逐漸受其影響，乃至於到了 1970 年代的接受胡適自由主義思想，特別是在我離開臺南老家到外地念高中和大學的這一階段。

為了滿足我的閱讀與書寫，有關胡適和研究胡適的書籍，諸如胡適、李濟、毛子水等著《胡適與中西文化》（1968 年水牛版）、費海璣著《胡適著作研究論文集》（1970 年臺灣商務版）、徐高阮著《胡適和一個思想的趨向》（1970 年地平線版）等書，分別是我 1968 年在嘉義念高中，和 1970 年在臺北念大學時候所蒐藏與閱讀的書籍。

（2017.07.02）

陳之藩的《陳之藩散文集》

我在書寫〈胡適之先生著作書目提要〉的期間,「上窮碧落下黃泉」的搜尋資料。當年尚無現在網際網路的方便,雖然 1970 年代初期,我們念輔大圖書館系的學生,已經有留美歸國的老師開始講授有關資訊科學方面的課程,但畢竟電腦沒有現在的進步與便利。

我在閱讀與蒐集胡適著作的同時,除了胡適本人的著作之外,也旁及其他作者評論有關他思想的專書。我買的《胡適評傳》第一冊,就是李敖先生於 1964 年 4 月由文星書店出版的專著。可是李敖的另外一本大作《胡適研究》,我就未能那麼幸運買到同是文星書店的版本。

當年在學校裡,還盛行陳之藩教授寫得的《旅美小簡》(1957 年明華出版),和《在春風裡》(1962 年文星出版)的兩部作品。尤其這本《在春風裡》,收錄陳之藩與胡適來往的九封信。

可惜,這兩本書當時我都未能找到它們原版出版社的書,現在身邊所藏的是大林書店出版的大林青年讀物,它未完整列出版年月,或許未獲得授權吧!後來我買了遠東圖書公司出版的《陳之藩散文集》(合訂本)。

我在蒐集這些著作的過程中,特別是在牯嶺街的舊書攤買到《胡適之先生紀念集》。這紀念集對我書寫〈胡適之先生著作書目提要〉的幫助特別大。

因為,1962 年 3 月由學生書局出版的這本紀念集,其出版

時間僅離胡適 2 月 24 日在主持中央研究院院士會議倒下之後的
一個月，尤具歷史意義。

　　我在閱讀《胡適之先生紀念集》之後，對胡適的思想、著
作和人文素養有著更深一層的認識與了解。

（2017.07.03）

傅斯年的《傅斯年選集》

　　我在閱讀胡適之先生的作品時，經常從各種資料文獻中看到他提到，與臺灣大學有關的兩位重要人物，一位是曾任該校校長的傅斯年，另一位則是殷海光教授。

　　文星書店亦都曾經出版他們二位的著作，1970 年我從臺南北上就讀輔仁大學時，只要我逛書店或參觀書展，我都會特別留意。當時，我蒐集傅斯年的作品，很容易就陸陸續續買到文星書店於 1967 年 1 月出版的《傅斯年選集》全 10 冊。

　　但是文星書店出版殷海光翻譯海耶克（F. A. Hayek）的《到奴役之路》（*The Road Serfdom*），和《海耶克和他的思想》這二書，我則一直未能找著，最後，幸好還買到已轉由傳記文學社印行的版本。

　　《海耶克和他的思想》收錄有殷海光、夏道平、林毓生、胡適、蔣勻田、勞思光、高壽昌、周德偉等人的作品。其中，收錄胡適 1954 年 3 月 5 日於裝甲兵軍官俱樂部在「自由中國社」歡迎茶會上講話：〈從「到奴役之路」說起〉。

　　在胡適這篇講話稿的最後一段文字是這樣寫的：什麼叫做資本主義？資本主義不過是「勤儉起家」而已。我國的先哲孟子說：老百姓的勤苦工作是要「仰足以事父母，俯足以畜妻子，樂歲終身飽，凶年免於死亡。」

　　老百姓的辛勤終歲，就是希望在年成好時能吃得飽，成年不好時可以不至於餓死。這怎能算是過分的要求？但這個要求

可以說是資本主義的起點。……老百姓辛苦血汗的所得，若說他們沒有所有權是講不通的。

　　從這一個做起點，使人人自己能自食其力，「帝力何有於我哉！」這是資本主義的哲學，個人主義、自由主義的哲學，這是天經地義，顛撲不破的。這一點想，我們還是應由幾個人來替全國五萬萬人來計劃呢？還是由五萬萬人靠兩隻手、一個頭腦自己建設一個自由經濟呢？這是我們現在應該討論的。

　　胡適這篇講話稿其中還有一句：社會主義也不過是共產主義的一個方面；它的成功的程度，還遠不如共產主義那麼大。如要社會主義成功，非得獨裁不可，非用極端獨裁、極端專制不可，結果一定要走上，如海耶克所說的，「奴役之路」。

　　承上述，胡適對資本主義自由經濟的論述，對於 1960 年代尚屬文青時期的我而言，產生非常深遠的影響。我在大學畢業之後的閱讀與書寫，不但跨越人文科學，而走上與社會科學的整合之路。

　　直至今天我在課堂上，還是經常向學生介紹海耶克（F. A. Hayek）《到奴役之路》的書，和胡適、殷海光等人的自由主義思想。

（2017.07.04）

殷海光的《殷海光選集》

　　胡適、雷震、殷海光等人在《自由中國》雜誌裡的強調自由主義精神，殷海光除了翻譯海耶克的《到奴役之路》，和與胡適等人共同收錄出版《海耶克和他的思想》等書之外，我還在輔大校園對面的新頁書店買到 1971 年由香港友聯出版社發行的《殷海光選集》（精裝本）。

　　當時我閱讀殷海光在該書〈自序〉的其中前後兩段話深受感動。其中的前段話：這個時代的知識份子感受到種種思想學術的挑戰：有社會主義，有自由主義，有民主政治，也有傳統思想背逆的反應。

　　每一種大的思想氣流都形成各個不同的漩渦，使得置身其中的知識份子目眩神搖，無所適從。在這樣的顛簸之中，每一個追求思想出路的人，陷身於希望與失望，吶喊與徬徨，悲觀與樂觀，嘗試與武斷之中。我個人正是在這樣一個巨浪大潮中試著摸索自己道路前進的人。

　　其中的後段話：這些文章所論列的方面固然不同，但是它發展的軌跡卻是有明顯的線索和條理的。在一方面，我向反理性主義、曖昧主義、褊狹主義、獨斷的教條毫無保留的奮戰；在另一方面，我肯定了理性、自由、民主、仁愛的積極價值──而且我相信這是人類生存的永久價值。

　　這些觀念，始終一直的浸潤在我這些文章裡面。但是，我近來更痛切的感到任何好的有關人的學說和制度，包括自由民

主在內，如果沒有道德理想作原動力，如果不受倫理規範的制約，都會被利用的，都是非常危險的，都可以變成它的反面。民主可以變成極權，自由可以成為暴亂。

至於，正式文內收錄一篇原發表於 1957 年 5 月中央研究院歷史語言所集刊第二十八本：慶祝胡適先生六十五歲論文集的〈胡適思想與中國前途〉一文，特別略述：「胡適思想」是中國自由主義底核心，遭受左方社會主義和右方保守主義的聯合打擊。

承上論，我在輔仁大學時期的閱讀與書寫，也買了徐復觀教授由東海大學於 1968 年再版的《中國思想史論集》一書，和由寰宇出版社於 1971 年出版的《徐復觀文錄》，分文化、文學、藝術和雜文的四冊。在《徐復觀文錄》的第三冊的一篇〈哭高阮〉文中，徐復觀提到：「我和你相識於僑人之中。在十多年前，你一再寫信，要到東海大學來看我。因為我知道你很尊敬胡適之先生，所以不知不覺地以冷淡的態度覆你的信。」

「你終於來了，是因為我主張個人自由，和國家獨立，應當是不可分的，因此，和《自由中國》發生了爭論。……你為了洗刷胡適之先生不是全盤西化者，費了許多時間，寫了許多文章。……你和海光都是烈士型的人物；我在這一點上，對海光之死，感到非常難過。」

1960 年代前後的引發自由主義論戰，對於我當年閱讀與書寫，試想從社會主義、共產主義和自由主義的多彩繽紛世界裡，摸索走出自己的一條路來。

（2017.07.05）

胡秋原的《一百三十年來中國思想史綱》

　　殷海光在〈胡適思想與中國前途〉一文中指出,「胡適思想」
是中國自由主義底核心,遭受左方社會主義和右方保守主義的
聯合打擊。所謂「右方保守主義」指的是傳統主義派,和民族
主義派的胡秋原、任卓宣等著名論述家。

　　胡秋原於 1963 年 8 月創辦了《中華雜誌》,標榜在思想上
超越傳統主義、西化主義、俄化主義而前進,以求民族大團結,
創造中國人新文化,重建中國人的新中國為基本觀念。

　　我是在 1974 年 2 月 6 日在輔仁大學附近輔新書局,買了胡
秋原於 1973 年 12 月由學術出版社出版的《一百三十年來中國
思想史綱》。書內有段對當時有關《自由中國》雜誌和其相關主
張的敘述:

> 傳統主義或中國文化派(如錢穆、唐君毅、牟宗三、徐
> 復觀等),西化主義或西方文化派(如胡適、蔣夢麟、
> 蔣廷黻)及「自由中國等」都致力於反共;後者之中之
> 一部分人因「反對黨」運動而一挫,不過一部分致力於
> 「長期科學發展」。
>
> 五十年左右,中西文化之爭復起,而後太平洋學會之手
> 則插進來,以「全盤西化」為面具,以公然的知識詐欺
> 手段,打擊中國民族主義,提倡「臺灣民族主義」。首

先了解這一點喚起大家注意的，是徐高阮先生。傳統派
中除少數人外，並不注意，而西化派反有意無意為其利
用（如王世杰、毛子水等）。

　　另一位與《自由中國》論戰的任卓宣，我是購買 1965 年 3
月由帕米爾書店編輯部編輯和出版的《任卓宣評傳》。該書收錄
任卓宣寫的〈政治評論底創辦、立場和遭遇〉提到：

> 真正創辦《政治評論》的人，是它底發行人，也就是我，
> 纔真正知道《政治評論》底由來。……或許人會以為創
> 辦一個刊物來對付另一刊物為無價值吧。其實不然。從
> 思想上說，《自由中國》宣傳個人主義及個人主義的民
> 主自由，在中國政治思想中有其意義。
> 《政治評論》闡揚民族主義及三民主義的民主自由，與
> 之對峙，豈能說它在中國政治思想中無意義嗎？而且這
> 在個人主義及其民主自由思想流行之際，是富有意義的
> 事。何況《自由中國》反反共，反光復，危害國家民族
> 甚大，有辭而闢之的必要呢？……那麼創辦《政治評論》
> 以批評《自由中國》，就很有意義了。

　　我大學時期的閱讀自由（西化）主義與傳統（文化）主義、
民族主義的思想論戰，著實耗去了我不少的青春歲月，尤其我
為了解蔣廷黻的政治和外交思想，還特別利用 1970 年 10 月 3
日的「十月文藝書展」，買了 1967 年由傳記文學出版的《蔣廷

黻的志事與平生》，非常敬佩蔣廷黻的既飽學，又嚮往其有浪漫
情懷的外交官生涯。

（2017.07.06）

錢賓四的《國史大綱》

1970 年代前後，我在閱讀和書寫《近代學人著作書目提要》的一段過程，不論是被歸類為傳統主義或中國文化派的代表性人物，例如錢穆、唐君毅、牟宗三、徐復觀等等，或是被歸類為西化主義或西方文化派的代表性人物，例如胡適、殷海光、蔣廷黻、蔣夢麟、梁實秋等等，我都是以一位修習圖書館學的學生心態，來閱讀和收藏這些學人的著作。

被歸類為傳統主義或中國文化派代表性人物的錢穆（賓四），我在大一必修「中國通史」時，我的老師是一位很年輕剛從歷史研究所畢業的講師，我記得在這一學期的期中報告，老師要我們學生繳交一篇報告，題目可以自擬，我就自命不凡地寫了一篇有關胡適思想的報告，我印象裡老師對我的報告內容很有意見，加上期末考試，我自己沒有認真準備，結果我的學期成績被「死當」了。

後來我重修學分就改選陳致平教授（瓊瑤父親）在歷史系開設的課程，我特地從臺灣商務印書館買回來錢穆寫的《國史大綱》（上、下冊），很確實地加以研讀，才得以順利通過。後來我還買了 1970 年、1973 年由三民書局再版的《中國文化叢談》（一、二冊），和《中國史學名著》（一、二冊）。

被歸類為西化主義或西方文化派代表性人物的蔣夢麟，我買了他的《西潮》和《新潮》兩本著作。當時《西潮》這本書，深受青年學生的喜愛，我已經不記得哪個人向我借了，現在我

身邊找不著此書。

我一向對於借書給別人，只要有人開口，我一定會借給他，我也不會主動要回書，因為我始終認為借書給人是件好事，至於人家會不會還書，我不會掛在心上，縱使有人存心不還，我還是不後悔，對於圖書資源的善用，是修習圖書館學應有的心態。

蔣夢麟寫的《西潮》，是他的上半段人生自傳，1967 年由傳記文學社出版的《新潮》一書，則是記述蔣夢麟的後半段人生。

另一位西方文化派人物梁實秋寫的《雅舍小品》，我買的是由遠東圖書公司於 1965 年三版印行。該書中英對照，我會買這書，或許我喜歡梁實秋的這種散文寫法，更可以進修英文。

至於 1968 年同是臺北遠東圖書公司出版的梁實秋翻譯《莎士比亞全集》（共四十冊），我實在沒有財力買得起，但是我還是買了我最喜愛的這本《十四行詩》，這也凸顯當年我的青春我的文學夢。

1970 年至 1974 年我的大學生活，這篇〈我構思撰寫《近代學人著作書目提要》的經過〉給我留下一生難忘的美夢。雖然這四年我的沉浸於閱讀與書寫生活，也因為我的狂熱追逐，致使我放棄研究所考試，和失去了服役軍官機會，但是我現在回首，我仍然沒有絲毫後悔這段時間的閱讀與書寫。

（2017.07.07）

余英時的《重尋胡適歷程:胡適生平與思想再認識》

1973 年 6 月我在輔仁大學的學業告一段落,正式結束我的大學生活,以後的日子,必須面對 9 月即將入伍的服役。在這等待兵期的 7 月、8 月兩個月時間,我並未返回臺南老家,而是從泰山租屋的地方搬住到石牌的一戶公寓,是一家從事分裝蜂蜜銷售生意的家庭式企業,主人就是我的老闆,提供我的吃住,工作性質完全偏離了我的閱讀與書寫。

我主要的工作只是將老闆從市面上回收來的玻璃瓶,用清水刷洗乾淨,然後再將由老闆交給我的蜂蜜,負責裝進已經晾乾的瓶子裡,然後一瓶一瓶貼上公司的標籤,放進紙箱,最後經由老闆檢查過後,再放置他的小麵包車上送到各處的寄賣店。在這過程中,老闆最擔心是我未能把玻璃瓶子的內外清洗得很乾淨,而影響瓶裝蜂蜜的賣相。

我在這兩個月工作和等待役期的日子,真是難熬透頂,對照起自己大學四年的閱讀與書寫,簡直天與地的落差。想想自己資質本是不高,又未能專心準備功課,面對當時放棄的研究所考試,和大專預官的落榜,難怪生活過得身心交瘁,又一點尊嚴都沒有,這苦果當然只有往自己肚子裡吞。

嚴峻的日子,也正式宣告結束我在輔大校園《近代學人著作書目提要》階段的閱讀與書寫。此後,因為我的受制於工作和環境因素,我的閱讀與書寫也逐漸從人文科學跨入社會科學

領域。然而，迄今的 40 多年時間，我仍然無法忘懷於對自由主義者胡適著作的喜愛。

　　例如我早在 1971 年就已經購買臺灣商務印書館人人文庫胡適選註的《詞選》，我長久以來一直將它帶在身邊，以及後來我增加閱讀聯經分別於 1984 年出版胡頌平編著的《胡適之先生晚年談話錄》，與 2007 年出版余英時的《重尋胡適歷程：胡適生平與思想再認識》，以及傳記文學社於 1981 年 3 月和 11 月分別出版唐德剛譯註的《胡適口述自傳》，和其所寫的《胡適雜憶》等書。

　　最後，特別一提的是在我向晚年紀，越來越喜歡林語堂著作，例如 1978 年與 1980 年由遠景分別出版宋碧雲譯，林語堂寫的《蘇東坡傳》、《八十自敘》，和 2010 年由鳳凰出版傳媒集團出版林語堂寫的《生活的藝術》（簡體版）。

　　這本《生活的藝術》和 2009 年由陝西師範大學出版張振玉譯的《蘇東坡傳》（簡體版），是我應訪漳州閩南師範大學，參觀位在漳州的林語堂紀念館時所購買，現在已是我最常閱讀林語堂的作品之一。

（2017.07.08）

惆悵舊歡如夢——記一段當兵日子的愛情手札

❖褪色記憶

　　話說我的文學夢裡夢外，就不能不細說從頭。溯自 1966 年我從高中時期的開始接觸《徐志摩全集》。當時這本書是由一家不知名的出版社所彙集印行，印象中出版社好像就是「文化圖書公司」吧？

　　正確的出版社名字我已經想不起來了，我想應該是沒有經過正式授權的版本。當然它就不會是徐志摩的全部完整作品，但是對一個當時在鄉下念書的青少年而言，能夠買得到這一本不是全集的《徐志摩全集》，心裡已是多麼地興奮與滿足。

　　1970 年代等到我從下茄苳堡安溪寮負笈北上，進入輔仁大學圖書館系就讀之後，文學院的文學氛圍，更讓我的視野寬廣，我深深被蔣復璁、梁實秋主篇，1969 年 1 月由傳記文學出版社印行的《徐志摩全集》所吸引。

　　這版本的全集共分六輯，我最喜歡閱讀的是《第四輯》中的〈愛眉小札〉和〈志摩日記〉，當時我對徐志摩的浪漫愛情記述充滿無限憧憬。尤其是 1925 年分別 8 月 9 日至 31 日在北京，和 9 月 5 日至 17 日在上海，在這將近 2 個月期間所彙集的〈志摩日記〉。

　　我記得當時這套書並不零售，可是我又沒有足夠的錢，我只得想盡辦法存錢，我把家裡寄給我的生活費省吃儉用，加上

自己努力爬格子掙來的些微稿費，終於在學校對面的「新葉書店」買下了這套書，終得以滿足自己文青歲月收藏這套文學書籍的心願。

回顧因為我在高中時期也已經買了遠東圖書公司出版胡適的《胡適文選》，同樣我也要到臺北念書的時候，才擁有了該公司出版的《胡適文存》，和商務印書館出版的《胡適留學日記》。

尤其是受到《胡適留學日記》的影響最深。我記得我從大一住進文學院學生宿舍開始，就學習胡適撰寫日記的習慣，我不是使用當時時下流行的日記本，而是使用正式的稿紙，每到了寒暑假時，我就把寫好的稿件帶回鄉下的老家保存起來。

難料有一年下茄苳堡安溪寮老家的地方下了豪大雨，家裡書櫥浸泡了水的受潮，加上後來白蟻的大肆侵蝕，不但我國文老師曹昇教授送我的他私人著作和稿件受到毀損，就連當時我寫的大學日記亦無一倖免，對於是念圖書館系出身和嗜好收藏圖書的我而言，真有如經歷了一場大浩劫。

尤其現在我整理僅存的大學畢業後，和在服兵役期間所保存下來的文字，更讓我回想起對這不幸事件的發生，迄今心裡總是不甚唏噓，但已無法挽回這憾事。

我回想我服兵役期間生活的點滴，尤其是在即將退伍前的二個月發生在自己一段刻骨銘心的所謂「愛情兵變」。它確是我歌詠人生歲月中，一段愛情的飄泊小插曲。畢竟，那是我年輕時期的青春沒有留白。

莎士比亞說：「沒有嘗試過傷痛的人，才會嘲笑別人的傷痕」。我追逐著這一場隨著歲月增長，而已逐漸模糊的記憶，但

這褪色的青春時光，盡是我文青時期追逐的文學夢。

這段漂泊愛情的往日情懷，總時時卻又彷彿依稀的會浮現在我的日常生活裡。難怪 1954 年諾貝爾文學獎得主海明威會感觸地說：「寫作，在其最好的狀態時，是一種孤寂的生涯。」我也深深感受到這種告白體文字書寫的沉重，真是需要鼓起很大的勇氣。

或許隨著歲月的滄桑，這種「自剝式」的透過自我揭露慾望也會日漸強烈。儘管我隨著年紀和閱歷的日增，可是不論在哪裡？我始終認為自己都只是扮演旁觀者的局外人角色，但那是我的生活記憶，我的書寫文字，我的文學人生，我還是要承受我自己情感的哀樂。

以下是我在 1976 年 6 月 28 日至 8 月 27 日服役退伍前兩個月的手札，如今雖成一段褪色記憶，但它已經深深藏在我的心坎裡抹之不去。

❖ 日記簿子

離退伍的時間還有整整兩個月，我想寫下一點東西，所以我買了這本筆記簿，希望給自己在未來留點回憶，我不買日記本的原因有三：

第一，日記本太俗氣，人人都用它，不稀奇。

第二，日記本塊頭大，攜帶不方便，目標又明顯，弄不好還被別人認為我在炫耀寫日記。

第三，以前有先例，利用筆記簿寫日記送給愛人，獲好評，鼓舞我願意繼續寫下去。

　　既然有這理由，我得努力地寫，何況我已把軍中的業務交了，現在腦子所想的事也盡是私事，不但可以大膽地想，而且也可以大膽地寫，兩個月後，字數一定可觀，我就可以拿來送給 L，或許更有助於我們兩人的瞭解。

　　我想起胡適的一段詩句：「醉過才知酒濃，愛過才知情重；你不能做我的詩，正如我不能做你的夢。」

　　我想我做每一件事，都為了 L，我真不知這是否合乎《開放婚姻》的要求。我服膺寫詩要用情，寫散文要用愛，寫小說要有豐富的生活經驗的文學觀。我則要自創「日記式散文」來記述這段特別意義的日子

　　　　　　　　　　（1976.06.28 上午 11：00 臺中清泉崗）

❖諒解更難

　　隊上長官說好明日不放假，可是現在突然宣布事有因的做了變動，改為明日放假但只能到下午 5 時止。我很想上臺北去，可是來回時間實在太短暫了，而且又輪到我必須留守。儘管我心裡有許多的話想要對 L 見面傾訴，也只能化作思念了。

　　以前有話可以給 L 去信，現在 L 不在外面上班了，我又怕我的信無法順利寄達她手中，所以信也就寫不得了。我就有這麼一個壞習慣，給 L 的信，假若不把真情抒寫進去，若只是為單純的問些生活起居，還真教我實在動不了筆。

　　已經整整有四個月，我不曾給 L 一封信，想起來心裡可又要歉疚難過了。現在信寫不得，我又不能放假，可是心裡有話要說，真是苦了人。

說起來也真令人不可思議，27 日我放假回臺南看醫生，下午我回到臺中，打了長途電話給 L，可是 L 仍在為上回的爭辯而賭氣，所以我們談話也就沒有以前的快活了，話顯得有點不投機，結果電話三分鐘一到，也就斷線了。

本有意想繼續再打，可是我又不知道要從何說起？我到底要講些什麼？才能消除 L 的火氣，想了一想，還是寄望於下回的見面，再做當面的解釋了。

愛情要做到真正的了解很難，要做到互相的諒解更難。突然對齊克果說的「痛苦是可以自由選擇的」有更深沉的理解。

（1976.06.28 下午 07：00 臺中清泉崗）

❖珍貴友誼

放假了，營區裡顯得冷冷清清，人多嘴雜的煩囂景象已不見，隊上剩下少許留守的人，不是出公差做工去，就是趁這時候洗洗衣服，或寫寫信，好打發時間。

我嗎？輪流到值勤的時間，我就得留在辦公室裡，我翻一翻抽屜，找出一本多時不見的「輔仁大學圖書館學系師生通訊錄」。

我看著上面所出現的名字，努力地想追憶一些以前有趣的事，也都無法將心情靜下來，只好又把這本通訊錄收了起來，誠摯祈禱著這些當年同窗的好友都能身體健康，生活愉快。

最珍貴的友誼，或許不是存在於和你最接近的人。「換我心，為你心，始知相憶深。」我這樣地想。

我也想起我畢業那年，L 還是大三，L 送我的禮物和照片，

有張照片的背面，L引了李白〈送友人〉的詩句：「浮雲遊子意，
落日故人情，揮手自茲去，蕭蕭班馬鳴。」表明她當時對我離
校的心境。

（1976.06.29 上午 07：30 臺中清泉崗）

❖全然的愛

談戀愛的人，寫信該是表示感情的最好方法了，信寫得多
或少，便可看出他們相互傾訴感情程度的深淺。

落入熱愛中的情人，一天就不只一封信了，有時還怕信件
太慢到情人的手中，都還要寄上「限時專送」，好使這封「熱呼
呼」的信能傳遞情人的心和手。

但有時也有例外，寫信總要有個住址，假若愛人與父母親
同住，而身為父母親的人又喜身兼檢察官，兒女的信總要過個
目，好分享兒女的快樂。

若碰着父母親不贊成，則信件就成問題，兒女也就不敢把
家中的住址作為他（她）們連絡的地點了。

悲哀！今天不幸的我，竟是成為這一類典型的例子。現在
每次當我看到別人可享受這種書信往返的樂趣，越想就越對自
己目前的這一段感情懷疑了；更不幸的我又是忠誠俄國小說家
托爾斯泰，和日本小說家廚川白村主張「戀愛至上說」的信仰
者。

我不了解是因為環境使我和 L 如此，或是 L 至今對我並沒
有付出全然的愛。

（1976.07.01 下午 03：30 臺中清泉崗）

❖愛得痴情

從臺中的大雅回來，身上帶的滿是惆悵，和激憤心情，電話裡 L 現不在臺北。前幾天 L 曾經告訴我，她可能 6 月底或 7 月初會南下豐原採荔枝，想必她是今天成行了吧！

可是 L 為什麼不寫個信告訴我呢？難道 L 是還生我的氣？或是這叫「愛」嗎？我不懂，我百思不懂，我精神快崩潰，我人快支持不了！

假若 L 是還生我的氣，我會不在意，而且上了臺北以後，我會向她道歉；假若不是，而不願意或忌諱下南來該給個信，我就傷心了，實在傷心了。

我羨慕胡適寫的〈無題〉：「電報尾上他加了一個字，我看了百分高興。樹枝都像在跟著我發瘋。凍風吹來，我也不覺冷。風呵，你儘管吹！枯葉呵，你飛一個痛快！我要細細的想想他，因為他那個字是『愛』！」

胡適寫的〈無題〉，讓我更陷入到底是「葉子的離去是風的追求，還是樹的不挽留？」的情思。

L 怎麼不給我信？怎麼不給我信？難道你不了解這就是我對妳愛的痴情？「Why」、「Why」？

（1976.07.01 下午 07：30 臺中清泉崗）

❖私人祕密

我常想：「這世上要是沒有愛的話，生活將是一片空白。」

如今，我深切地體會這句話，雖然 L 和我現在只是鬧情緒，可是我卻以精神難過不堪，尤其是今晨醒來，真有一股無奈的

虛空湧上心頭，我呆望許久，要不是集合哨音把我給驚醒，我仍在迷茫霧中。

有時候我感覺是不是我們不適合相處在一塊，還是我自己過於自私把愛情視為佔有，而容不了 L 所做的一些小事。

我不知道是否尊重了她的權利，尊重了她所謂的「私人祕密」，或是我已是嚴重了侵犯她，超過了所謂「互相了解」、「互相信任」的程度。

好友之間該是沒有任何祕密吧！要是好友不能做到互相了解和諒解，而是要保有私人的隱私，我真不知道這是否會引起猜忌和懷疑，而生活在不安與恐懼中。

愛情不是應該做到公開、尊重、了解和諒解嗎？

（1976.07.02 上午 08：00 臺中清泉崗）

❖相思的苦

電話是在今晚 8 時打的，我不知道 L 仍在生我的氣，當她知道我打這通長途電話的時候，而故意不接我的電話，這可是以往不曾有的現象。

以前我們縱使鬧得再凶，電話 L 是不可能不接的。也許是 L 真的不在。啊！我真的靜不下心來。謀定才能慮，慮而後能得，道理我是懂了，可是我卻沒有辦法做得到。

路上我想：不該再打電話了，一切還是等我上了臺北之後再談。但是我又不敢保證明天是何等心情？也許明天忍不了相思的苦，還是又跑去打了電話。

現在真是不打電話也苦，打了萬一 L 仍是不接或說不在，

將會使自己更加痛苦。天啊！我該怎麼辦？何日才是我可以上臺北的時刻呢？何日又是我和 L 可以誤會化解之時呢？

　　伴侶的選擇，該是在男女雙方心智和事業都已是穩定下來之時。也許如此，結了婚以後的夫妻，才不會有太多的爭端和變化。

（1976.07.02 下午 08：30 臺中清泉崗）

❖同學重要

　　連日的豪雨，把南北交通動脈的縱貫線給搞慘了。今天我從臺中至臺北，乘對號快車整整花了 8 個小時，天啊！而且不是坐著，而是站著。

　　下了車趕快打電話給 L，希望她能出來見面，相信我就不會感到那麼疲倦了。可是令人難過的是，L 說她有同學要過來，她不能隨意離開家裡，雖然我口口聲聲再三強調，我今天是整整站了 8 個小時才到達臺北，可是她卻不體諒，反怪說我不該來。

　　這是 L 在電話裡講的話，真令人傷心。晚上既然見面無望，大約 7 點我就到 Y 家裡，和他父親研究我們想要創業的構想。Y 父親也為我們創業的事費盡苦心，將來一定得要好好謝謝他老人家。

　　L，我想問一句話：到底是我這朋友重要？還是妳同學重要？

（1976.07.05 晚上 12：00 臺北）

❖愛情挫折

真想不到會把事情弄得如此糟糕，當我寫這札記時，我心痛有如刀割。天下最痛苦的事，莫過於在愛情受挫折時，因為情人是往往在這世上和你最親近的人。

最親近的人都不能互相了解和諒解，這怎麼不令人傷心呢？當然今天事情的發生，我應該負全部的責任。

我明明知道 L 現在的情緒，是不准任何人說她一句不是，我不該在她今天的約會遲來而怪她，雖然我等她足足等了 40 分鐘，可是 L 在雨中的誠意趕路而來，也是夠辛苦的。

可是 L 向來不做多的解釋，但當我怪她不該遲來時，她就如往常一樣繃緊了臉不講話。難堪的局面一直無法打開，L 也一直趕我走離開，而說她要趕著回家去。

我知道這氣氛不能如此僵持下去，所以我就跟著她後面走，雖然淋著雨，可是我也管不了那麼多，最後我們是一起乘計程車至西藏路她同學家裡，我們跟她們夫婦共進午餐。

由於我的心情一直不好，所以融洽的氣氛也就不能如願。和她同學分手後，我們就搭 12 號公車回到新光育樂公司附近。

在這段行程裡，我們什麼話也沒說，下車後，L 也就逕自走回家，儘管我是一路跟隨在後，直到她家門口。

可是已無法挽回，我只好頹喪回國軍英雄館，這時候的時間是下午 1 點，我躺在床上至 4 點 30 分，在這 3 個多小時裡，我的心裡可真痛苦。

躺著也不好，睡啊睡不著，最後我實在忍受不住了，我想到打電話給 L 的三姊，也許能有助於我對 L 的了解，可是她三

姊接了電話說沒空，L 這時候也正好在電話機旁邊。

最後我和 L 賠不是，希望我們能再見個面，可是 L 一直不肯，拗不過，我只好放棄今晚想與 L 見面的念頭，獨自地回到英雄館。

我知道今晚的睡覺又將是一個難熬漫長的落雨淒涼的夜，但願我能在昏沌中睡去。天啊！助我。

（1976.07.06 晚上 08：00 臺北）

❖ 道歉了得

一夜沒睡好，雖然昨晚很早就上床，可是和 L 的事，使我痛心，整夜難眠。想著胡適的詩句：「也是微雲，也是微雲過後月光明。只不見去年的遊伴，也沒有當日的心情。不願勾起相思，不敢出門看月。偏偏月進窗來，害我相思一夜。」

今早又忍不住地有打電話給 L 的一股衝動，不管 L 是否還生我的氣？至少我可以告訴她我將離開臺北，返回臺中的營區。

可是看了錶的時間，才清晨 7 點許，L 這時候該是正熟睡吧！或許 L 也會和我一樣，整夜的無法入睡而輾轉反側。

想了許久，不管 L 是否睡得好？還是不要打電話給她，我也知道我這顆心是壓不住的。

等我回到新竹辦完公事後，我就再也忍不住了。那時間大概中午的 12 時許，當 L 接電話時，心情是頂興奮的，可是一聽到是我的聲音之後，又突然變得默然不語了。

本來我是打算以最客氣的口吻向 L 道歉的，可是感覺到她這樣冷淡的態度，我的心思和情緒又變得起伏不定，雖然我是

向她道歉了，可是我的語氣也就有些顯得不是那麼真心誠意了。

我已無法顧慮事情將會有何轉變？我覺得把話說了，心裡也較舒坦多了，能否化解誤會的和談，也就看 L 過幾天後態度的反應了。

我也想起法國大文豪羅曼羅蘭說的：「從遠處看，人生的不幸、折磨還是很有詩意的！一個人最怕庸庸碌碌地度過一生。」對照起我的處境來，自己還是能有一絲絲的安慰。

（1976.07.07 晚上 08：00 臺中清泉崗）

❖感情的心

請假的事終於被批准了，可是當我拿到假單的時候，已是早上 7 時了。所以，我只得趕搭 8 時 25 分從臺中開的海線對號快車北上，到臺北已經是 12 點 40 分了，我打個電話給 L，一則向她道歉，二則問她明日的考試準備得如何？

可是不巧，L 和同學一道吃午飯去了，電話是她三姊接的，於是我們約了 1 時 15 分我會再打電話過去，可是 L 還沒回來，我們再改約 2 時半，這次終於 L 接電話了，雖然我一再向 L 道歉，並希望我們能一道準備明日考試的科目，可是 L 不願意，我無奈作罷。

可是我真想不通 L 竟會拒絕借我一本英漢字典，這也真教我不解了，難道賭了氣，一切都作罷了嗎？在電話中我的口氣火藥味很重，最後是我實在受不了了，重重地把電話掛掉。

當時我已經不去考慮後果，當然我也就不去想到當時 L 的

心情感受了，別人已不關心我了，又何必自討沒趣，我下了決心，明天早上考完試，下午便趕回臺南。

於是我利用在臺北車站候車時，寫下了這麼一封短信，準備寄給 L：為何要選擇在我感情最需要信心，和創業最需要鼓勵的時候離我而去。

（1976.07.10 晚上 09：00 臺北）

❖謀職測試

報社的考試，只考一上午。和 L 的事，使我心情煩躁，但是我還是想盡辦法克制自己，順利把三科目全部考完。國文和時事這兩科考得尚差強人意，只是英文的電稿翻譯不甚滿意。

在考場的時候一直很想試著去找 L，不知她是在何考場？也不知道她考得如何？想去找她，可是我又怕把事情弄得更糟，因為昨天的電話，我是在憤怒中把電話掛掉，現在擔心 L 不高興，可是不見到 L 心裡又實在難過。

所以，當中午我趕到火車站後，就順路到郵局買了一個標準信封，把昨天想好的那句話，寫在撕下的筆記紙上寄給她。雖然 L 曾經說過，不歡迎我寫信到她家，可是我實在忍不住，為了讓 L 了解我的心情，還是把信寄了。

不知 L 收了信之後，心情又將如何？是好？是壞？我都必須自己承受，我也管不了那麼多了？我需要的是自己好好冷靜下來，也許可以想出辦法來挽回我和 L 之間的事了。

我是坐下午 2 時 12 分的平快車下臺南，到臺南市火車站已是 21 時 30 分，府城在燈光的閃爍下，給我這異鄉遊子一股溫

暖的感覺。

　　雖然府城市區的住處不是我下茄苳堡安溪寮的鄉下老家，但是至少我可以親近我底親人，她是我家已經嫁到府城的大姊，她總是會一直愛護著我，也許可以減少一點我被 L 冷落的孤獨。

（1976.07.11 晚上 11：00 臺南）

❖短暫別離

　　我是在早上去看醫生的，胸部喘氣的病情還是沒有好轉，我把這情形告訴了醫生，醫生說這一回的藥已經加重了。但願這回病情可以有所改善。要不然的話，醫藥費已經花了不少。

　　我是在下午 3 時 42 分乘坐平快車往臺中的，大姊送我到火車站，而且也和大弟及高雄的三位侄兒會合，但是他們都是在新營下車了。

　　下午 7 時 30 分火車抵達臺中，本該是直接回營區的，可是心裡卻是老惦念著 L。以前 L 不賭氣的時候，我是習慣這個時候打電話給 L 的。

　　既然想打電話給她，不打心裡難過，不管 L 接不接，我是非打不可。何況 L 也沒說她不接我電話的這回事，我鼓起了勇氣打了電話，雖然我不敢預料 L 的反應會是如何？

　　真令人興奮的事情發生了，L 接了我的電話之後，我覺得她的心情已經比以前較開朗多了，而且也跟我談了許多。

　　我也告訴了 L：我們暫時分手一陣子，等彼此心裡平靜一下之後，如果想見面，彼此可以寫信聯絡，我仍然會很樂意地接

受這份情誼。

（1976.07.12 晚上 9：00 臺南）

❖思念加深

很高興地和連上弟兄一起下田去割稻，雖然身體感覺有點累，但是滿有趣的，大家邊做邊談笑，也就不覺得累了。不過今天的炙熱天氣，倒把我熱得汗流浹背，連內汗衫都濕透了。

我們幫忙割稻的這戶農家，很親切招待我們，餐點也準備得很豐富，連上弟兄也都拼命工作，但是大家體力有限，到了下午 3 時 30 分左右身體就已經感到疲憊不堪。

雖然稻子並未完全收割完畢，但是收工的時間已到，大夥弟兄全部都得回到鄉公所集合，一同搭著軍用卡車回營區。車上途中大家哼著歌，同袍有說有笑，一天的辛勞也就很快忘掉了。

然而，我的心境竟是感慨：我身體的疲勞可以，但是對 L 的思念卻是加深了。想起唐朝白居易的「莫問別來多少苦，低頭看取白髭鬚」。

（1976.07.13 晚上 9：30 臺中清泉崗）

❖愛情電影

今天星期六是我們的暫停「割稻日」，放假的弟兄都出營區去玩了，我因為輪到留守，早上把一些該洗的衣服洗了。

洗衣服時，心裡直想念著 L。記得 L 老愛聲明：「將來結婚以後，你可要洗衣服？」。我答應了，洗衣服對我而言，並不算

111

難事，高中、大學在外讀書，服役軍中兩年，總共加起來，洗衣服的歲月已有八年之久，怎麼會有問題呢？

所以，未來如果 L 與我結了婚，要是請不起傭人，我就自己洗起衣服，只要我們之間能彼此相愛，不只是洗衣服，只要 L 要我做什麼？我就做什麼！

過了中午時刻，突然想到臺中打電話給 L 的念頭，可是已經答應連上弟兄的代理值班，所以分身不得。

一直等到了下午 6 時，時間已經太遲了，只好和連上的另一位弟兄到中正堂觀賞電影。記得片名叫「田園」，是劉家昌導演的，演的內容不是很吸引人，或許是我別有所思。

對於愛情的描述，如果在情節上讓人覺得有過於牽強，而無法令觀眾產生刻骨銘心的感受和感動的話，就很難讓人留下深刻的回憶。

（1976.07.14 晚上 8：30 臺中清泉崗）

❖海邊漫步

割稻的日子是從這個月的一日開始，至今已是已經整整半個月了。說來慚愧，總共我才出去了三次，今天認真而論，也不能算是真正的「割稻日」。

因為，今早我被分派在臺中海邊的麗水村，由於這戶農家決定以割稻機採收，我們一行九人也就幫不上忙，遂有人建議到海邊散步去。

從我們這裡與到海邊的距離，只需要 10 分鐘的行程，便可抵達。可惜碰上的是軍事重地管制，我們活動的空間極為有限，

只能大伙在海堤上來回走動。

　　我看著海上的水浪，想起去年三月和 L 的花蓮行，我們曾在亞士都飯店附近的鐵道，聽海濤、觀海潮、吸海風，並沿著鐵道邊漫步。雖然同行的還有 L 的姐姐和弟弟，但是我們都被那地方的好景色和氛圍所陶醉了。

　　想想去年這美好回憶，對照今天我又有機會到海邊來聽海濤、觀海潮、吸海風，心境竟迥然有這麼大不同。

　　心裡直念著 L，要是今天 L 能與我同行，相信我們兩人一定都會很快樂的。不知未來能否再有機會與 L 一同出遊？

　　啊！在這美好的時刻裡，我是那麼地想念 L，好希望 L 又能回到我身旁來。

（1976.07.15 晚上 9：20 臺中清泉崗）

❖卡特家庭

　　卡特（Jim Carter）已是美國民主黨提名為總統候選人，今天的報紙無不登載這有關卡特的大消息，諸如有關卡特的如何崛起？《卡特自傳》的出版與撰寫，卡特的競選策略，以及卡特的副總統搭配等等，但最引起我注意的還是一張卡特的家庭生活照。

　　照片中有卡特的妻子及四位小孩，我看了這照片不禁讓我聯想起，如果這畫面是我和 L 的生活報導，那將會多麼令人鼓舞的一件事。

　　現在 L 和我賭氣了，我希望和 L 能有再重逢的一天，我一定會更加努力實現自己的從政抱負，我一定要讓 L 能感受到我

是一位有為的青年，我一定不能讓 L 失望。

卡特是一位平民出身的人，我相信我一定可以成功的，我一定要抱定我的目標與決心，L 也一定會給我鼓勵，L 和我也一定可以創造我們共同的幸福，這是我深切地盼望著。

軍中有同袍的明日退伍，他們兩位在連上是和我承辦相同的業務，而且也是大專兵，大家相處了近兩年，心境上都有相同的感受。在這即將離去的時候，有著依依不捨之情。

在此的向他們道聲：「珍重，再見。」有如要我向 L 說出「珍重，再見」般的無奈，和那將會是如何地沉重！

（1976.07.16 晚上 10：00 臺中清泉崗）

❖母親關懷

我又可以放假的回到下茄苳堡安溪寮老家，雖然時間已很晚，母親和妹妹都已就寢，可是一聽到我回來，也都馬上醒過來，和我道好。

母親是最擔心我了，問我現在身體如何？有沒有比以前好嗎？明日準備宰殺雞鴨，好好給我補身體。

我真是太感謝母親了，每次出外回來，雖然旅途勞累，在外又受了委屈，可是一回到家裡來，一切總是如此如意，好一個溫暖的家，我應該時時投向它底懷抱。

想起從高中時代即離家求學，如今已是整整 10 個年頭了。隨著年紀越大，越感受到家庭的可貴，尤其是每回見到母親，見到她越來越蒼老，心裡總有許多感慨。

最近回家來，母親總愛提起交女朋友的事，或許母親已感

覺兒子長大了，而有關心交友的想法，我不知如何作答？今天母親又再提起，想到現在我和 L 正處在冷戰的情形，我心裡著實難過。

如果有機會的話，我應該好好告訴 L，目前我所遭遇到的處境，希望 L 能與我常相好，免得家人問起，我不知如何作答？

要是與 L 的來往能夠順利，我的生活就心滿意足了。想起美國 19 世紀文學家梭羅在《湖濱散記》說的：「一個安心的人，在哪都可以過得自得其樂的生活，抱著振奮樂觀的思想，如同居住在皇宮裡一般。」

（1976.07.17 晚上 12：00 下茄苳堡安溪寮老家）

❖落寞等待

我是搭上午 9 時 20 分在新營上車到臺北的，抵達臺北的時間已是下午 5 時 30 分。依火車時刻表的標示，應該是 4 時 50 分。

還好，昨天在給 L 的長途電話裡，我是告訴 L 的三姊，說我會在今天下午的 5 時至 6 時的時候打電話給 L。

鐵路局火車誤點早為人所知的，所以我打電話給 L 時，電話很快就接通，想必 L 早已等候我的電話多時。電話是接通了，可是要與 L 見面的最大願望卻是落空。

我一直在電話中表達希望 L 今晚能與我的見面，可是縱令我再怎麼說，L 仍不答應。L 的個性真倔強，我一連打了五次電話，可是 L 還是不答應，最後我只得告訴 L，今晚 7 時 30 分我會在南京西路的新光三越百貨公司等她。

這時候的我，已經管不了 L 是否接受？我只覺得非見 L 一

面不可。我想念 L，也在電話中告訴 L，我就是因為想見她，才不顧一切的趕上臺北來，可是 L 的仍不領情，使我感嘆：人，好的時候是如此善良，可是卻也有殘忍的時候。

晚上 7 時 30 分我是準時到新光三越，雖然 L 沒有承諾要來，可是我想見 L 的意念和信心一直支撐著我。有好多次，我都將路上女孩子誤認為是 L 的出現，於是很高興地走過去，可是當看清楚，發現不是 L 的時候，只好又落寞地回到原地。

我就這樣來回地走了好多趟，我的眼睛視覺都已逐漸感到模糊，我不知道這滋味的難受，L 能否體會。我想或許這是飲水冷暖自知。

啊！我真不知道有一天我和 L 的感情修復之後，我要如何來訴說今晚我等待的心情。

皇天真是不辜負苦心人，終於等到 10 時 20 分正當我體力不支的時候，L 出現了。我的這隻禿筆實在無法形容當我看到 L 時的快樂心情，但我們都沒有講話，L 默默地走著回家去，我就一直跟在身邊。

我們仍然都未開口，也許此時此刻，所有的話都是多餘，所謂「一切盡不在言中」，我是這樣地想著。

我們就這樣維持著氣氛，一直到看著 L 回到家，我才放心的搭上大南 23 路公車，投宿在中華路附近的國軍英雄館。

我不知道明日的事態是否能好轉？胡適有詩：「怕明朝密雲遮天，瘋狂打屋，何處尋你？」但我有信心，終有一天 L 會再回到與我的重溫舊夢。

（1976.07.20 晚上 11：00 臺北國軍英雄館）

❖獨自觀賞

　　早上 10 時 20 分的時候，我打電話給 L，雖然在昨晚送 L 回家時，L 已告訴過我今天仍不見面。可是今天我還是忍不住，不管 L 出不出來約會，我都應該打電話給她，接電話的是 L 父親，說 L 是到市場買菜了。

　　我想 L 是有得忙，L 既然是已經去買菜，我想 L 家的中午飯是非 L 親自做不可，那我們見面的機會更渺茫，我只好自己到國賓戲院看電影。

　　記得有一回曾和 L 一起去看《碧雲天》，那是在我們交往時的快樂時光。可是今天 L 不能來，我也就沒心情獨個兒看，乾脆選了這部《中途島》片子，它不牽連感情的情節困擾，也許可以給我心情帶來點悲壯。

　　欣賞完早場電影的走出場，時間已是下午 1 時了，我趕回國軍英雄館拿了行李之後，便前往火車站，原預定搭乘下午 3 時的山線對號快車，可是已無座位，只好臨時改搭乘 2 時 20 分的平快車。上車臨行前，我再打了電話給 L，L 的聲音聽來是如此悅耳好聽，我們談得好愉快。

　　L 似乎已不若往前那樣的生氣了，我想 L 一定因為昨晚我在新光三越足足等她三個小時，她底心軟了，L 已感受到我的真誠。頓時我心情也感覺輕鬆了起來。

　　我們講好在 8 月 29 日我退伍時再見面，L 願意再與我回復情感。雖然還有整整一個月，我們無法再見面，但我一定要把這個月的生活好好充實起來。

（1976.07.21 晚上 09：00 臺中清泉崗）

❖走在街頭

　　自從與 L 誤解的冰釋之後，我的心情也就開始輕鬆起來，做什麼事情也格外起勁，突然覺得這世界上一切充滿了生氣勃勃。

　　我雖然仍未能很如願與 L 見面。但至少 L 對我的態度已較為友善，這對我就是極大的鼓勵了。

　　白天想著退伍以後可以和 L 見面的情景，夜裡所想的也是，L 幾乎占去了我整個生活的全部。仔細想想，L 這次對我賭氣的時間，可算是時間最長的一次。

　　從月初鬥嘴以來，歷經我多次的努力，信也寫了，電話也打了，也親自趕到臺北，盡我一切所能的對 L 解釋。現在想起來，還真是甘苦參半。尤其是新光三越的那三小時苦等，真給了我們兩人的回憶增添了不少題材。

　　夜裡我常想著，假若 L 萬一和我分手，那我可真會把我害慘了。想到 L 賭氣的那些日子，我每次上臺北，不論走到哪裡？總是勾起我對 L 的思念，走到西門町、走到 23 路公車站牌候車處，走到人人公司，走到國賓大飯店前庭園，我似乎都看到 L 的影子，許多女孩都會被我誤認為是 L 的分身。想起這情景，實在令我痛苦極了。

　　這回賭氣，假若 L 真的和我分手了，我想無論如何臺北市呆不下了，不知 L 是否也會和我一樣？真想了解 L 和我賭氣的這一段日子，L 走在臺北街頭的心情究竟又如何？

　　有時候，我也常會想起美國有「田園詩人」之稱的羅伯特・佛羅斯特（Robert L. Frost）的話：「我選擇那條足跡較為稀疏的

道路，藉此而一展身手。」

（1976.07.22 晚上 09：00 臺中清泉崗）

❖欣賞夜景

　　許久沒有利用夜間的時候，獨自在外漫步。這些日子以來的休假天，我幾乎都在南北道路上的奔波中渡過，很少有時間能夠享受到野外看星光、聽風聲的好情境。

　　回想以前放假，L 會陪在我身旁，雖然 L 通常在晚上 10 點鐘以前就得趕回家，但至少我們都會有二、三個小時的相聚。

　　夜晚，從士林走回圓山這一段路程最令人回味了，馬路寬廣，人行道上又安全，路人也不多，夜色又漂亮，尤其依著欄杆，望著遠山朦朧，L 又會依在我身旁，這時的我感覺是世界上最幸福的人了。

　　今晚我隨部隊上夜間教育，我又回復那往日愉快的心情。連上操課在夜晚的野外，我呼吸著這清涼的空氣，也給自己的生命帶來了點活力，身體也覺得舒坦多了。

　　以後有機會出外旅行，夜晚的時刻儘量留在野外過，增加許多的生活情趣，也可以增廣見聞。最近我也常有出外旅遊的念頭，已經多久沒有真正出外的旅遊過。

　　記得以前曾向 L 提過這想法，但是 L 總是因環境不允許，遂無法成行。將來退伍以後，期望情形可以改觀，能隨心所欲的帶 L 出外旅遊，那該是多美好的一件事！

　　L 不知喜歡否？啊！以後一定要好好疼 L，易讓她賭氣的事，以後一定避免發生，否則 L 都不願意與我見面了，還奢談

一起出遠門旅行。感慨蘇東坡自喻「人生如逆旅，我亦是行人。」

（1976.07.24 上午 10：00 臺中清泉崗補記）

❖相思病重

晚上本想回臺南，因為服用的藥品沒有了，需要再回去看醫生，但一想到路途如此遙遠，來回要花費的錢也真不少，而且時常打擾大姊也實在過不去，也就打消了回臺南的念頭，臨時改寫信給大姊，請她幫忙把藥品寄給我。

不回臺南，明天是例假日，我可以放假一天，想想待在臺中的時間也不太多了，應該到中部的名勝走走，免得將來沒有機會再來，而抱憾自己不會善加利用時間。

日月潭迄今我未曾去過，我想明天就去日月潭，不知是否能找到同伴同行，否則一個人東逛逛、西走走，沒有找到適當的談話對象，反而會將心靜的情緒給搞亂了，那可得不償失。

明天到日月潭的時候，我一定要記得打電話給 L。L 如果接到我的電話，一定會既驚喜又羨慕，因為日月潭一直是 L 想要來的地方。

更何況我要是沒有打電話的話，我心裡還是會一直惦念著 L，反而情緒又無法穩定下來。

能和 L 通上電話，雖比不上見面，但在此時刻卻要比做任何事情來得更令人興奮的了。

（1976.07.24 晚上 11：05 臺中清泉崗）

❖亂世佳人

本打算上日月潭玩，可是從別的弟兄口中得知，星期天前往日月潭的遊客一定很多，不但玩起來沒意思，而且出遊的情緒也將在擠車中破壞無遺。

大伙商量再三，決定改前往谷關，谷關位於東勢的橫貫公路上，當年遊東西橫貫公路時，我曾路過谷關，可是未能特地停留。

這次有此機會，我當然不會再錯過，聽說谷關的溫泉是可以治療風濕關節炎和香港腳等毛病，或許我是可以藉此機會試一試。

我和老郭是在是在早上 8 點 10 分趕到臺中，轉豐原客運直達谷關，時間已是 10 點 40 分了。這時肚子已感覺有點餓了，我們決定先解決午餐的問題，觀光區實在沒什麼好吃的，而且價錢又貴，可是沒有辦法，也只好就方便找一家小攤位填飽肚子。

我們往溪谷走去，到處都是烤肉香味，我們因為沒有事先做任何食材的準備，也只有乾瞪眼的份。

看到眾人玩得如此起勁，自己不免感傷起來，記得大一時，系上同學曾經一起到內雙溪烤肉的趣事，如今已是難尋，畢竟青春一去永不再回來。

現在我和老郭能玩的就只是脫下鞋，把腳浸在水裡，手上玩擲石頭遊戲，我們聊到如果能帶泳衣來，還可以下水玩玩，然後再到旅館泡泡溫泉，也是一大樂趣。可是一看到洶湧的人潮，我們決定回臺中看電影。

我們是在下午的 2 點就由谷關出發，車上也聊起同在輔仁大學時期的學生生活，車抵達臺中已是 6 點的傍晚時刻，又是囫圇吞的吃過餐點，選了一家正在上演《亂世佳人》的電影院，這片子雖然我在臺北的時候已經看過，但仍覺得值得再看。

這部電影的內容主要以美國南北戰爭為背景，是描寫男女之間的愛情故事。如果與國內文藝片的相較之下，對於情感的刻畫是要比國內片子來得感人，尤其是戰爭小說的改拍，如我喜歡海明威（Ernest M. Hemingway）的小說《戰地鐘聲》。

這支片子的放映時間算是長的，等到我們觀賞結束，走出電影院已是 9 點 25 分，再趕到火車站，正好搭上 9 點 50 分開往清泉崗的最後一班車，時間逼迫得使我無法打電話給 L，未能與 L 通上電話，聽聽她的聲音，成為今天我出遊的小遺憾。

（1976.07.25，隔天 26 日上午 9：00 補記，臺中清泉崗）

❖愛的奉獻

有人和我談起「奉獻」這兩個字，這些日子以來，我很少用腦筋，許多以前喜歡思考的問題，現在不但變得不去想它，而且也懶得去想。所以，腦筋都已顯遲鈍，真不知道「奉獻」要怎麼解呢？

對國家談奉獻，對宗教談奉獻，對社會談奉獻，對愛情更要談奉獻。對國家、對宗教、對社會，在此暫且不談它，但是對愛情的奉獻，我倒願意講講我個人的意見。

「犧牲享受、享受犧牲」這是蔣經國院長最近常講的一句話，我覺得雖然在字面上不深奧，但它底意境卻耐人尋味。我

們若把它引道愛情上來說，則是能對愛情奉獻的人，才能享受愛情，但是這麼說，對於提倡開放婚姻的人就不贊成了。

愛情怎麼可以做絕對的奉獻呢？我贊成那些可以做到愛情底奉獻的人，愛自己所愛的人，而能拋棄自我的小利，不站在自己的立場要求愛人；只會站在愛人的立場，去體諒愛人，體貼愛人，如此作為或許有些人眼中會笑說：「如此傻子，來得如此痴情。」

這些人我只能說他們不知去享受對愛情奉獻底樂趣。我是一個贊成對愛情做絕對底奉獻的人，雖人我不知道 L 是否能夠了解我是如此地一個人？也不知道 L 是否了解我是在這方面做如此努力的人？

我對 L，我愛她，我就得愛她的一切，優點、缺點我都得兼容並蓄。雖然我們不能隨意要去改變一個人，但是我們應該嘗試去適應一個人。

我不敢說 L 完全沒有缺點，但是毫無疑問地，L 是我心目中最理想的對象。我相信，這世上沒有人可以比得上 L 了。

L 每次對我賭氣過後，我內心可真痛苦，我愛 L，我就不該使 L 生氣，可是有些時候我實在也忍不住，難免發一些牢騷，但願 L 能體會我底心情，我是真正愛她的。

偶而的賭氣，有時是可以增進彼此的了解的，假若我是一味地順從 L 的話，L 也就很難了解我到底是何許人也？「愛恨兩茫茫，誰知吾愛心中寒」。

（1976.07.26 晚上 09：00 臺中清泉崗）

❖長途電話

　　要是 L 願意和我見面的話，要是 L 和我以前一樣恩愛的話，今晚我一定飛奔似地趕火車上臺北去，可是 L 不是已講得很明白了嗎？無論如何一定要等到我退伍以後再見面。

　　我又有何辦法呢？我也嘗試努力過，我不斷地打電話給 L，也不斷地向她道歉，人家既然如此，我又可奈何！所以明天的休假，我是無法上臺北與 L 見面了。

　　晚上也一直想出去打電話給 L 的一股衝動，可是我又不知道要告訴 L 什麼？我對打電話是如此興致勃勃，可是 L 在電話中的回答卻總是無精打采，我真又怕搞亂我這幾天好不容易才穩定下來的平靜心靈。

　　加上，又受到同袍林先生退伍的影響，我已經少去一位會常與我打電話到臺北的同好，現在的我感覺到自己是如此地無助，連打電話的勇氣和興致也就消失了。

　　想一想，還是明天利用休假外出的時候再打電話給 L，我竟是如此地矛盾的活著。

　　　　　　　　　（1976.07.27 晚上 09：10 臺中清泉崗）

❖日月潭記

　　日月潭之旅終於成行了，我們一共五個人，是早上 8 時 25 分從臺中搭直達車到日月潭，途中經過省議會、中興新村、水里鄉，然後抵達日月潭。

　　一路上青山綠樹，兩旁盡是水果樹，真是美不勝收。龍眼樹、香蕉樹、葡萄園點綴其間的美，真不愧南投縣是臺灣水果

的名產地，可惜我們都沒有口福，尤其是今年的龍眼尚未成熟，所以吃的機會沒有了。

我們抵達日月潭的時間已是 10 時 30 分，我們首先到聞名已久的涵碧樓及教師會館走一遭，也拍了幾張照片作紀念，便回到公路局車站附近吃了午餐。

但在路經電信局的時候，我又忍不住要打電話給 L 的衝動，所以特別請一起來的同伴在餐廳稍待一下。這時的時間是 11 點 30 分，可是 L 家的電話一直電話中，一直到 12 時，電信局職員快要下班了，電話才接通。

我本是懷著興奮的心情打這電話，一則是告訴我對 L 的思念，二則將我所見到的日月潭之美告訴 L。

可是電話中的 L 聲音卻是如此低沉和冷淡，我的電話似乎引不起 L 的興致，L 的話講得很少，我問她是否有什麼事情困擾著，L 的回答是「沒有」；我再問是否有不如意的事情發生，L 仍然是回答「沒有」。

可是我總覺得是有些不對勁，而我又不知如何問起？真的情形如何？我真是百思不得其解，我真怕我和 L 的感情就如此疏遠了。

我們不通信，我們的通電話又是如此沒有生氣活力，我對 L 的感情怎麼能樂觀得起來！我真不解 L 現在對我的觀感到底是如何？也許是 L 是有意懲罰我，也許是 L 藉故疏遠我，我真是束手無策。

我想起母親一再地叮嚀要我放開心情，可是我卻陷入感情的漩渦中無法自拔。有能難免感到自己的痴情，當愛情的夢醒

125

來時，只是一場的虛空。

8 月底我的退伍之後，希望自己能做個決定，如果 L 仍以這種態度待我，我自己也就得另謀打算，否則把自己一直陷在泥沼裡，最後吃虧的還是自己。

相約預定 8 月中旬退伍後，我與 L 見面的諾言已不大敢想是否能實現，目前既然約定是要等退伍之後才見面，我怎麼又這樣地經不起考驗呢？

我應該靜下來好好地想想自己，未來的路是要如何繼續走下去？自己應該如何好好充實一番。

（1976.07.28 晚上 09：00 臺中清泉崗）

❖愛情信心

寫信給大妹，大妹於 27、28 日參加教師甄選考試，不知成績如何？大妹今年畢業於高雄師範學院（今升格改名高雄師範大學），雖然二姊夫已經幫她推薦至私立一所高職教國文，但爸爸媽媽還是希望她能進入公立學校，所以要她參加公立學校甄選。

新榮工商教職原本是二姊夫有意安排我在退伍之後到該校教書，如今我已決定和老楊一起創業，教師工作目前對我而言，暫時可以不予考慮。

大妹現在的心情頗似 L 的，記得前些日子，我曾向 L 提過我大妹所遭遇的難題，L 和她可能有相同的處境，或許自己喜歡的男友事業尚未有基礎，若想再接受條件較好的男友，總覺得難過這一段情。

　　若要等現在的男友事業有基礎，又不知要等到何年何月？萬一男友事業有基礎之後，卻又變了心，這時候她們年歲已大，這又該如何是好？所以真叫她們放不下心來，我想這是當今女孩子的一般心理。

　　不過，L既已是我所欣賞的人，L又肯委屈等著我，我要感激她，更要努力開創屬於我們自己的事業，我怎能一有成就，就忘掉和我一起辛苦走過的人呢？

　　L我愛妳，無論是在我富貴或貧窮之時，也不論我是在何方和何地？L只要能答應願意和我在一起，我一定會好好珍惜。L一定要給我這個機會，L也一定要對我有信心，正如我對L有信心一樣。

　　L目前我們的處境，不知道是妳對我沒有信心所引起？啊！L要是妳現在對我有信心，那將是一件多美好的事。

　　L請妳放心，我的心是永遠妳的。L請妳絕對要相信，L妳一定要有信心，我們一定可以共同建立一塊屬於自己的快樂天地。L我是如此深切的盼望著！

　　　　　　　（1976.07.29，隔日08：30補記，臺中清泉崗）

❖溫暖的家

　　今天有個機會觀賞電影《八百壯士》，劇情內容和拍片技術姑且不論如何，最令我感動的是謝晉元和他太太及女兒之間的感情了。

　　謝晉元能因公而忘私，她太太亦能凜於大義，堅強地帶著小孩在戰亂中過活，最後謝晉元全家團圓，共享這次戰役中的

果實，身為女子之偉大莫過於此，高度發揮了為丈夫、為子女犧牲的精神，足為後世女子之楷模。

我看著銀幕上的她，我聯想到自己未來的另一半，人是不可能終身不結婚的，除非她在心裡、生理上有問題。要不然的話，人一生中除去愛情的日子，我真不堪想像，在她底生活中還擁有些什麼？

我自己想過退伍以後，可能的話，先把自己的家安頓下來，因為要是我在臺北創業的話，沒有一個家來照顧生活，我實在不願意再回到學生時代在外住宿的生活情況。

我底身體是否能健康，或許與缺乏運動有關係，由於我的長年在外求學，生活作息起居不定，也多少直接影響到我的身體狀況。

所以，我計畫退伍之後，假若一切順利的話，我希望能把自己安頓下來，一則生活起居有人照應；二則在外努力，若遇挫折，回到家裡，尚有一個溫暖的家。

我是如此期待，不知 L 可否了解我，我是如此地需要妳。

（1976.07.30 晚上 09：00 臺中清泉崗）

❖相思病重

我病了，這是出乎我意料之外，起先是下痢，緊接著頭痛，四肢無力。在白天，我真是受此折磨而痛苦萬分，我想找地方休息，可是不能隨意的不遵守營隊規矩，只好撐著身體照常辦理業務。

好不容易挨到晚飯時刻，身體實在已經受不了，只得向連

上的值星官特別報告，准許我先上床休息。可是時間才晚上 7
點鐘左右，似乎早了些，儘管身體不舒服，加上難以入眠，腦
海中卻不斷浮起許多的心事。

從學生時代想起、畢業後入伍前階段、入伍後，和現在的
即將退伍時候，乃至於未來退伍之後，一幕一幕回憶的事物幾
乎占滿我整個人的心靈。回想起我曾經失去許多，但我也學習
很多。

我曾遭遇多少懊惱的事，和多少快樂甜蜜的事，也有多少
傷心的事。特別是最後的主題仍然圍繞 L 與我過往的事。

截至目前為止，L 是我這一生中除了父母親及家人之外，屬
於對我最有影響力的人了。我不否認以前曾經愛慕過其他女孩
子，和有女孩子願意和我來往，但是現在真心愛的只有 L。

自從我認識 L 以來，我就不曾再與其他女友來往。L 現在待
我如何？我不去計較，但至少我不後悔這些年來我對 L 的付出
感情。我一直堅信 L 也將會是我最理想的伴侶，無論是現在或
是以後。我愛一個人，我就應該愛得徹底，如此才能感受「愛」
的真諦。

假若愛情只停留在一種觀望，沒有信心的情況下，那將是
一件多麼令人痛苦的事。男女朋友之間的來往，不能寄予相互
信任，怎能產生愛情的力量呢？L 現在不願意跟我見面，但是我
也應該絕對相信 L。

在這段期間內，相信 L 還是愛我的，我應該信任 L，我不應
該懷疑 L 有絲毫變心。L 現在之所以不跟我見面，起因應該怪我
自己，我自己應該反省。

等到 8 月底退伍之後，我應該好好地向 L 道歉與說明自己
對未來的構想。當然以後的日子，我應該好好地體貼她，扮演
好一個男人應該善盡的責任。

（1976.07.31 晚間 10：00，隔日補記，臺中清泉崗）

❖ 情人眷屬

送走了呂君和吳君兩位連上同袍之後，心裡真是難過，顯
得依依不捨。兩位是我在軍中相處愉快的弟兄，我們生活在一
起，工作在一起，睡覺床鋪也緊鄰一起。呂君給我的印象較深
了，因為我們常有機會長談，特別是我們對男女感情的看法。

呂君告訴我目前他碰的難題，他愛上一個年紀比他大、學
歷比他高的女孩。他問我，如果我的妹妹愛上一個學歷比她低
的男孩，身為哥哥的我，會有何看法？我告訴他，我會接受妹
妹的觀點，只要她（他）們相愛。

呂君同意我的看法，但現在偏偏他女朋友的哥哥，沒有我
們這樣的氣度，屢次反對他的妹妹與呂君交往，所以他們相愛
得很痛苦。最後他女朋友開出了條件，只要呂君能進修，再上
大學的話，她就願意嫁給他。

現在呂君退伍了，以後他們倆人的愛情結局如何？我打從
心裡默默地祝福他們，但願有情人皆成眷屬，我也只能靜候他
們的佳音了。

而我和 L 感情的事，也不知道能有多少人祝福我們？啊！
我真盼望將來有這麼一天，我和 L 能有一個好結果，共創未來
人生。

（1976.08.01 晚間 07：45 臺中清泉崗）

❖淺論交友

在營區當我口渴或肚子餓時，我總愛到鄰近的冰果室坐坐，喝點冰涼的，或是吃點麵類的東西，冰果室有兩位服務小姐負責接待。但我每一次去，總是客滿，不論是操課時間或是休息的時候，而且我所見到的客人都不一樣，真所謂的高朋滿座，生意興隆。

有時候我興致來，就坐在室內的一個角落裡，注意著這兩位服務小姐和每一位來這裡消費的「阿兵哥」，大家喜歡逗著她們玩，這兩位小姐的應對也都表現得很老練。雖然都只是高中生的年紀，但是談吐和儀態卻與外面一般商店店員大不相同。當然我的從旁觀察只是表面，她們內心世界的感受我就不得而知了。

因為，我不是女人，又不是店員，她們心裡滋味我也無法意會，我只能從外表去察言觀色。我總覺得像她們這種女孩子，一定很不容易隨意動感情的，她們在這種複雜的環境中成長，不像在學校裡的單純女學生，或是鄉下的女孩子，她們所能看見的、所聽見的、所接觸的人與事來得那麼單純，因而她們在感情上表現比較專情。

這只是我個人單純的看法，當然這觀念不是絕對的，也不適用於每一個人。但是我有個結論，至少在鄉下長大的孩子，無論是男孩或是女孩子，她們一定要比都市的小孩子來得忠厚純情，這是無可否認的。我曾在鄉下念書，也在臺北上了大學，鄉下和城市的女孩子我都有曾認識的經驗。

舉個最明顯的例子，我自己的妹妹和 L 做一比較，我自己

就有這種感受。當然，我不能就以此來論斷誰好？誰不好？因為，這是純粹男女之間感情交往深淺的問題。假若我與 L 能夠建立彼此互信，我能相信 L 對我的真情，我就能相信她的所作所為。

今天縱使 L 還有認識其他男孩，那也只是限於普通朋友的來往。我們既然彼此信任雙方感情，我們就應該把心胸開放出來，我必須接受 L 的朋友；同樣地，L 也要接受我的朋友。我們雙方的朋友，我們都能彼此認識，那我想就可以化解彼此的猜忌。

我不知道 L 是否有過這樣的概念，我知道 L 的朋友很多，可是我目前所能認識的並不多，或是這只是環境的關係，我一直在服役，沒有很多的時間和機會讓我們進一步去了解。

或許這也是我常與 L 鬥（逗）嘴的原因之一。我真希望在這次誤解之後，我們能彼此更了解，更信任對方，畢竟我們已來往一段時間，彼此也有了感情。

（1976.08.02 晚間 08：00 臺中清泉崗）

❖交往條件

放假的時候，通常我不是往臺北找 L，就是回下茄苳堡安溪寮老家，當然比率上還是以上臺北的次數多。

比較痛苦的是，我若沒回老家，而上臺北的話，L 又不想跟我見面。我的心靈又是如此脆弱，我只要一有空下來，就會滿腦子出現 L 的影子，充滿了對 L 的想念。

明天是連上的例假日，我可以放假一天，L 已和我講好非等

我退伍以後才可再見面，我就別再想上臺北的事了。所以，只好與連上弟兄計畫到溪頭的旅遊。儘管我到每一個地方去玩，總還是惦念著 L，但這總比空閒下來的害單思要來得感覺時間過得快些。

明天如果去溪頭玩的話，我想我還是會打電話給 L，問候近況如何？我真的太想從電話裡聽到 L 的聲音了。

我與 L 的交往，除非 L 非常清楚的告訴我，我們不再繼續來往，那我才會真的死了這條心。我深知目前 L 的處境，是因為我尚無經濟能力，沒有好的事業基礎，而無法符合 L 需要的具備條件。

啊！要是 L 對我有信心，讓我有機會好好努力打拼出成績來的話，相信我們就會有好的改變和結果。

（1976.08.03 晚間 08.30 臺中清泉崗）

❖溪頭之行

溪頭之行，我們是從臺中乘坐聯營公路局車子於 8 點 30 分出發，經竹山，直達溪頭，所發時間大約 2 個小時。

未來到溪頭之前，連上弟兄說一天的這麼短時間內，要遊覽溪頭實現太匆促了，但是我覺得這是要以個人行程的安排，和當時人的情境而論。

10 點 30 分左右車子到達溪頭，一眼望去，滿山的盡是有名「臺灣杉」，長得挺直的立著；還有孟宗竹的參差長於其中，又給溪頭蒙上一番特有的美景與風光。我們買了門票，所到的第一站就是久已聞名在外的「大學池」。

　　溪頭不到「大學池」，就等於未到過溪頭。我們特別拍了照片存證，而幫我們照相的是一位暑期工讀的大學生，她一邊忙著解說「大學池」的由來，和「大學池」裡魚兒不可以釣魚的一段故事；一邊引導我們走向神木的所在位置，這途中就花費去了近 1 個小時的時間。

　　這裡神木的年齡和樹況，當然無法與阿里山神木相比，但是對於我的初次造訪仍然倍感珍惜，我們還是拍了照片作紀念。溪頭是以這兩個景區最有名了，不過銀杏林、孔雀園，我們也一一走過。

　　溪頭還有一項特色，就是空氣新鮮，有風吹過來特別感覺涼爽，真是夏日避暑的好去處。我們也看到許多的「蜜月別墅」建築，附近環境的清幽宛如人間仙境，令我想起 5 月晚春時分，和 L 到烏來踏青時的情趣。啊！溪頭之行若有 L 同行那該多美好。

　　我們大約在下午的 3 點時刻揮別了溪頭，我們先搭車到竹山，再轉車回臺中，這行程要比我們來時多費時些，當我們回到市區，已是 6 點 1 刻了。同行的弟兄提議找家餐廳，最好是自助餐方式的餐廳。

　　由於我受到溪頭情境的影響，有許多新愁湧上來，情緒盪到谷底，實在沒有想吃東西的胃口。我獨自到臺中火車站打電話給 L，雖然 L 然仍如往常一樣的不太講話的態度，但是我在一聽到 L 的聲音之後，心裡就舒服多了。

　　在未能與 L 見面的狀況下，能聽到 L 的聲音以解相思苦，自己就感到非常愉快了，儘管我不知道未來是否還有與 L 重續

前緣的機會，但畢竟我是盡最大的心力了。

（1976.08.04，隔日補記，臺中清泉崗）

❖卡特自傳

　　整天我被《卡特自傳》這書所迷，雖然我還沒全部看完，但是我已經發覺它有許多的特別之處供我借鏡與參考。

　　閱讀心得姑且無法深入談論，最令我回味無窮的是卡特在就職喬治亞州州長時與夫人的合照。卡特的相貌並不起眼，也不是很能吸引我，但是他身旁的夫人卻讓我看了再看，我是想著 L，期望 L 將來也能如此的站在我身旁，我不時的自己勉勵自己，盼望自己有一天也可以享有像卡特般的榮耀。

　　我心裡有股力量正在燃燒，我鼓舞自己去開拓屬於自己的人生，失敗並不可恥，而是成功的起點。卡特的不令太太失望，太太也有相夫教子的美德，協助丈夫的成功。我羨慕卡特，我更羨慕卡特夫人。

　　我需要把這顆羨慕的心化為奮鬥的力量。我一定要成功，由議員到縣長到省主席，相信我一定可以實現，只要 L 能時時給我鼓勵。

（1976.08.05 晚間 08：00 臺中清泉崗）

❖政治抱負

　　看完《卡特自傳》，我心中抵不住興奮的心情，趕快寫下今天的日記，好把這感受記錄下來，這是一種的自我鼓舞，是我自己勉勵自己要成功的座右銘。

　　卡特是從參議員進入政壇，然後競選喬治亞州州長，第一次落選，競選第二次才當選，任滿四年，又回復不任公職的普通老百姓之後，則以一位在喬治亞州鄉下種植花生的農夫，出馬角逐美國總統寶座，雖然不一定可以當選，但他可以在美國形成一股旋風，擊敗所有民主黨的同黨同志，而代表民主黨出來競選，就連愛德華‧甘迺迪也推崇他是最佳人選。

　　卡特的政治前途和想實現其政治理念早在年輕階段就已努力耕耘地深入基層，與民眾結合在一起，給人一種親民的形象，他嘗試努力與每一位選民握手，和他所提出一句響亮的口號：「為什麼我們不盡全力」。

　　他又提出兩項重點來說明他從政的理念和想法。第一點是，我們的政府有誠實、謹慎、開放、公平的同理心嗎？第二點是，我們的政府有能力稱職嗎？卡特毫不客氣的指出，美國政府現在因為對人民沒有信心，相對地人民對政府的施政感到疑惑和沒有信心。例如在外交方面，政府一直沒有說明外交的目標是什麼？導致國際上許多國家對美國感到不安。

　　卡特還有一項特點，就是位愛書如命的人，每星期至少要讀三、四本書，主要是涉及外交、國防和經濟領域的書籍，有助他對問題的思考和解決的方案。他也特別喜歡蒐集和閱讀與美國歷史、總統傳記的書刊，並深入分析其相關人物和政策勝敗的原因。

　　卡特是我學習的榜樣，我的未來政治生涯必須拿他做借鏡，不但要學習他的治學精神和為人處世的方法，我更要學習他的競選理論，以便應用到臺灣當今的社會來。

　　我需要不斷地閱讀這領域的書籍，一則可以自己勉勵自己，給自己打氣；二則可以增進自己的政治見解，我需要好好研究這些成功者的祕訣，以助我走向成功之路。

　　我仍然不斷地注視著卡特和其夫人當時他們就任喬治亞州州長時的照片，和他們一起參加美國國慶的遊行照片，從他們歡愉的氛圍讓我不禁想起 L 來。

（1976.08.06 下午 04：00 臺中清泉崗）

❖擔心分手

　　最近我常被突來的莫名恐懼所盤踞，我開始擔心 L 的不與我見面，是有意的要來疏遠我，雖然 L 曾經對我講過只要等到我退伍以後就可以見面了，我擔心那只是她嘴上說說的藉口。

　　想想自己真是有李商隱「相見時難別亦難」的處境，L 可能擔心我們如果突然分手的話，我會受不了，而會發生令人難以預料的事情。也許 L 使用這方法，可以抑制彼此的感情用事，好使我們之間的是能有順利合理的解決。我的這份恐懼感，不知 L 是否也會如我這般的想法？我的這樣想法是否代表我對 L 的信心不足，或是我自己的過重猜疑心。

　　我的心裡真難過，二年多的感情實在不該讓我有這個想法，可是我愛 L，我很怕 L 會離開我。我越感到害怕，就越想打電話給 L，可是我又會擔心 L 誤認我是在查勤，對 L 不放心，我真不知道要怎麼做才好？我難過，我傷心。

　　我到底犯了什麼錯，為什麼 L 不能諒解我呢？為什麼要如此對待我呢？為什麼我們不能如其他情侶一樣的快樂過活呢？

啊！也許我們是真正因為了解後才分手的悲劇遭遇者。畢
竟我還不懂：不甘放下的，往往不是值得珍惜的，苦苦追逐的，
往往不是生命需要的深奧哲理。

（1976.08.07 晚間 09：00 臺中清泉崗）

❖照片中人

與連上弟兄到日月潭和溪頭出遊的照片洗出來了，覺得自
己是過於老成，和其他弟兄站在一起合照，大家認為我是帶他
們出遊的，儘管年齡上大了些，但總不該如此吧！我還是得多
多保養身體，否則難保不出 30 歲，就被誤認為已是 50 多歲的
糟老頭了。

當我把照片放進我的小小相簿時，又見著舊時照片的激起
我無盡的相思。第一張放的是我與 L 學生時代的合照，拍攝日
期是在我畢業典禮的那天，地點是在文學院教室前面的長形水
池邊。

夏天的天氣，我和 L 都是穿著夏季衣服，L 的打扮很像是一
位日本女孩，L 的頭髮往後梳成髻式，我一手幫 L 拿著書本，一
手拿著一把洋傘，那是多麼快樂的一段純情歲月。

我真希望能又回到那無憂無慮的學生時代，我又可以住在
學校的宿舍，經常陪著 L 上課，陪 L 到郊外踏青，然後一路送 L
回家。我們一起編織許多美好的未來，我們可以忘卻了許多困
擾的事，我們可以自由自在的逍遙。

當天氣熱的時候，我們選擇郊外的碧潭、關渡，和外雙溪
的故宮，都曾留下我們的足跡。縱使在離別的時刻，也總還是

覺得「青山一道同雲雨，明月何曾是兩鄉」，不會有任何的傷感。

　　若遇到下雨天，我們便留在市區的可以找一家餐廳和飯店用餐，靜靜地聊天，我們彼此傾訴心事和編織美夢，甚至於我們一起做功課和準備學校的考試。

　　到了晚間，我們就會選擇到萬華或是圓環夜市小吃，如果時間還早的話，我們就會搭公車到圓山、天母等比較遠的清靜地方，一起散步，我們幾乎常忘了要回家的時間。

　　想起這段美好的日子，可又讓我難過十分，如今脫離學生生活已經兩年了，雖然我和 L 都還沒正式踏進社會，但要保有過去的生活情趣已不可得，只能在回憶裡追尋了。昨日的生活幾乎都為今日的回憶而過活。

　　記得我以前曾向 L 提過，將來有一天我們如果可以帶著我們的小孩在一起踏進輔大校園時，我們的心理感受不知將會是如何？L 總是笑而不答，好可愛的 L 啊！我真希望現在就可以有空能陪 L 回到我們的母校，可是現實的環境卻逼著我們難以成行。

　　我現在服兵役，而 L 現在又在做些什麼事呢？有否找到理想的工作？許久我已經沒有 L 的消息了，我們不能通信，我們不能見面，我們只在電話中又能如何互訴衷曲？我真想不到如今的我竟變成如此的窘境。早知我就一切都依 L，我相信 L 也一定不會對我亂發脾氣，我們不是又可以回到以前的快樂時光嗎？

　　啊！L 可知道這時候的我都只能靠回憶來過日子，來支撐我現在已經乾枯的心靈。我從來沒有要再認識新的女孩的念頭。L

劫去我整個人的心靈，我痛苦難熬，但是我堅信有一天 L 會了解我的心思，L 一定會再回到我的身邊來。

不管 L 待我如何，我的心永遠不變。

（1976.08.08 下午 03：15 臺中清泉崗）

❖參加喪禮

生、老、病、死是人生當中無法迴避的大事，人類醫學或科技也一直想辦法希望能夠克服的問題。可是截至今天還是無法有明顯的改善這一現象。對「出生」一事也許在醫學上比以前進步了些，可以掌握對於要生的良辰吉日，或採避孕不生的科學技術。

老年的來到，我們只能拖延它的時限，並無法達到永遠的青春永駐。病的事要算是人類最熱門的話題了，各種新藥品的發明製造，也都只是針對某一病症有效，並不是服了某醫藥品以後，人類就可以永遠不再罹病，何況至今還有許多病症是無藥可治的。

死的危機更是四伏，隨時都可能發生在每一人的身上，人人想不死，卻人人得死，誰都逃不了，真是好恐怖的人間悲劇啊！平常我們看到死人的機會不少，譬如我們坐車往窗外一看，有時就會看到有人因車禍而陳屍於路旁；或是我們從殯儀館走過，也常見一具一具的屍體被裝在棺材裡。

人生儘管悲劇的事不少，但是我又何等幸運，祖先積德，讓我可以遠離親人生死別離的憾事。我的祖父母都在我未出事之前就已經過世，我的外祖母亦是。只有外祖父是在我北上念

大學的時候過世。

　　我對外祖父死的時候未能送他老人家最後一程，迄今感到十分歉疚。當時因為我在外地念書，父母親怕影響我的學業，所以沒有寫信通知我。以致於我無法參加外祖父的出殯儀式，我是多麼想見到他老人家的最後一面。

　　我獲悉外祖父的離去，是一直等到學校放寒假，我回到下茄苳堡安溪寮老家的時候，才從父母親的口中得知此一噩耗，可是只有空留遺憾了。我永遠記得外祖父慈祥的面孔，和他留給我印象最深的那禿頭和長白的鬍鬚了。

　　小的時候，外祖父把我抱在懷裡，我總愛用手抓住他老人家的鬍鬚，直到他老人家喊疼的時候才放手，如今想來，真是有點欺侮老人家。可是他老人家的疼愛外孫，卻是他老人家的一種樂趣了。

　　到今天，我已經整整活命了二十六年，都還未曾參加過任何人的喪禮。參加 L 祖母在臺北市殯儀館出殯前的葬禮，可說真是我人生難得的第一次了。L 祖母是在今（1976）年的四月間過世，雖然我未曾謀面過。

　　我只記得開始與 L 認識的時候，L 的兩位祖母都已年邁而經常生病。L 也會跟我提起她們的病況和生活情節，我只能從 L 的口中揣摩她們老人家的影像。

　　我記得 L 外祖母的去世，正好是 L 大學畢業參加救國團港灣建設在省訓團的時候，那時我也是在臺中清泉崗。L 祖母的過世，L 就親侍在側，那時候我服役是在新竹湖口的營區。由於上臺北較近，交通也較方便，而且與 L 的交往也處在比較融洽的

階段。

　　所以，L 祖母的葬禮我是獲邀參加了，雖然我沒有隨其家人上觀音山，但是靈柩在殯儀館的時候，我與幾位大學同學都和 L 默拜在她老人家的靈前。

　　過兩天，我就要奉派代表連上弟兄去參加一位連上弟兄父親的葬禮。今天我們花了許多時間討論參加喪禮的事情，讓我勾起今年參加 L 祖母喪禮的事來，也想到現在 L 和我之間相處的情形，我心中的痛楚更使人感到黯然神傷了。

（1976.08.09 下午 04：40 臺中清泉崗）

❖颱風夜裡

　　畢莉颱風來訪，整夜都陷在狂風暴雨中，又停電，不能做什麼事，所以可以早早就上床睡覺了，這種時刻真是千載難逢。

　　以前在學校念書的時候，自由自在，縱使明天有多重大事情要辦，只要臨著下雨時候，我就愛早早上床，可以聽風聲、雨聲，可以自由自在遐想，把時間扼殺在冥靈之中，可是在營區裡就不同了，逢著下雨，還是非等到 9 點 30 分晚點名之後，才可以上床休息。

　　今晨狂風暴雨還是繼續著，想到昨夜的情景，真想現在又能重溫舊夢，只是白天的調調兒和黑夜裡是大異其趣了。昨夜我就被吵醒來好幾次，不是被雨聲的打著窗戶上的滴滴聲，就是狂風吹襲樹枝的咻咻作響。

　　甚至有一回是噩夢所驚醒。記得去年的同是這個季節，我落魄在臺北士林，也是颱風的夜裡，事先我和 L 並沒有意料到，

我們是約好在晚上 7 點在圓山動物園前的公車招呼站，正是風雨交加的時刻，我因老闆有事而誤了時間，直到 7 點 30 分我才匆忙的趕到。

但是妙的是我在右邊的招呼站等，而 L 卻是在左邊的招呼站等，我們整整各等了兩個小時，才因為我的發覺不對勁，我便趕到對面的候車亭，果真 L 穿著平常喜愛的一件紅色雨衣，手中還拿著傘站立在雨中，我見了真是又驚喜又憐惜。

喜的是 L 在這麼大的風雨中仍有信心地等著我；憐惜的是這麼大的風和雨侵襲在 L 的身上。我走了過去，緊緊的握住 L 的手，我真被真情所感動得不知如何是好？而講不出話來。但是我的心坎裡是熱情的，直感受到 L 的真情無限，我是何等的幸福啊！

最後我們兩人相視而笑，笑得如此甜蜜。也笑得我們兩人居然會彼此隔著馬路，而相對默默地、痴痴地等著。人生最曼妙的風景，無非是這份內心的淡定與從容。

如今這夜裡的時刻，真教我如何安眠？ L 的影子一直在我的腦裡浮現。我真懊惱我和 L 現在已沒有像以前一樣的福份了。

要是今天夜裡 L 願意和我見面的話，我一定會飛奔似地趕過去會面，只是我對 L 是否還有去年這時候的勇氣，我是越來越沒有信心了。

（1976.08.10 上午 09：40 臺中清泉崗）

❖何處歸程

不知哪位詩人曾經這樣地說：「愛情之不可理解，比死亡之

神祕更甚。」我心痛如刀割，我全身無力，我想念 L。

明日我將何處是歸程？我突然想起魯迅在〈故鄉〉文中寫的最後一段話：「希望是本無所謂有，無所謂無的。這正如地上的路：其實地上本沒有路，走的人多了，也變成了路。」

然而，心若無處可棲，到哪都是流浪啊！

（1976.08.10 晚間 09.00 臺中清泉崗）

❖痛哭一場

自入伍以來，休假日無去處是我的第一次，我體會這種滋味的難受。通常時候，隊上一放假，我不是往臺北去，就是返回臺南老家。今日感覺臺中附近的風景區對我並未能引發我的興趣。想回南部老家卻因颱風期間的火車容易誤點，我就只好留在臺中打發這假日。

說來今天也是我首創紀錄，一連看了三部電影。第一場點影片名《萬法歸宗一少林》的武俠劇，以往這類的片子我是拒看的。可是有一回我與 L 一起觀賞過《蝴蝶流星劍》之後，才開始對武俠片有點改觀，但仍限於在別無選擇的狀況下，勉強觀之。

看過電影之後，我便和連上幾位弟兄到合作大樓的地下室打桌球，1 小時收費 25 元，許久未曾打桌球了，全身筋骨感覺僵硬，可是自覺功夫不減當年。未來若有空，我應該常練習打桌球，畢竟我在國小初中階段已經累積了一點基礎。

用過午餐，我們又趕場電影，片名《戰鬥列車》，這部片子我早在初中的時期已經看過。所以，一進電影院就開始呼呼大

睡，而且院內還開有冷氣，真是舒服。直到 3 點半散場時刻，我才被叫醒。

我開始覺得無處可去，就提議回營區。其實我心裡還是念著 L，雖然我明知在電話裡，我們還是談不出任何結果來。然而，想念的心情還使驅使走到臺中火車站打公共電話。電話中，L 仍如往常一樣的冷淡不吭聲。我只能訴說著自己在這些日子裡過得如何？

我心中總是留著一絲希望，盼望時間過得快些，讓我早日退伍。我相信退伍之後，L 應該會樂於和我見面。當然我是迫切想要知道 L 是否有所做了決定？但是我自己也做好了心理準備，未來不管 L 的決定如何？要分手或繼續交往，我都會勇敢面對，並樂於接受 L 的決定。

上述的話，是我這次在電話中所要表達給 L 知道的。我無法猜測 L 在聽完我講的這些話之後，心裡的感受將是如何？我只是心裡更難受，但不講出這些話，也叫我心裡難過。我真不知道自己要如何自處。我無法得知 L 的心情，正如 L 的不能感受我的心情。啊！L 與我兩人又何苦走到這一步，或許我們的緣分已盡了嗎？

晚間我到中正堂觀賞《滴滴血淚滴滴情》的 3 塊錢電影，在院裡我掉了淚，我內心深處有很多的感觸，對我的國家、對我的未來、對我的家庭、對我的愛情前途，我真是痛哭了一場。

（1976.08.11 晚間 09：00 臺中清泉崗）

❖媽祖緣分

　　我是在下午 4 點半出發，從臺中西站坐聯營車到北港，北港由於不位在火車和公路局車子的縱貫線上，我只能乘坐臺西客運，從臺中到北港足足花了 2 個半小時，到達北港的時間已是晚間的 8 點 30 分了，在連上吳姓弟兄父親的靈前燒了香，也代表連隊致上輓聯和祭拜，並將連排上弟兄的奠儀也附上。

　　北港是我生平第一次來到，儘管念嘉義中學時候的班上有許多同學來自北港地區，但是我總無緣到此一遊，就連參拜北港朝天宮的媽祖廟也無機會，也許緣分未足，本想藉此機會可以與媽祖結緣，但是一看時間已晚，北港我又無其他友人可以借宿，旅館費用又高且無法報銷，我勢必得馬上趕到嘉義，搭上 9 點 40 分的最晚班車回到下茄苳堡安溪寮老家。

　　到家已是 10 點 30 分了，雙親已經休息了，幸好二姊、二姊夫和他們的三個小孩回家來，我想應該是他們一直等著我回來好見面方便聊天吧！我洗了熱水澡，也覺得有些累了。

　　（1976.08.12 晚間 12：00 臺南下茄苳堡安溪寮老家）

❖無盡關懷

　　父母親一直為我的身體及未來事業發展操心，家人都希望我退伍之後留在下茄苳堡安溪寮鄉下的老家來發展，有勇氣在外創天下精神固然可嘉，可是父母親顧慮我把身體弄壞了。錢是賺了就有，但身體不好的話一切空談。

　　家父一直盡可能地要留下我在鄉下的學校謀一份教職的工作，或是進國民黨的單位服務也可以來努力試看看，也藉此機

會好好調養身體。母親也問起我與 L 目前的情況如何？是不是還是鬧得不愉快？我真不知道如何作答，我只感到心頭一陣的酸楚。

母親關心我的情形，用比較嚴肅的態度談起：聽說 L 家的經濟狀況比較好，我們鄉下地方是養不起人家的，不要去勉強別人，留在鄉下教書，找個有份工作的女孩，可以賺錢貼補家用，在鄉下地方也是可以過得頂好的。

二姊夫也向我提起有位在郵局服務的女孩，如果有機會的話，等退伍之後，可以安排機會大家見面做朋友。可是我沒有答腔，我一直認為 L 現在與我賭氣只是一時的，更何況這時候我不願意接受有別的女孩進到我的內心世界。

我喜歡 L，我珍惜與 L 交往以來的這段日子的回憶。我想很難有其他女孩可以取代 L 在我心中的地位。我只感傷我是如此的深愛著 L，而 L 卻又是如此硬心腸的堅持不與我見面。

我實在有愧雙親和二姊、二姊夫的對我一片好意。

（1976.08.13 晚間 11：00 臺南下茄苳堡安溪寮老家）

❖職業選擇

家裡可算是有喜事。該是買鞭炮來大放一番，大妹國中老師的甄選考試通過了初試和複試，並且正式分發在離家附近的東山鄉東原國中。

東原國中雖位在較偏遠的山區，但從家附近乘坐新營客運大約 1 小時的路程，就可到該校門口下車，交通堪稱便利。家人都為大妹的學業有成，和職業有著落而感到高興。家母更希

147

望我也能留在鄉下教書。位在柳營的一所私校的教書機會，如果大妹不去的話，則可以設法安排我去擔任授課的工作。

雖然我的教書工作尚不成問題，但是我還是沒有答應留下來。我一心想的是為實現自己的理想，我絕不願意把年輕歲月從事比較沒有挑戰性教書的工作上。我想從商，希望趕快可以累積財力，實現我的政治理想。

畢竟民主政治就是金錢政治，民主就是選舉，選舉就得花錢，沒有財力支持，選舉就難獲得勝利，這是在每一個民主國家中的每位從政人員應有的基本認識。

所以，我願意選擇在自己不感興趣的商場上打拼，孤注一擲，我願意拿生命作賭注，不管未來的成功或失敗與否？我都樂意承擔起這份責任，勇敢去面對。

（1976.08.14 晚間 10：00 下茄苳堡安溪寮老家）

❖白宮日記

時間過得真快，放假回家的三天假期，到今天已是第三天了。這期間家母為了調養我的身體，天天是雞肉和鮮魚。家母總是擔心我的身體狀況，希望我努力進食，讓身體能夠長得胖些。我對家人的殷殷期望，真是感恩在心。

我是乘坐下午 3 點 58 分在新營的對號快車，真巧在火車站碰到多年不見的兩位表弟，他們都長大了，要不是他們先喊了我，我幾乎認不出他們來。表弟中有位在貿易公司擔任外務員，另一位在學車床的技術。我一方面鼓勵他們，一方面也自己警惕自己，期望過幾年後大家都能有所成就。

到臺中已是 6 點許，我在附近的一家餐廳用過快餐後，就走到對面的書店買了最近尼克森總統出版的《白宮日記》，我打算利用還沒退伍的這幾天時間能夠將它讀完。

想著，想著，許多的往事上心頭，我再鼓起勇氣給 L 打了電話，希望 18 日我們能夠見面，可是 L 仍未答應。我真猜不透 L 的心意，我也真不知自己應該如何是好？

（1976.08.15 晚間 09：00 臺中清泉崗）

❖難忘豐原

今天連隊出外演習，車子從清泉崗出發，經大雅，在豐原社口附近活動。社口我不曾來過，但我印象卻很深刻，L 曾告訴過我，她的故鄉老家就在社口，有許多親戚還一直住在這地方。

豐原舊名「葫蘆墩」，日據時期以此處為「豐葦之原」，故取「豐原」。臺灣光復後曾是臺中縣縣治，以產柑橘等水果出名。可惜，未曾與 L 來過，當然我也就無從憶起。只是我心裡想的是 L 幼年時期是否曾在社口生活過，也許 L 是從小就出生在臺北，一直就在臺北長大。

記得 L 還提過，她們家曾在社口這地方還種植了許多荔枝，只是我沒有口福，希望有天可以與 L 一起來社口，順道拜訪 L 的親戚。只是我沒把握是否有這麼一天？我是非加緊努力不行，我和 L 還有許多的理想要一起去實現、去開創。

人的生活，今天也許是為明日的回憶而活著，俗話說得好：「老年人是活在回憶裡。」這話充滿哲理。豈止是老年人，年輕人也是需要有回憶的，尤其是對熱戀中人。

Y來了一封信，希望我17日或18日上臺北，有許多要事需要與我研究，我是得想盡辦法北上的。

(1976.08.16下午03：20臺中豐原社口)

❖為愛困惑

許久沒有趕夜車了，主要原因是沒有上臺北的機會和必要性，因而放假的時間顯得充裕些。但這次我是非上臺北不可的，莫說是想與L見面，也該為自己將來創業的事而努力安排吧！

男子漢大丈夫，實在不能將太多的時間花在兒女私情上，儘管我一直認為沒有愛情的生活將令人心靈枯萎。但我們也千萬別為了愛情的事，把自己的精神頹喪了、態度消沉了。

我也不能什麼事都不幹，我自己應該醒醒自從7月與L鬥嘴以來到今天，我自己過的生活、所做的事是不是符合一位有理想、有抱負青年的所作所為。我自己應該清楚感情的事是勉強不來的，除了兩人應有共同理想、志趣、思想之外，還得靠緣分。

L今日的表現既然如此，無法挽回的事，也就無需再去勉強了。何況是愛情之間的事。畢竟勉強去做的事情，已使一個人痛苦了，我又何苦來哉。我是不是應該思考與L的事，就從此作一了結。

姑且我現在可以不去考慮這些事，但是我始終不解的是L為何不與我說明白，之所以從鬥嘴至今，是為何生氣這麼長的一段時間，我也已經打過這麼多次的電話，為什麼L始終不講話，不給我一點暗示，我一直不解L現在對我的態度到底要我

如何，L 為什麼要如此待我呢？

我實在已經沒有太多的心思，繼續為 L 的事而費神，把自己陷入痛苦的深淵而無法自拔。我是該堅強起來了，我應該好好思考自己該做的事了。

我想起了約翰‧彌勒說的話：「沒有希望的工作，猶如吸酒於篩，沒有目的的希望，無法存在。」

　　　　　　　　　　　（1976.08.17 晚間 11：00 沙鹿火車站）

❖同學會商

我是在清晨 6 點 30 分抵達臺北的，如果這個時刻打電話或登門拜訪朋友都是不方便，我決定先吃完早餐，買份報紙在火車站對面的水池邊消磨時間。

一直到 8 點 30 分我打電話給 Y 之後，隨即趕到其承德路的家中，巧得很，我竟在 2 路公車上碰見 L 的弟弟，我們彼此聊了一下，我就先下車了。

Y 是在 8 月 7 日退伍，W 則是在今天，當我抵達 Y 家後，W 尚未來到。我與 Y、Y 的父親先就有關成立公司的事宜交換意見，W 是在 10 點的時候才到，我們可說都按照原先計畫順利進行。

在日本 TaTano 公司的海外部長野口先生也到場會商後，中午我們一起進餐，直到下午 1 點 30 分我離開 Y 家準備返回服務的營區，公司的事情一切委由 Y 和 W 處理。我們三人對於公司的發展都充滿信心，未來更希望將公司規模擴大，我們下定決心實現我們的理想。

我預備乘坐下午 2 點 15 分的海線平快車離開臺北，臨行

前，我打電話給 L，正如所料，L 仍以往前的冷漠態度待我，我
心裡感覺很難受，我也坦誠告訴 L，是不是到了要真正分手的時
刻，就任由 L 決定，我不會再有任何的勉強。

（1976.08.18 晚間 08：00 臺中清泉崗）

❖項鍊變色

從別人口中突然冒出的話，也許對心裡的感受較為敏感，
「老陳，你脖子上的項鍊變色了。」

我被這突來的這句話楞住了，我並不在意這項鍊表面金質
的變色，而是驚嚇於是否與 L 的感情生變。

雖然我不信怪力亂神之事，但是對這樣的變化我不能不有
所顧忌。我真不敢繼續去想到我的感情，更何況如果是與 L 分
手的話，這對我的打擊會多大，我怎能忘得了 L。

從 7 月的鬥嘴到現在，雖然 L 一直有意避著我，但是我總
是盡全力在挽回，相信 L 一定會回心轉意和我見面。我之所以
感到非常痛苦，一則是我自責於我不該對 L 說重話；二則是我
用情太深，現在每天我的腦子裡幾乎都是 L 的影子，我感覺只
有與 L 的對話和相處，生活才會使我快樂起來。

如今已經快 2 個月過去了，我每天還是盼著與 L 見面，我
總是自己安慰自己，相信 L 有一天一定會再和我見面，我一直
對 L 有信心，而我也一直是這樣堅信著。

（1976.08.19 晚間 09：00 臺中清泉崗）

❖患難見情

當我把全部心思放在創業上的時候，我就沒有太多的心情再去想感情的事，我似乎在證明這世界上沒有忘不了的事，只是看當事人有沒有要下定決心？

我想今天我與 L 發生的這檔事，我漸漸地感到自認為處理得心安理得，雖然 L 還是不諒解，那也就演變成個人要去面對的事了。我既然自認為自己不是有心要辜負 L，我的心也就自然平靜下來，更何況這時候我已經要全力衝刺創業的事。相信事業有成，與 L 之間感情的事也就可以從另一方面得到彌補。

今天也與排上的弟兄談起這檔事，我們不能放棄學生時代談戀愛的權利，但是更不能沉溺於《少年維特的煩惱》。學生時代的愛情儘管充滿羅曼蒂克氣息，但是卻沒有磐石般的堅忍。沒有經過一番生活的現實考驗，實在很難產生堅定不移的情感，就誠如長在山崗上的樹木，沒經過風霜雨打的摧殘，就無法挺立山崗上。

沒有共患難過的情感，就不能算是真正的愛情。學生時代的交友感情，只能算是人生愛情上的小前站。待走出校園的踏進社會，人生愛情的再進一步經得起考驗，才能踏上紅地毯的另一端，步入結婚的大禮堂。

現在我已經漸漸能體會出老是被人家譏諷：「年輕的小夥子，趕快利用年輕的時候，多多結交朋友，不然到了老年時候是要後悔的。」現在我對發生與 L 的事漸漸感到不聽老人言，吃虧在眼前。

打從認識 L 以來，我幾乎就斷了與其他女性朋友來往的機

會，我決定改變過去錯誤的觀念，在我未結婚之前，我還是有
權利與其他的女孩子交往。昨日之事猶如昨日死，今日之事猶
如今日生。對於感情事的看法，我慶幸自己又向前邁進一大步。

（1976.08.20 晚間 09：30 臺中清泉崗）

❖醉過酒濃

　　連上弟兄為我準備了三桌的加菜，因為退伍在即，這是軍
中特有的慣例，每逢有弟兄退伍的時候，連上一些比較親近和
談得來的朋友，大伙便會在營區附近的餐廳舉辦餞行餐會。

　　藉這難得機會大家一則可以飽食一頓，二則大家可以在平
日操課緊張之餘，放鬆心情，痛飲一番。不過也有一缺點，也
許是軍中生活太枯燥了，大伙弟兄很容易就因喝酒過量，經常
一回到連隊上就發生許多弟兄不支倒地，吐得一塌糊塗的現
象。雖然還不至於發生意外，但是總會把自己的身體弄壞，特
別是容易造成腸胃不舒服。

　　所以，平時我總養成一種習慣，大家加菜的聚會我總是想
辦法適量而止，我自己也從來不勉強別人喝酒。可是今天的餐
會有別於平常，因為這是別人為我加菜，為歡送我退伍而特別
舉行的餐會。

　　我在盛情難卻的處境下，也就喝多了些，可是一回到營區
裡便開始嘔吐，連上弟兄給我喝了一罐克勞酸，還是無法解酒。
我真懷疑美國小說家海明威（Ernest Miller Hemingway）會說的
「葡萄酒是世界上最文明的產物」。

　　真是沒有爬過高山的人，不知道山有多高；沒有渡過河的

154

人，不知道水有多深；沒有喝過酒的人，不知道酒能醉人；沒有愛過人的心，不知道情有多重！但今晚我覺得身體很難受，只好先行休息，幾位弟兄想與我聊天，也只好另找時間了。

可是令我感慨最深的還是與 L 之間的事，我們彼此相處走過的一段時間，好不容易培養出來的感情，竟是在我要退伍的時候可能結束，L 為何不能在這重要的日子與我共同慶祝呢？L 至今表現出來的態度為什麼是如此的不關心，對我竟是如此的冷漠。

雙方感情發展至今，讓我幾乎毫無感到快樂可言。現在我無法平靜地躺在床上，我被酒精的發作，感到難過，我更因為 L 的事感到無比的傷心。我也自責自己，可是已發展到無可挽回的地步。

迄今我已覺悟，既然抓不住，何不轉個念頭祝福 L 有個好歸宿，我也不想努力去挽回，或許放下才是對自己最好的慈悲，我寧願自己被譏諷是白痴或傻瓜，我甘願忍受過著沒有愛情的生活，我要好好走自己的路，努力去創業，開拓屬於自己的前途。

（1976.08.22（補寫 21 日日記）晚間 09：30 臺中清泉崗）

❖臺中之夜

今晚本想趕回臺南鄉下老家，可是當我請准了假，換好了便服，趕上車子到了臺中火車站已近晚間 8 點了。我查查火車時刻表，已無適當班次可以趕回到鄉下老家，只能臨時決定投宿臺中國軍英雄館，這地方還是我服役以來的頭一遭，今晚算

是難得這機會感受這一流的設備，而且不亞於臺北國軍英雄館的等級。

想想國軍英雄館也給我帶來許多的方便，像我這種需要南往北返的出外人，不得不感謝政府單位的設想周到，造福像我這樣漂泊處境的人。

到英雄館的時間已是 9 點左右，我略作休息後，臨時決定買明日 8 點 5 分的對號車票。時間雖然不早了，或許還可以買到車票，我決定賭賭看，很幸運還讓我順利買好車票，也許這因為不是星期例假日的關係吧！

在獨自走回英雄館的途中，我記起 L 畢業環島旅行的時候，我們曾經在臺中一起散步，那是我剛從嘉義大林訓練中心分發到臺中清泉崗的營區，L 正好是途經臺中。

我永遠記得那次我為了請假與 L 見面，被連長酸言酸語的虧說：「新兵剛到部隊報到，還並不熟悉環境，就急著想請假。」

我當時顧不了這些的酸言冷語，我心裡直想的是 L 好不容易到臺中來找我，我應該想盡辦法與她見面，我真感謝上天給了我們這一次在臺中見面的機會。

（1976.08.23 晚間 11：00 臺中國軍英雄館）

❖兩難困境

我是在今早 10 點 30 分左右回到下茄苳堡安溪寮老家的，母親看到我回來，手裡還提著行李，以為我是退伍了。我說：「還沒啊！只是休假。」么妹在旁邊急著問：「三哥，您怎麼常常可以休假？」我搖搖頭，笑一笑，我心裡想：「近來臺北去不得，

只能回家裡來。」

其實我也不能完全做如此想，我是計畫在明（24）日坐夜車趕上臺北的，可是下午當我到戶政事務所辦職業變更時，承辦人因為我的正式退伍生效日期還未到，我也就無法辦理變更手續，也就無法拿到不是軍人身分的戶口謄本，拿不到戶口謄本，我趕上臺北也就沒有作用了。

因為我最主要目的是拿了職業變更過的戶口謄本，到臺北方便辦理公司登記，既然不能如願，爸媽就希望我留在家裡，等到 25 日才回營區報到。我拗違不過，我又想起 L 現在與我的關係，我也決定好好待在家中休養。

爸媽一直和我談起事業和婚姻的事，爸媽還是希望我能留在鄉下，在鄉下謀個公職，找一個也有公職工作的好對象，好好在鄉下過著比較安穩的生活。爸媽也一再問起我與 L 的情形與進展，我只能無奈地搖搖頭，實在不知要從何訴說？

爸媽看出我臉色的沉重，老人家當知我心中的苦處，也受到凝重氣氛的感染，爸媽臉上也開始出現憐惜表情。我真對不起兩位老人家，他們是如此含辛茹苦養育我二十年的長大至今，現在我的處境竟是如此令他們擔憂。

幸虧我有開明的爸媽，他們始終尊重我的選擇，我要到臺北創業，他們答應了。婚姻的事他們也尊重我目前不去談的做法。我打從心裡感激爸媽的偉大，我真無以回報的達其萬一。

　　（1976.08.24 晚間 11：00 下茄苳堡安溪寮鄉下老家）

❖一片痴心

　　我是今晚 7 點 30 分趕回臺中清泉崗的營區報到。這幾天以來，留在鄉下老家的舒服過日子，疏懶得真不想回到部隊，可是想想這兩年來的時間都已經熬過去了，現在剩下不到幾天的時間，無論如何我總得繼續地忍耐。

　　我還是忍不住的想打電話給 L，今天當我從新營搭下午 3 點 50 分的對號快車到臺中，下了車，在火車站的時間還不到 6 點，我馬上打了電話給 L，雖然我明知 L 仍然會如近來往常的冷淡態度待我，但是無論結果如何？我這電話還是要打的，如果不打的話，我心裡更難過，有如魚刺鯁之在喉。

　　我告訴 L，我會在 30 日上臺北之後，再打電話與她連絡，並希望能和她再見一次面，以便我們好好談談。雖然這一個多月以來，我對她的心都未曾改變，但是我真想知道 L 是否原諒我的不是，這些日子以來，我一直很自責，要不是因為我鬧情緒的亂發脾氣，也不會弄成今天的不愉快局面。

　　電話中，我也告訴 L，我這一個多月以來，我是多麼的想念她，也常想著 L 一定比以前變得更漂亮了，或許 L 又剪了新髮型。我真希望在我退伍之後，讓我們一切從新再來。我不知道 L 是否能體會我這話的深層意思，我是多麼盼望 L 能了解我對她的一片痴心。我真無法感悟「何須待零落，然後始知空」的禪意。

（1976.08.25 晚間 09：00 臺中清泉崗）

❖待退日子

　　離退伍日子越來越近了，什事也做不得，書也看不下，老覺得時間過得太慢，走到哪兒也不對勁，尤其是連上弟兄都還是按表操課，我這待退人員成為狀況外人，我也盡量避免被人看了眼紅。

　　好不容易挨過白天，晚餐一用過，我就溜到電影院看電影，也管不了是誰主演，也不管是何片名。不過今晚放映的片子好像還不錯，片名就叫《溫暖在秋天》，是屬文藝性質的國片。

　　影片內容大抵是以大學生的大學生活為背景，而影射一般家庭社會對當今愛情的看法。我是贊成自由談戀愛的，情侶有他們絕對選擇對象的自由，有時別人給的意見只是徒增困擾和製造更多的不幸罷了！

　　我不會完全否定老一輩人家的看法不對，但我也很難相信老一輩人家的思想觀念會適合有特別主見的年輕人。我的看法，年輕人談戀愛最重要的兩廂情願，彼此相親相愛，相互諒解、相互體貼、相互尊重。

　　如果只講求門當戶對的傳統思維，往往會阻礙青年人所擁有那一份「純純的愛」，終致釀成愛情的不能持久和穩固，不但破壞這對情侶的感情，也傷及雙方的父母親和家庭，最後不得不以悲劇收場，這是何等的不幸啊！

　　這部電影的女主角造型，因為時間是在秋冬之交，女主角喜歡穿上襯衫的外加套頭毛衣，和配穿上長形喇叭褲，樣子顯得既輕鬆又活潑，讓我聯想起 L 以前在學校念書時候的服裝打扮，而 L 是要比今晚的女主角來得漂亮，畢竟是「情人眼裡出

西施」吧！

可是今年的冬天即將來臨了，L 是否還會願意繼續與我交往？我想到蔣捷〈虞美人，聽雨〉：「悲歡離合總無情，一任階前點滴到天明」的傷感。

（1976.08.26 晚間 09：00 臺中清泉崗）

❖迎向新生

按日期我是於民國 63 年 10 月 30 日入伍，65 年 8 月 29 日退伍，可是明（28）日我就可以退伍了，其原因是連上有位弟兄和我同日退伍，因為他有事得於 28 日離營，所以我託他的福也可以早一天退伍。

今天成為是我留在部隊的最後一天了，午餐和晚餐都因為連上弟兄為我加菜，所以都在營區附近的餐館用餐，而且也喝了酒。連上弟兄的相處近兩年，同進同出，也培養出革命情感。

想到明日就要勞燕分飛，大家不禁又感傷起來。男的朋友分手都難免如此了，我真不敢想像 L 萬一確定要與我分手，我真不敢想像那將如何難過。我已打過電話告訴 L 我會在 30 日北上，屆時將會與之電話連絡。

可是我一定會忍不住，明天我一到臺中火車站又會再打電話給 L，告訴她我已退伍的好消息。我不知道 L 是否會為我退伍的事而感到高興，如果她的反應是高興地恭喜，那我將是如何快樂的一件事，萬一 L 仍然如往常只是「嗯」聲而不講話，那我又將要如何呢？我是越想越痛苦啊！

不管會怎麼樣發展？既然我已經打過電話說 30 日要北上，

無論如何要她和我見一面，何況我也非常坦白的告訴 L：這兩個月以來，我對她的感情仍然不變，未來是否願意與我繼續交往，只要 L 明確表示一聲「好」，我一定如從前般的誠心誠意對待她，而且只會過之而無不及。

假若 L 說：「要分手」，我也一定會安然接受，並給予最誠摯的祝福，我會把這一段感情深深地藏在我的心坎裡。

明天我就即將退伍了，我將迎向一個新的旅程，但願 L 與我也有一個重新的開始，我衷心盼望著！誠心地祈禱！

（1976.08.27 晚間 09：00 臺中清泉崗的離營前夕）

第四部分

書寫的下茄苳堡

政治經濟與治安類的著作自序輯

一、《臺灣政經發展策略》序

　　臺灣自 1949 年中華民國撤退到臺灣以來，經過數十多年來的發展歷程，雖然也遭遇了許多挫折，但是我們都已安然走過。

　　記得從我上個世紀的 1970 年代在大學時期念書起迄今，每遇有困難的時候，總愛引用蘇東坡的〈定風波〉詞，做自我勉勵。詞的內容是這樣寫的：

莫聽穿林打樹聲，
何妨吟嘯且徐行？
竹杖芒鞋輕勝馬，
誰怕？
一蓑煙雨任平生。

料峭春風吹酒醒，
微冷。
山頭斜照卻相迎。
回首向來蕭瑟處，
歸去，

也無風雨也無晴。

臺灣數十多年來的發展歷程，不正是如蘇東坡所描述的情景與情境嗎？人生旅程也難免遇險阻，但總要努力迎向前去，才能到達目的地。所謂「沒有風險的挑戰，那來有智慧的成長」。相信努力走過的，一定不會讓生命留白。

本書收錄的七篇文字，是近年來我思考臺灣政經發展的觀點與心得，是我藉著受邀演講機會，以及我在課堂上為學生準備上課教材，並發表於學校刊物上的文字所彙整而成。

第一篇〈臺灣政經發展策略〉，是應南陽保險代理人公司的講演稿，謝謝我的空大學生官俊欽的邀約。他是那麼好學，而且在企業界表現那麼優秀。

第二篇〈一九五〇年代臺灣經濟發展策略的經驗〉，是發表在國立空中大學商學系發行《商學學報》第三期，謝謝黃深勳教授、袁金和教授的審稿和惠提建議。

第三篇至第七篇的〈策略管理與臺灣發展經驗〉、〈戰後臺灣經濟發展的觀點之探討〉、〈一九六〇年代臺灣經濟發展策略的經驗〉、〈一九七〇年代臺灣經濟發展策略的經驗〉，及〈一九八〇年代臺灣經濟發展策略的經驗〉則是一系列發表於國立空中大學《空大學訊》，謝謝編輯鄭素雯小姐、高淑瑛小姐。

同時，本書的彙集單行本出版，得也要特別感謝黎明文化出版公司執行編輯羅愛萍女士的大力協助，讓本書能夠將臺灣政經發展策略採取了綱要式的內容呈現在讀者面前。

由於筆者的才疏學淺，在許多論點上一定還有許多不周全

之處，尚祈各方先進不吝指正。

1995 年 10 月 25 日自序於臺北市

2020 年 5 月 15 日審修於蟾蜍山南麓安溪書齋

二、《臺灣經濟發展史略》序

在大學教書已整整二十個年頭，大抵不脫經濟與管理的領域。尤其近年來所開的總體經濟學、經濟思想史及區域經濟發展等課程，再加上國內政治環境的變化，強調「土地共同意識」、「相互主體意識」與「歷史結構性」的臺灣思維已有日增的趨勢。

一本從「臺灣島史」經濟發展為出發，延伸論述臺灣「歷史整體性」的結構發展內容，成為課堂和社會上大眾關注的焦點，在學術殿堂上的討論本就無關乎臺灣統獨的意識形態之爭。

從「相互主體性」與「歷史整體性」的面向，來研究臺灣經濟發展或許還存在許多的爭議之處。然而，中華民國經濟發展史或臺灣經濟發展史這類大範圍的著作，實在不是個人能力在短時間內所能獨自完成。

因此，個人僅能就最近陸續發表的論文加以重新整理，本書共分為：緒論、原住民時期臺灣經濟發展（-1624）、荷西時期臺灣經濟發展（1624-1662）、鄭治時期臺灣經濟發展（1662-1683）、清治時期臺灣經濟發展（1683-1895）、日治時期

臺灣經濟發展（1895-1945）、國治時期臺灣經濟發展
（1945-2000），和結論等八章節。另附錄〈臺灣產業發展的在
地化與國際化之探討〉乙篇。

　　本書除了將橫面結構性的每階段經濟發展介紹之外，並將
縱面歷史性的經濟發展加以貫穿，嘗試將臺灣經濟發展作簡明
的扼要敘述，期待日後能有機會再加以詳細增修，故本書只能
稱之《揭開致富面紗──臺灣經濟發展史略》，其名因臺灣經濟
發展的歷史，無非就是一條揭開致富面紗，和追求經濟成長的
富裕百姓生活之路。

　　本書需要改進之處一定很多，當然責任要自己承擔。特別
要感謝本書相關單篇論文發表的單位，以及立得出版社劉接寶
發行人的協助出版，更感謝家人多年來的包容與鼓勵。

2006 年 9 月自序於臺北

2020 年 5 月 15 日審修於蟾蜍山南麓安溪書齋

三、《臺灣經濟發展史》序

　　一部臺灣經濟發展史可說就是一部臺灣土地開墾的經濟開
發史，從開闢鴻蒙的原始文化，而漸次升高到人類的文明社會。

　　2008 年 7 月的大學暑假，蔡泰山副校長、王春源教授、卓
克華教授和我等多位，應福州閩江學院之邀請，參加「2008 年
海峽兩岸學術研討會」，我們一行人被安排住進該校剛落成不久

的「國際學術交流中心」大樓。

因此，我們有比較充裕的時間，除了彼此討論這次個人所發表論文的內容之外，也交換了彼此多年來教書、研究和工作經驗的心得。

這次研討會的主題是以兩岸的經貿關係和歷史文化為主。泰山兄發表的論文仍然以他最專業的歷史文化，特別是深入研究的媽祖文化領域為內容。題目是〈媽祖文化與兩岸文經發展的新思維〉，探討範圍自然會觸及近年來臺灣最受矚目的「文化創意產業」議題。

泰山兄除了談及去（2007）年 9 月間，我們共同出版《文化創意與產業發展》一書的學界與市場反應之外，也以他多年參與立法院議事工作的經驗，對於當時馬英九政府承諾要在其就職一年內成立「文化觀光部」的政見，以及行政院文化建設委員會正在研擬《文化創意產業發展法》的進度寄予莫大關心，我們都深切地期望透過政府政策能夠大力協助推動臺灣文化創意產業的發展。

我這次研討會發表的論文，由於要兼顧主辦單位舉辦這次研討會的地點在福州，我就特別選擇了既與兩岸經濟發展的歷史有關聯，而又與福州有特殊地緣關係的〈臺灣近代化改革中政府的產業政策之研究（1860-1895）〉為題，探討在清治臺灣時期推動近代化改革中關鍵人物及其所推動的產業政策，特別是出身福州的沈葆楨和首任臺灣的巡撫劉銘傳。

沈葆楨與劉銘傳這兩位官員都是被派任在臺灣工作階段，主要實際負責執行當時清朝政府推動自強運動，其政經政策能

否在臺灣徹底實現的靈魂人物。現在我也將上述兩篇論文都一起收錄在本書裡。

出版《臺灣經濟發展史》這本書，我就要特別感謝溯自 2006 年 9 月立得出版社的發行人劉接寶先生，當初為我們出版的《揭開致富面紗：臺灣經濟發展史略》一書。劉發行人在沒有和我們簽訂任何出版合約的情況下，大敢冒著虧本的風險，印了試刊本。雖然該刊本現已無存書，但關心此書的朋友和有興趣研讀的學生們，仍時常會向我問起。

所以，我藉著這次蘭臺出版社印行的機會，除了在原內容做了增修之外，並將其安排在本書的【上篇：臺灣經濟發展史略（修訂版）】。

在本書【中篇：歷史文化與臺灣經濟】所收錄的，除了泰山兄與我在閩江學院分別發表的〈媽祖文化與兩岸文經發展的新思維〉和〈臺灣近代化改革中政府的產業政策之研究（1860-1895）〉這兩篇論文之外，為了更充實本書的內容，我增補了〈近代經濟思潮與臺灣產業發展〉、〈全球化與臺灣經濟發展策略〉、〈媽祖信仰在近代臺灣企業發展中的角色〉等三篇論文，因其內容都與歷史文化的背景相關，因此將其定名為【中篇：歷史文化與臺灣經濟】，希望針對本書中【上篇：臺灣經濟發展史略（增修版）】的部分內容，提供另一角度的思考，並做更深入的分析。

有關〈近代經濟思潮與臺灣產業發展〉一文，是 2007 年 12 月我在警察大學通識教育中心的學術研討會上所發表，主要是論述自 18 世紀以來，亞當・史密斯（Adam Smith）、凱因斯（John

M. Keynes）等重要經濟學家及其理論的發展，並從中關照當時代臺灣經濟發展的背景與影響。

〈全球化與臺灣經濟發展策略〉則是 2005 年 6 月，發表於開南管理學院公共事務管理研究所舉辦的第三屆「國家治理、公民社會與通識教育」學術研討會，主要分析當前全球化時代的經濟，整個國際經濟環境和在中國大陸經濟崛起之後，思考臺灣經濟應該如何來因應這一新情勢的發展。

〈媽祖信仰在近代臺灣企業發展中的角色〉是 2008 年 11 月發表於上海社會科學院所召開「海峽兩岸弘揚媽祖文化精神」的學術研討會，主要內容則著重於探討近代資本主義市場經濟臺灣企業資本的形成與成長，並藉崇信媽祖悲憫精神的信仰，針貶時下資本主義企業貪婪的違背經濟倫理議題。

本書【下篇：臺灣治安與經濟關係變遷史】所收錄的〈臺灣傳統治安與產業發展的歷史變遷（-1895）〉、〈臺灣殖民化經濟警察角色的演變（1895-1945）〉，以及〈戰後臺灣經濟與警察關係的發展（1945-2008）等三篇論文，則是我在警察大學開設「經濟學」與「警察經濟論」等課程的講義資料與教學心得，我嘗試透過政治經濟學的整合論，將經濟學和警察學的兩個領域作結合，特舉臺灣經濟與警察關係的發展與變遷為研究個案的專題分析。

我期許自己有一天也可以出版一本，如全漢昇先生所寫《中國行會制度史》，或如「五四運動」那年（1919）2 月，胡適之先生所出版《中國哲學史大綱（上）》、1928 年 6 月出版《白話文學史（上卷）》，乃至於 1971 年 2 月出版《中國中古思想史長

編（手稿本）》等之類專書性質的《臺灣治安制度史》。

　　久仰全漢昇先生專研中國經濟史，他於 1935 年畢業於北京大學史學系後，曾任職於中央研究院歷史語言研究所，1949 年隨著史語所遷來臺灣，並於 1958 年 3 月至 1962 年 2 月在胡適之先生任院長期間，曾受聘代總幹事；全先生也曾歷任臺灣大學經濟系教授兼系主任，以及於 1965 年之後應聘擔任香港中文大學教授及新亞書院院長等職務；1984 年全先生當選中央研究院院士。

　　《中國行會制度史》一書的覓得，也是我這次參加閩江學院學術研討會的收穫之一。該書最早於 1934 年由上海新生命書局初版，1978 年時臺北食貨出版社據原版影印刊行，但到了 1988隨著食貨出版社的結束營業而絕版多時。而我這次的福州之行，卻幸運地在參訪活動中的福州市最大書城買到 2007 年 8 月才由天津百花文藝出版社發行的簡體字版。

　　所以，當研討會一結束回到臺灣，我立即參考該書的內容，修改本書中所論及清治臺灣時期「行會」組織和運作的敘述，並藉這次本書出版的機會呈現在讀者眼前。

　　另外，上述有關胡適之先生的著作，則不能不話從我在念大三的那一年暑假，利用當時辦公地點仍位在南港中央研究院園區行政院國科會所屬科學資料中心的工讀機會，我特別從座落同在院區裡的「胡適紀念館」購得。因為，《白話文學史（上卷）》是 1969 年 4 月、《中國中古思想史長編（手稿本）》是 1971年 2 月皆由胡適紀念館重新校稿後印行的。

　　除了這兩本書之外，其他有關胡適之先生的多本著作，早從 1960 年代晚期，我在高中求學階段受到歷史老師的啟發，對

於這位提倡民主、自由、人權，但開風氣不為師的學術思想史前輩的作品就已熱衷搜購和閱讀，諸如由臺灣商務印書館 1947 年 11 月出版的《胡適留學日記（四冊），由臺北遠東圖書公司 1967 年 3 月出版的《胡適文選》、1967 年 11 月出版的《四十自述》和 1953 年 10 月出版的《胡適文存（第一至四集》，以及由文星書店 1966 年 6 月出版的《胡適選集（共分十三冊）》等書。

對於當時自己年少輕狂、縮衣緊食，幾乎是不知量力的用盡家人所供應的生活費，所幸也陸續勉力發表了多篇「心得式」的小文，自己就歡天喜地的拿著一點兒稿費打打牙祭，度過屬於自己年輕時期令人難忘又浪漫的學生歲月，這也包括參加 1971 年間校園學生的「保釣運動」，有人則將其稱之為「新五四運動」、「海外五四運動」。

直到過了三十多年後的今天，我除了要對我的老師和家人表示十二萬分的感謝之外，這些蒐購得來的藏書至今都還是如同現在我參考布勞岱爾（Fernand Braudel）所寫《15 至 18 世紀的物質文明、經濟和資本主義（共三大卷）、熊彼得（Joseph A. Schumpeter）所寫《經濟分析史（共三大卷）等教學用書一樣，是我珍貴的讀物和精神良伴。

再回到本書的出版緣由，多年來，每當我閱讀日人東嘉生先生所著的《臺灣經濟史研究》，總覺得其在內容上有未詳盡之處，由於該書是著者於 1943 年 11 月從日本返回臺灣的途中，在東中國海遭遇美軍襲擊而不幸身亡的第二年，由東都書籍株式會社臺北支店發行出版，其書中所收錄的論文乃是著者任教當時的臺北帝大時期的作品。可惜著者英年早逝，否則現在我

們應該會有一部比較完整的《臺灣經濟史》。

　　另外一本有關臺灣經濟發展史有關的書，則是周憲文先生編著，於 1980 年 5 月由臺灣開明書店所出版的《臺灣經濟史》。該書總計高達 1,048 頁，收錄資料極為詳盡，可惜只敘述至 1945 年日本的統治臺灣為止，對於戰後臺灣的經濟發展付之闕如，至為遺憾。

　　或許這是周憲文有意迴避對於戰後國民黨威權統治時期經濟發展的論述，畢竟在著者所經歷過的年代裡，或許仍存在有戰後餘生，或戒嚴時期白色恐怖的陰影。所以，當著者結束其從事經濟學和臺灣經濟發展的學術研究生涯時，仍未能為我們留下一部具有評論性而又比較完整的《臺灣經濟史》。

　　東嘉生和周憲文二位前輩對於臺灣經濟史的教學與研究精神和著作早受肯定，可惜在內容上畢竟都不是從「臺灣主體性」的角度去論述。當然，所謂「以臺灣主體，對人民有利」的論述臺灣經濟發展的觀點仍存在許多爭議，但這在一個民主、自由的開放社會乃是存在可以充分討論的空間。

　　所以，我對於出版的《臺灣經濟發展史》一書，非常希望能在東嘉生先生、周憲文先生等二位的大作之後，除了在強調「相互主體性」的經濟發展觀點之外，在論述「歷史整合性」方面亦能有稍盡互補之處，這也正是本書出版的最大意義與目的。

　　當然，本書的內容上一定還有許多要增補之處，衷心期盼大家的不吝指教。

2008 年 11 月 17 日自序於臺北

2020 年 5 月 18 日審修於蟾蜍山南麓安溪書齋

四、《臺灣治安制度史──警察與政治經濟的對話》序

2008 年 12 月 11 日我正忙於校稿《臺灣經濟發展史》一書時，得悉葉石濤先生過世的消息。葉先生早在 1987 年即以寬容心胸，接納所有先後來臺作家的所謂「臺灣主體文學史觀」，出版了《臺灣文學史綱》，奠定了他在戰後臺灣文學理論建構者的地位。

當然這噩耗對於有意自許要整理《臺灣治安史》的我而言，在內心深處產生了極大的震撼。雖然這次在我出版的《臺灣經濟發展史》內，收錄了一部分我近年來在警察大學陸續發表的〈臺灣傳統治安與產業發展的歷史變遷〉、〈臺灣殖民化經濟警察角色演變之研究〉、〈戰後臺灣經濟與警察關係的發展〉等三篇與治安有關的論文，但畢竟它在內容上還不足稱為是一本有系統的臺灣治安制度變遷史論述。

葉先生的過世激發了我除了要根據上述三篇論文之外，趕快再整理已發表過的〈近代臺灣政經體制與警察關係的演變之探討〉，以及補上 2009 年 11 月在警大通識教育中心研討會上發表的〈制度變遷：國民政府大陸時期警政發展（1912-1949）〉一文，綜合完成本書【上篇：臺灣治安制度史綱】。

或許資料蒐集與整理，在內容上尚未很完備，在立論方面亦有待商榷之處，但是先以大綱型式印行，作為日後再增訂的做法，亦不失為一種自我要求和期許的權宜方式。

另外，令我更注目的是 2008 年 12 月 12 日《中國時報》的

刊出〈葉石濤作史綱，臺灣文學定調〉的標題。對於葉石濤《臺灣文學史綱》的記錄了 17 世紀至 20 世紀三百多年的臺灣文學史，並為臺灣的本土文學定調。其中也特別提到葉先生在 1953 年遭臺灣省保安司令部以「知匪不報」判處有期徒刑五年，這與當時國民政府統治臺灣戒嚴時期白色恐怖的治安制度有關。

在那個風雨飄搖的環境裡，臺灣許多的言論和出版都受到相當嚴密管制，因而被稱之為「白色恐怖」的年代，也因為是在蔣介石政府的執政時期，尤其是受到《動員戡亂時期臨時條款》和《刑法》第 100 條等相關法令的嚴厲制約，致使人民失去思想、言論、結社等自由。

回溯 1953 年，是在我出生後的第三年，一直到 1966 年我進入念高中和大學的時期。易言之，從 1950 年代至 1970 年代的二十多年時光，給我印象最深刻的是當時社會仍然有一股鼓吹自由主義思想的氛圍，我受其影響至深。

所以，當年在課堂上，我們除了喜歡閱讀教育部指定大學用書，如由國立編譯館出版、臺灣商務印書館發行的錢穆重要學術著作《國史大綱》之外，也會喜歡閱讀五四時期胡適、傅斯年、林語堂等學人的著作。

例如由文星書店分別在 1966 年 6 月出版的《胡適選集》，共分為政論、詩詞、歷史、序言、日記、書信、年譜、考據、翻譯、雜文、演說、述學等 12 類，以及在 1967 年 1 月出版的《傅斯年選集》共 10 冊，林語堂的《蘇東坡傳》、《吾國與吾民》、《武則天正傳》等作品，也因為他們都是白話文運動的健將，都強烈主張言論自由、鼓吹民主政治，雖不見容於當時政府，

但其書卻仍然在市面上引起迴響而流通，也受到社會的敬重。

而當時也夯李敖和柏楊的作品，我個人覺得其風格頗有承續五四時期的精神。例如李敖未入獄之前的《傳統下的獨白》、《胡適研究》、《胡適評傳（第一冊）》等書，以及柏楊未入獄之前的《動心集》、《不學有術集》、《笨鳥先飛集》、《勃然大恕集》等書。

可是，李敖和柏楊的最終處境，在那個年代裡也同樣地不見容於政府，都先後曾被以影響「國家安全或社會治安」等相關的罪名，而被抓去關在牢裡。出獄後的李敖和柏楊分別仍在為爭取言論自由的環境裡，繼續發表文章，諸如李敖出版的《李敖千秋評論叢書》、《萬歲評論叢書》等一系列的評論性書刊；柏楊則出版了《中國人史綱》、《中國歷史年表》和一系列的《（柏楊版）資治通鑑》等書。

檢視二位所出版的書刊凸顯在那個所謂「白色恐怖」年代，頗受到社會上愛好自由、民主，和校園裡許多老師、學生的推崇。特別是在那個年代，我們在校園裡的教授和學生都有這樣的相同經驗，就是對於一些重要的大學用書，卻往往有部分被列為禁書，老師和學生只能私下採不公開的方式，購買由出版社採取避開政府檢查在市場上流通的管道。

重要的書刊諸如鄭振鐸所寫的《文學大綱》、《插圖本中國文學史》等書，其書被禁的可能原因是鄭振鐸在 1949 年初，曾先後被選為中共政協委員及全國人代會代表，出任文物管理局局長兼中國科學院考古研究所所長，1952 年任中國科學院文學研究所所長，1953 年 6 月更升任文化副部長，後來不幸於 1958

年因飛機失事喪生於蘇俄境內。

當時在坊間或學校流傳的《文學大綱》兩大冊，只印有「臺灣商務印書館」發行，本館編審部編，而並未註明作者姓名；而《插圖本中國文學史》四大冊則根本未註明「北平：樸社出版社，1932 年 6 月」的出版地和時間，卻在書的自序裡最後出現「公元 1932 年 6 月 4 日鄭振鐸於北平」的文字。

又如馮友蘭的《中國哲學史》一書被禁，可能肇因於馮友蘭在 1949 年國民政府遷臺之後，很多對中共抱有希望的學者，都留在大陸，馮友蘭就是其中之一。所以，馮氏於 1936 年在北京清華大學出版的《中國哲學史》，在臺灣流傳的版本則完全未出現著者姓名和出版處。雖然鄭氏、馮氏的書都屬於文史哲方面的工具書類，但只是作者立場與當政者不一致，就難逃被查禁的下場。

臺灣書商就是以這種逃避查禁的方式，大玩與當時戒嚴時期嚴格思想和文字控制的把戲，乃至於郭廷以於 1980 年在香港中文大學出版的《近代中國史綱》，是否亦存有對當時國民黨是否能容忍其學術言論自由的疑慮，在等到辭去中央研究院近代史研究所所長一職之後，藉由旅美期間才繼續完成其多年有意協助羅家倫與蔣廷黻對近代中國史論述的遺願，我們似乎可以從該書的〈小記〉，和其夫人在〈書後小記〉的字裡行間感受出一些端倪。

審視當時傳承五四文人精神的思潮，這是主要表現在學術思想的層面。但在 1950、1960 年代所擴及胡適與《自由中國》雜誌、雷震倡導成立「中國民主黨」之間的關係，1970 年代的

　　《文星》雜誌發行，以及後來接棒的《大學》雜誌和《美麗島》雜誌等一系列所謂「黨外」的刊物，都是由於登載了許多評論當時國民黨政府如何不民主、不自由的言論，而在戒嚴時期的這樣時空背景下，遭到黨國體制的中國國民黨中央文宣部門、執行查禁書刊的警備總部和警察人員等執法人員的扣留或燒毀，這都是臺灣推行民主化過程中所出現的重大挫折事件。

　　在這種戒嚴體制結構下的制度變遷，到底臺灣政經發展與警察之間的關係為何？成為檢視戰後臺灣治安制度的重要面向。因此，在本書的〈上篇：臺灣治安制度史綱〉裡，除了將上述論文做了局部修改之外，特別根據這一研究途徑分別檢視〈荷西時期臺灣治安制度（1624-1662）〉、〈鄭氏時期臺灣治安制度（1662-1683）〉、〈清領時期臺灣治安制度（1683-1895）〉、〈日本時期臺灣治安制度（1895-1945）〉、〈中華民國大陸時期治安制度（1912-1949）〉，乃至於〈中華民國臺灣時期治安制度（1945-2009）〉等階段的章節，並串聯成〈臺灣治安制度史綱〉的初稿。

　　我深感目前這樣的內容，勉強只能稱為「大綱」性質的論述，就誠如我上前的說法，我真期盼能在不久的將來，激勵自己努力增修完成一部《臺灣治安史》，乃至於一套《臺灣政治經濟思想史》。

　　至於，本書的【下篇：警察與政治經濟的對話】則是我多年來在警大通識中心專任講授〈經濟學〉、〈經濟學概論〉、〈警察經濟論〉，和在警大推廣中心講授〈政治學概論〉，以及在臺北城市大學講授〈社會科學概論〉的綜合心得。

　　雖然，我曾經有過參與政府和政黨部門協調的工作經驗，對於重大政策的形成與運作並不陌生，目前也專心致力於教學和研究，並一直嘗試將實務與理論結合。

　　這一屈指算來，前前後後的努力工作已經累積有數十年的時間，但是現在要將自己對警察與政治經濟的跨學科整合的相關論文結集成書，心理上確實經過幾分的掙扎。因為，畢竟在「警察學」領域，不單只是人文及社會科學領域，還有屬於鑑識、刑事、水上、消防、交通等科系，其研習內容尚涵蓋自然學科的範圍。

　　所幸，我從 2006 年至 2009 年在中央警察大學通識教育中心舉辦的學術研討會上，一系列的以〈論經濟學與警察學的整合發展之研究〉、〈再論經濟學與警察學的整合發展之研究〉，以及〈警察經濟論〉為題發表了三篇專論。

　　藉此特別要感謝在研討會中，曾先後擔任我論文評論的教授，指正了我在內容裡的盲點；也因為有經過這樣嚴審的過程，鼓起我嘗試把上述論文加以整合的勇氣，期望經由自己這次的努力，對於從制度經濟學和政治經濟學的科際整合研究，提出一些屬於自己的看法。

　　基於日常說話或平時教學，那幾乎只是傳達我心中所想的；但當我透過書寫的時候，那是我與生命的對話。因此，我將【下篇：警察與政治經濟的對話】一共分為十七章，第一章緒論，主要論述警察與政治經濟對話的科際整合理論背景；第二章至第十六章分別列舉了相關警察議題的政治經濟論述，希望藉由這樣對話的方式有助於對警察議題做比較深入的分析，

並對實際警察工作者在制度和政策上的決策思考模式能有所啟發。

畢竟警察除了對自己本職的專業工作要有深刻的認識和體認之外，萬萬不能忽略了通識教育對警察全人格成長的重要。所以，我在每一章的內容安排，特別分為「問題緣起」、「經濟理論」和「主題論述」三大部分，希望能適合不同面向和不同程度讀者的思考。至於原先已有的延伸閱讀部分，因為考慮篇幅過長，遂與參考文獻的部分未能在本書裡一起保留下來，期待將來有機會再行補上。

我對於警察全人格教育重要性所持的觀點，可以溯自我對於人文及社會科學整合理論的興趣和信念，或許就跟我所受的教育過程和工作背景有關。在校園學習裡我先後接受過人文及社會科學的教育；而在社會職場上我所從事的工作又都屬於整合性資源的服務；加上在教學與研究領域也大部分都是擔任通識教育的課程。

我何其有幸，難得這一苦練人生的為學、工作和教學歷程，也因此養成我偏好從宏觀、綜合的角度去思考問題。許多大師級人物不是都這樣地勉勵我們：「為學之道，有如金字塔，須由廣博而專精。」

或許也因為受到這話的激勵，使我深深覺得：凡事做能令自己感動的，較易爆出熱愛生命的火花。現在當我閱讀布勞岱爾（Fernand Braudel）、華勒斯坦（Immanuel Wallerstein）、熊彼得（Joseph A. Schumpeter）和杜拉克（Peter F. Drucker）等大師的經典之作，總對其學識淵博和透徹分析能力的敬仰之心油然

而生，甚至於近年來桑德勒（Todd Sandler）的《經濟學與社會的對話》和傅利曼（David D. Friedman）的《經濟學與法律的對話》等比較袖珍型整合性學科的大作時，心裡仍然是受到同樣的鼓舞。

更特別值得我一提的是，多年來我一直研讀政治經濟學家高伯瑞（John K. Galbraith）一系列出版的《1929 年大崩潰》、《不確定年代》、《富裕社會》、《另眼看經濟》、《穿梭經濟時光》、《經濟治國》、《新工業國》和《權力的剖析》等大作。而當 1997 年發生的亞洲金融風暴，和 2009 年的全球金融海嘯之後，更讓我對這位在 2006 年過世，享年 97 歲，而其具有濃厚凱因斯（John M. Keynes）思想的學人典範懷念不已。

2009 年諾貝爾經濟學獎得主頒給有新制度學派之稱的威廉森（Oliver E. Williamson），和強調有效治理公共資源的歐斯壯（Elinor Ostorm），再度印證已沉寂多年從制度性角度論述政治與經濟學科整合的重要性。

也因為自己對於人文及社會科學的熱愛，從就讀高中時期開始，就不斷接觸了胡適、徐志摩等三〇年代主要人物的詩集，或文學作品，自己也有過嘗試寫過。或許這也是對於一位實際從事通識教育工作者所自我要求應該涉獵的領域。為提升自己當下從事通識教育的教學和研究品質，不也正是考驗自己在學科上的整合能力嗎？

2009 年 12 月 6 日塑立在高雄文學館旁邊的葉石濤紀念雕像已經揭幕，並舉行了一系列追思紀念活動，這是對於一位畢生從事臺灣文學創作者，和建立臺灣主體文化典範的尊崇。

　　所以，在學科整合的學術道路上，我非常喜歡在五四時代提倡新詩的胡適之先生，於 1930 年 9 月 19 日為遠東運動會中國選手作的一首詩，名叫〈健兒歌〉，詩內容的一部分是這樣寫的：「健兒們，大家向前！祇一人第一，要個個爭先。勝固然可喜，敗也要欣然。健兒們，大家上前！」

　　我想我這本書的整理出版，就是懷著這樣受鼓舞的一顆心，努力上前。雖然我不是要爭第一，這也不是我的個性，卻可作為自勉的座右銘。

　　我所持的學術研究態度，總認為我們應該從自己生活的現實，或是生活歷史的現實，來思考社會生活的現實。我就是懷抱這樣的心態在跨學科理論的整合，和在從事通識教育工作的這領域裡，努力完成這本書，內容上一定還有許多不周延或過於簡陋之處，衷心期盼大家的指教。

　　最後，還要感謝學校提供的教學和研究環境，也感謝我的家人，特別是為了專心照顧高齡母親，從警職退休的二哥，在我追求學術研究這條路上的關懷和支持。

2010 年 1 月 5 日自序於桃園警察大學研究室
2020 年 5 月 18 日審修於臺北蟾蜍山南麓安溪書齋

伍、《臺灣治安史研究——警察與政經體制的演變》序

　　這裡自選收錄的是我在警察大學任教所寫的作品，這一系

列的寫作過程，大抵是從警察和政經體制關係的觀點來探討臺
灣治安史領域的文字。既然都是與我對臺灣治安史的研究有
關，我想藉這機會就我在警察大學任教多年來對於臺灣治安史
研究的心路歷程作一敘述，或許有助於說明和釐清這一研究主
題的未來發展。

　　話說 2000 年 2 月我回到學界專任教書和研究，基本上，我
的生活改變相對顯得非常單純和清靜。所以，教學、研究與撰
寫工作幾乎佔去我所有工作的時間，而這三者的聚焦又促成我
論文和教材的撰寫與發表。因此，這些作品前後撰寫次序與時
間也可說是交互在一起，完成的歷程竟達 10 年以上。

　　然而，啟發我以研究臺灣治安史為主題的轉折，是我於 2008
年應上海社科院之邀，參加該會舉辦的學術研討會有關。那次
活動，和我一起受邀的中央研究院研究員朱浤源教授和東海大
學政治學系主任紀俊臣教授等一行人，被安排住進上海華東師
範大學的教師會館。

　　記得研討會當天早晨的用餐，朱教授與我談起中華民國建
國百年將近的歷史性日子，朱教授希望有機會我們可以一起探
討這一方面的主題，尤其百年來的中華民國警政發展。由於當
天上午朱教授已與上海電視台約好有關張學良主題的專訪，我
們就未能再作深談。

　　但是自從那天與朱教授的談話之後，對於「沒有政治前提，
我們的立場很清楚，中華民國是一個主權獨立的國家」的明確
思想主軸，無疑是催生了我撰寫〈治安制度變遷三部曲
（1911-2011）——中華民國警政發展一百年〉的論文，以及計

畫撰寫與出版《臺灣治安史》的三個階段。

　　當我完成了〈治安制度變遷三部曲（1911-2011）——中華民國警政發展一百年〉的初稿之後，我就將其中的一部分內容先以〈體制變遷——國民政府大陸時期警政發展（1912-1949）〉為題，於 2009 年 11 月 17 日在警察大學通識教育中心的學術演討會上發表，感謝評論人警察大學警政研究所章光明教授的指正，我就將它收錄在我撰寫《臺灣治安史》第一階段的《臺灣治安制度史：警察與政治經濟的對話》的其中第七章〈中華民國大陸時期治安制度〉。

　　在這本《臺灣治安制度史：警察與政治經濟的對話》的書裡，一共是分為上、下兩篇。【上篇】題為〈臺灣治安制度史綱〉，顧名思義，就是我將臺灣治安制度發展的歷史做了綱要式的基礎論述，內容上共有九章，第一章緒論，開宗明義說明歷史制度學派的研究途徑；從第二章起到第八章，則分述了原住民、荷西、鄭治、清治、日治、中華民國在大陸時期、中華民國在臺灣等七個時期臺灣治安制度的結構與變遷，第九章是簡單結論。

　　【下篇】題為〈警察與政治經濟的對話〉，則是我在警察大學安全系與外事系開設「經濟學」，和在通識教育中心開設「經濟與生活」、「警察經濟論」的教材所改寫。既然是教材性質，內容便分為十七章節來介紹，思考主軸是以政治經濟學觀點來論述與警察有關的主題。

　　我撰寫《臺灣治安史》第二階段的《臺灣治安史研究：警察與政經體制關係的演變》。這本書的特點，在於透過科際整合

性理論來凸顯臺灣治安與政經社文等環境影響因素之間的互動
關係。因此，我將本書分為【綜合論述篇】和【個案研究篇】
兩篇。

　　【綜合論述篇】裡收錄的二文，其一〈臺灣治安史導論──
─相互主體性與歷史結構性觀點〉一文是由〈政治與經濟的科
際整合性思維──以探討臺灣治安史的結構與變遷為例〉的原
稿增修；其二〈近代臺灣警察與政經體制關係的演變──政府
中心理論的研究途徑〉是改寫自我受臺灣省諮議會之邀撰寫的
〈近代臺灣政經體制與警察關係的演變之探討〉的文稿。

　　上述二文，雖然皆在論述臺灣自原住民時期、荷蘭和西班
牙時期、鄭氏時期、清治時期、日治時期，以及中華民國時期
的臺灣治安，但是〈臺灣治安史導論──相互主體性與歷史結
構性觀點〉比較偏重在縱貫面的論述政權更迭。

　　而〈近代臺灣警察與政經體制關係的演變──政府中心理
論的研究途徑〉則是採用 1980 年代以來盛行「政府中心理論」
的研究途徑，旨在突顯當全球氣候變遷、全球金融危機、全球
犯罪組織等相關議題不斷出現之後，實有必要喚醒大家過去重
視「政府中心理論」的賦予新的政府或國家角色。亦即該是大
家為解決當前過度強調「市場有效論」所形成人類極端「自利」、
「貪婪」社會的治安問題。

　　【個案研究篇】裡收錄的〈臺灣政經與兩岸發展──相互
安全觀的和平關係新思維〉一文，主要改寫自 2006 年我在研討
會上發表的〈產業發展與國家安全的兩難困境之探討──臺灣
發展安全產業策略之芻議〉。

　　撰寫這篇論文，緣起於我在警察大學安全學系講授經濟學的關係，我曾先以〈安全產業：臺灣經濟發展與國家安全的整合性創意思考〉為題，收錄在我 2009 年出版的《臺灣創意產業與策略管理》，除了做為上課用的參考資料之外，主要係針對當時臺灣發展安全產業策略所提出自己概念性的看法。

　　現在，我另外又參酌我發表於 2001 年 12 月和 2002 年 6 月的〈戰前臺灣產業發展與兩岸經貿關係〉和〈戰後臺灣產業發展與兩岸經貿關係〉兩篇論文加以增修。由於當前的兩岸發展有了很大變化，我覺得有重新詮釋的必要。

　　〈變動中的兩岸經貿〉一文原名為〈戰後臺灣產業發展策略與兩岸關係〉，是我早期發表於國立空中大學出版的《空大學訊》，旨在分析臺灣產業發展應從以往偏重美日市場為主的策略，必須因應中國大陸改革開放的經濟發展而有所調整。

　　同時，為針對中共經濟本質的論述，我也參酌了我早期所撰寫〈意識型態與中共經濟政策（1949-1960）〉的【未刊稿】來增修本文的內容。至於，其後特別附錄的〈兩岸經貿十論〉則是我 2001 年 5 月起在《臺灣新生報》發表一系列有關兩岸經貿專題的【深度探索】文字，一共收錄了 10 小篇，內容都與我呼籲政府、企業與民間都應該一起重視兩岸經貿發展有關的議題，我把它附錄在這裡可以對照當時時空環境與現在兩岸經貿發展的相互呼應，以好充實兩岸關係的論述。

　　〈移民政治經濟論——明清時期漳商「在臺落業」的個例研究〉原是 2011 年 12 月我以〈明清時期漳商與臺灣產業結構的關係——以漳商「在臺落業」為中心的探討〉為名，發表於

「第二屆漳商論壇學術研討會」的論文，我要特別感謝盛情邀
請我參加該次研討會的漳州師院閩臺研究所的鄭鏞和鄧金文兩
位教授，雖然我後來因為時間關係未能親自赴會，但是書面論
文的審查與發表仍然非常感謝主辦單位，現在為了配合我在警
大外事學系講授經濟學課程的關係，而將題名和內容略作了修
改，希望能提供學生上課的輔助資料。

　　〈論警察的民主與人文素養——以日治中期臺灣設置議會
和新文化運動為例（1921-1937）〉，文章構想與架構是緣起於
2011 年 1 月 19 日至 23 日我參加由浦鄉義郎教授主持的日本
Hospitality Bank 研究所和臺灣中華中小企業研究發展學會共同
在日本箱根舉辦的研討會，在會議中我分別提出了社區警政與
客製型服務，和〈文化創意產業與客製型服務〉的整合性觀點
後，引發了大家對這篇論文的討論，非常感謝中華中小企業學
會理事長蕭勝彥和前國立空中大學校長黃深勳的安排，促成了
這趟豐碩的日本知性之旅。回國之後我就將該文發表於 2011 年
5 月由警察大學通識教育中心所舉辦的「現代警察應有之素養學
術演討會」。

　　〈從異質文化到多元文化：臺灣隘制、治安與族群關係的
變遷（1786-1920）〉是發表於 2012 年 5 月由警察大學通識教育
中心舉辦的「性別議題與多元文化」研討會。

　　綜合了〈論警察的民主與人文素養——以日治中期臺灣設
置議會和新文化運動為例（1921-1937）〉和〈從異質文化到多
元文化：臺灣隘制、治安與族群關係的變遷（1786-1920）〉這
兩篇論文的內容，其論述是比較偏從文化角度來分析臺灣的治

安。這一部分也是大家在研究臺灣治安史方面常比較會忽略的面向，因此我也選錄在這裡，並時刻期勉自己在這議題上的深入研究。

接續上前的努力，我正式進入撰寫《臺灣治安史》的第三階段，也就是我目前正撰擬中的《警察與國家發展：臺灣治安史的結構與變遷》，希望將來編寫成為我出版的《臺灣治安史》。

藉此，特別要感謝的是從 2011 年 10 月起，我有幸參與由警察大學警政研究所章光明教授負責綜理《臺灣地區警政發展史》的部分編寫工作，雖然我只是負責其中〈警察與國家發展〉這一章節的撰稿，但是透過撰寫過程的多次座談，和之後的分別發表於警察大學行政警察學系和桃園縣警察之友會所舉辦的研討會，我要感謝分別擔任我這兩場次研討會講評人的前警大校長顏世錫和臺灣大學政治系教授蕭全政的不吝指正。

透過多次座談和這兩場研討會的腦力激盪，讓我受益良多。現在修改之後，我把它選錄在這裡，並且配合本書內容更名為〈警察與國家：光復後臺灣地區的警政發展（1945 年以後迄今）。

我確信這樣的砥礪過程會更有助於我的撰寫《警察與國家發展：臺灣治安史的結構與變遷》，如果能順利完成而獲致某些具體成效，這將是我來到警察大學、進入「誠園」校園，從事教學與研究的最後一哩路和最大的心願。

我要感謝和珍惜我留在警大「誠園」的歲月，每當我來回走在教學大樓與研究大樓之間的長廊時，我的心頭總是會浮上自己在飽受社會風霜，中年還有機會回到學界，專任教職，重

拾年青時期的自己夢想，走上自認為要守得住寧靜淡泊的學術之路。我也彷彿依稀看到自己每每亟欲解惑這書裡某一章節的沉思身影，更常自問能為「誠園」留下些什麼？

2011 年林懷民雲門舞集在臺灣公演兩檔舞作：一檔是世界首演的《如果沒有你》，另一檔是 1997 年《家族合唱》的舊檔重建。這兩齣作品都非常具有文化創意的時代意義，《如果沒有你》我借來比喻感謝警大「誠園」的研究環境。

《如果沒有你》是由陸麗作詞、莊宏作曲，白光主唱的一首歌，歌詞其中一部分是這樣唱的：「如果沒有妳，日子怎麼過……我不管天多麼高，更不管地多麼厚，只要有你伴著我，我的命，便為你而活……」。

這歌詞代表我內心世界的誠心真意，我也常自哼著走在「誠園」的長廊；而《家族合唱》則代表著這多年來我家人、同事和好友對我的關懷與照顧，《如果沒有你》的《家族合唱》，真的我日子怎麼過，又如何能譜出生命的樂章。

真感謝、再感謝，也期望大家給我批評指教，讓我的《臺灣治安史》的整理和撰寫更紮實，而盡符合梁啟超所言：治史，惟有志毅而力勤，心果而才敏者，方能寫出一部有學術價值的史學著作。

然而，史學非我專業，我只能忝稱是一位歷史和文學的酷好者、政治經濟和管理學的教學者，和是一位臺灣戰後政治經濟發展的參與和旁觀者，卻在不知量力的最後人生旅途上，自許未來能有一部《臺灣治安史》的出版。

最後，我還是要感謝給我許多機會的長官、好友和我的家

人，特別是住居高雄，全職照顧我們年邁母親的二哥、二嫂，由於他們理解和諒解我的執著，還有內人為我營造一個適合居家生活所作的付出，我希望能拿出一點成績來。至於，本書內容和文責仍是要由我自己來承擔的。

2012 年 6 月 22 日自序於誠園研究大樓 120 室

2020 年 5 月 21 日審修於臺北蟾蜍山南麓安溪書齋

六、《警察與國家發展——臺灣治安史的結構與變遷》序

這本書寫的時間斷斷續續長達 15 年之久，對我的人生而言極具有歷史性的意義。因為，我是自從在桃園龜山中央警察大學擔任專任教職以來，我似乎注定就要從事臺灣治安史的專題研究，尤其是受到學校教學環境的影響，我在通識教育中心所開設的課程，也一直都是圍繞著與這一有關的主題。

2010 年 2 月我有了《臺灣治安制度史——警察與政治經濟的對話》一書的出版，接著 2012 年 8 月我又有了《臺灣治安史研究——警察與政經體制關係的演變》的第二本書出版。

細說這兩本書的誕生，從許多發表過論文的重新檢視，到整理付印的完成過程，我每次幾乎都有似被剝掉一層皮的感覺。因為從書的取名，就可以預知書裡內容的枯燥乏味，說自我安慰的話，是學術專業領域，是教學與研究心得。

因此每一次要彙集出書，我都要再三鼓起很大的勇氣，在

191

與出版社洽談的時候，自己總會考慮市場銷售數量有限的問題，於是我就會浮現要打退堂鼓的念頭。

可是又想，這書裡的內容都是自己累積到了一個階段的作品，如果不把它整理印出來，又總覺自己的研究工作進度好像停滯不前。為了讓自己永保不斷向前的動力，最後還是決定出版，好讓自己能繼續往前走，去探索新的研究主題。

我就是在這樣極複雜與矛盾的心境下，自己一步一步緩緩地行，走得既孤芳又自賞，我才一路走出自己陸續出版有關「臺灣治安史研究」的途徑來。我曾在我出版《臺灣治安史研究——警察與政經體制關係的演變》的自序中提到，我的撰寫與出版《臺灣治安史》三階段。

第一階段出版《臺灣治安制度史——警察與政治經濟的對話》；第二階段出版《臺灣治安史研究——警察與政經體制關係的演變》；第三階段則是本書的出版。然而，這三個階段的研究工作也將隨著本書的出版暫時畫下休止符。

雖然我曾自勉希望將來能寫出一本比較通俗版《臺灣治安史》的書，但是我深知沒有團隊支持，想要獨立完成會將是一件極具艱難的工程，不但自己必須具備很堅強的意志力、體力、財力才能勝任完成。

而且社會科學與歷史學論文撰寫方式畢竟有很大的不同，目前我尚未能準備好功夫。未來或許條件許可，採取先以《臺灣治安史略》的方式來出版，才不會給自己和出版社帶來精神上和財政上的太大壓力。

我由衷的感謝蘭臺出版社盧瑞琴社長，她不計盈虧的為我

出版有關「臺灣治安史研究」的這三本書。不止於此，蘭臺已先後為我出版的專書，還包括「文創產業類」的《文化創意與產業發展》（2007）、《臺灣經濟發展史》（2009）、《臺灣創意產業與策略管理》（2009），和《文創產業與城市行銷》（2013）等四本，乃至於未來計畫出版比較軟性，屬於我的「專欄雜文類」書稿，如《名人文化紀事——廣播稿集》、《文創漫談——專欄文集》和《拙耕園瑣記——臉書隨筆》等等。

　　回首來時路，我在 2000 年 2 月由於受到個人生涯轉折和國內政局變化的影響而轉換工作；2004 年 7 月我因為家庭因素，全家搬離溫州街的溫州公園旁公寓，住進位在萬隆蟾蜍山旁的新家，從此我得才擁有屬於自己的一間小書房。

　　細數這些年來出版的書籍，幾乎都是在這一段期間，我自己一個字一個字慢慢敲打電腦鍵盤的書寫下來。如果又遇到自己一時排解的難題，我都會利用從臺北萬隆蟾蜍山的住家，在搭車前往桃園龜山校園的途中，閉目思索、再思索而得以解惑，這其中的酸甜苦辣，只能點滴在自己心頭，這是一段我從蟾蜍山到龜山的書寫之路。

　　尤其是在撰寫《警察與國家發展：臺灣治安史的結構與變遷》的過程中，雖然我已有臺灣治安史相關研究的書寫基礎，但是還會有一些爭議性論點存在，特別是牽涉到史觀的個人看法時，往往更讓我陷入長考與苦思。因此，在第一章緒論，我特別針對臺灣治安史結構與變遷的特性，提出「相互主體性」與「歷史整合性」的新思維，主要強調臺灣是由一個移民社會所發展形塑的國家型態。

　　我接受「土地共同意識」的思維，認為只要曾經居住在臺灣這一塊土地上，無論是原住民族、漢族（閩南人、客家人）、荷蘭人、日本人，或是 1949 年隨中華民國政府來臺的所謂外省人，以及現在正快速增加中的新移民，都可以透過「相互主體性」與「歷史整合性」的庶民史觀，予以應有的人權尊重與公平對待。

　　所以，我將第二章原住民時期治安史的結構與變遷定位為民會治安；第三章荷蘭、西班牙時期定位為商社治安；第四章鄭治時期定位為軍屯治安；第五章清治時期定位為移民治安；第六章日治時期定位為殖民治安；第七章與第八章分別將中華民國治安史定位為戒嚴治安與解嚴治安；第九章結論是臺灣已逐漸走上法治治安的階段。

　　上述這些論述或許尚不完全成熟，或許也還存在部分癥結，都有待時間和新資料的檢驗與印證，但這些需要進一步釐清的爭議性觀點，都是研究者自己必須要承擔的責任。

　　藉此，我謹以本書向孕育我的這塊土地與人民致上敬意。因為有你們我才得以成長。在這領域的研究，我要特別對考試委員、臺大政治系蕭全政教授，和中央警察大學警政管理學院院長章光明教授致上敬意，這一路走來如果沒有他們兩位的鼓勵，我的臺灣治安史研究這一系列三本書，是無法順利如願來完成的。

　　最後，我要感謝這麼多年來中央警察大學校提供我研究的環境，和師生同仁的相互砥礪。尤其我要對特別厚愛我的長官朱拯民校長、謝秀能校長、刁建生校長，表示由衷誠摯的感恩之意，他們都有過要安排我接任行政上的主管職務，他們也都能包容和成全我要專心致力於教學與研究的心願，他們在我人

生旅程的這段學術研究途中，增添了不少光彩的歷史記憶。

2015 年 6 月 25 日自序於警察大學誠園研究室

2020 年 5 月 22 日審修於臺北蟾蜍山麓安溪書齋

七、《臺灣政治經濟思想史論叢(卷一)：資本主義與市場篇》序

　　在這本論叢的書裡所收錄 16 篇論文，都是我在大學裡教書的研究心得，內容主要都是與臺灣政治經濟發展的歷史有關。尤其在 2000 年 5 月臺灣出現第一次政黨輪替前的 3 個月，我就回到學校擔任專任的教學與研究工作。如今匆匆又是已是過了 20 個年頭。

　　回顧過去從事的工作與教職，都離不了政府與政策相關的領域，我把這些多年來自己的所思所得，不論是發表的論文，或是講演稿，我利用這次出版的機會，重新審修，不只是修改表面文字，而是增修整體內在意涵的質量，終得彙整成這本論文集。

　　檢視從這 16 篇論文篇名似乎顯得有點龐雜，我覺得有必要在此將其內容稍加敘述，好幫助讀者能夠儘快進入本書所要表達的要點。基本上，我將其分為以下三大部分。

　　第一大部分是屬於【臺灣政經發展的通史】部分，包括〈資本主義與臺灣產業發展〉、〈兩岸經貿史的結構與變遷〉、〈近代經濟思潮與臺灣經濟特色〉、〈近代臺灣地方自治與治安關係〉，

195

和〈臺灣警察法制歷史的省察〉等 5 篇。

　　〈資本主義與臺灣產業發展〉與〈近代經濟思潮與臺灣經濟特色〉是我在臺北教育大學講授《經濟學》和《經濟思想史》的教材與上課心得。其中〈資本主義與臺灣產業發展〉曾發表於 2003 年 9 月佛光大學《華人經濟研究》第 1 卷第 2 期;〈近代經濟思潮與臺灣經濟特色〉曾發表於 2007 年 12 月中央警察大學「第三屆通識教育中心教學觀摩會」。

　　《經濟學》這門課程,我從古典、新古典、凱因斯、後凱因斯的經濟學派觀點加以論述,並對照臺灣歷史每一階段的經濟特性。

　　《經濟思想史》我是從地中海時代前資本主義發展、大西洋時代早期資本主義發展,到太平洋時代現代資本主義發展的三個階段,對照臺灣農業資本主義、工業資本主義,到服務業資本主義的發展。

　　〈兩岸經貿史的結構與變遷〉是我在臺北商業大學授課和發表在該校學報的論文彙整而成。我將兩岸經貿的關係,從原住民時期土著資本為主的兩岸閉塞關係、荷西臺灣時期荷蘭資本為主的兩岸獎勵關係、明清時期英美資本為主的兩岸隔離關係、日治臺灣時期日本資本為主的兩岸轉移關係、國共內戰時期國府資本為主的兩岸依存關係、蔣介石執政時期美援資本為主的兩岸對抗關係、蔣經國執政時期臺灣資本為主的兩岸對峙關係,到李登輝執政時期國際資本為主的兩岸調整關係。

　　〈臺灣警察法制歷史的省察〉與〈近代臺灣地方自治與治安關係〉是我在警察大學講授《臺灣政經發展史》、《臺灣治安

史》和《經濟學》的教材、應邀講演，和論文發表的彙整。

〈臺灣警察法制歷史的省察〉主要內容分別敘述原住民村社治安法制、荷西商社治安法制、東寧軍屯治安法制、清治移墾治安法制、日治殖民治安法制，和國治戒嚴治安法制和國治轉型治安法制等七個階段。〈近代臺灣地方自治與治安關係〉亦是從上述這七個階段論述地方自治與治安之間的關係。

第二大部分是屬於【臺灣政經發展的斷代史】部分，包括〈荷鄭時期臺灣經濟政策與發展〉、〈明清時期漳商在臺落業發展之探討〉、〈清治時期臺灣經濟政策與發展〉、〈臺灣方志文獻的治安記述〉、〈臺灣隘制、治安與族群關係的變遷〉，和〈日治中期臺灣設置議會與新文化運動〉等 6 篇。

〈荷鄭時期臺灣經濟政策與發展〉與〈清治時期臺灣經濟政策與發展〉是我在空中大學商學系授課和學報發表的論文。〈明清時期漳商在臺落業發展之探討〉則是我應邀參加漳州閩南師範大學舉辦閩南跨文化學術研討會發表的論文。〈臺灣方志文獻的治安記述〉、〈臺灣隘制、治安與族群關係的變遷〉，和〈日治中期臺灣設置議會與新文化運動〉是我在警察大學通識教育中心舉辦研討會發表的一系列論文。

第三大部分是屬於【戰後臺灣政經發展】的部分，包括〈戰後初期吳新榮的政治參與與文學創作〉、〈臺灣企業與政府之間的關係〉、〈戰後臺灣政經體制與產業發展的演變〉、〈臺灣政經發展策略的探討〉，和〈全球化與臺灣經濟發展〉等 5 篇。其中〈戰後初期吳新榮的政治參與與文學創作〉、〈臺灣企業與政府之間的關係〉和〈全球化與臺灣經濟發展〉是我參加國內大學

研討會發表的論文。

〈戰後臺灣政經體制與產業發展的演變〉是我應臺灣綜合研究院的講演稿，並刊登在該院發行的《兩岸前瞻》。至於〈臺灣政經發展策略的探討〉一文則是發表於兩岸剛開放不久，在上海舉辦的學術研討會，我本人未便親自前往，改由當時企業研究發展學會的莊志政、陳世宗等兩位副理事長代為報告的論文。

總結我出版的這本論叢，主要圍繞的一個重要主題，就是論述資本主義與戰後臺灣實施計劃性自由經濟的政經發展經驗。臺灣在這近一個世紀裡以來，深受 1919 年胡適在《每周評論》發表〈多研究些問題，少談些主義〉，以及孫中山主張「民生主義」的影響，資本主義（capitalism）這一名稱和市場經濟理論在臺灣是遭到壓制，乃至於沒有專門學術單位作其專業主題的研究。

相對於西方而言，資本主義名稱早已響徹雲霄，有關其思想理論的論著也已經汗牛充棟。當然，對資本主義的論述有多面向的不同研究途徑，畢竟早期資本主義理論與市場實際上只存在於西歐和美國等少數地區，其他的廣大地區並沒有資本家、沒有工業，普遍只有地主和農人之分。

然而，臺灣自 16 世紀以來，就已逐漸接觸並融入資本主義市場經濟的生活圈。凱因斯（J. M. Keynes）指出，人類有些價值的活動，需要有賺錢的動機，和具備私有財產權的環境才能產生效用，也因為賺錢機會和私人財產的存在，人類的危險性格或許會發展成為殘暴、不顧一切追逐個人權勢，或其他形式

的自大狂。我們寧可看到一個人對銀行存款為所欲為，而不願看到他對同胞手足為所欲為。雖然有時人們以為前者是後者的手段，但至少有時前者也事後者的替代。

檢視資本主義的制度，其實是一混合經濟體制的概念，就整體意義而言，到了 1990 年代，它已然成為全世界獨一無二所共同接受的經濟生活型態，只是程度深淺的不同而已。

隨著臺灣經濟自由化、政治民主化、社會多元化，以及蘇聯解體的共產主義式微，對於當前資本主義市場經濟已經能夠較為世人所接受，我們除了還原資本主義的真面目以外，對於資本主義思想的「善」與「惡」，和實施資本主義制度結果的「利」與「弊」，更該有深一層的認識和體驗，當有助實現臺灣追求民主政治、自由經濟、公民社會和多元文化的目標。

我完全可以接受貝爾（Daniel Bell）在他 *The Culture Contradictions of Capitalism* 一書中，其所描述自己曾經是為「經濟學上的社會主義者，政治上的自由派，以及文化上的保守主義者」的觀點。

回首青少年時期的我，由於完全生活在農村的鄉下長大，高中時期到了城市裡念書，才開始懂得比較城市與鄉下小孩和家庭環境的差異，開始感受到家裡經濟上的窘境，和感受到貧富生活的差距和不公平，對自己的所處環境有了不同的想法，而在經濟上的傾向社會主義思想。

那個年代臺灣正是蔣介石總統主政下的硬式威權主義時期，我的啟蒙思想已經明顯受到自由主義思潮的影響，尤其是 1970 年代進入大學念書之後，我的政治思想就是反權威、反束

縛、反禮教的傾向，自認為是一位不可救藥的樂觀政治自由主義者。

在文化上，自少年時期受到中華文化教育的影響，孔孟的儒家思想，是我家庭和社會倫理觀念的重要養成。傳統儒家的禮教形塑我成為一位文化上的傳統保守主義者。雖然我在學生時代花費了很長一段時間研究「胡適思想」，對中華文化「全盤西化」也充滿了憧憬，也努力嘗試發表了多篇的文字。

然而，隨著工作轉移，和歲月增長的關係，我在政經思想上也都隨著環境的改變而不斷的做調整。臺灣在戰後從日治臺灣的被日本殖民，轉變成中華民國的一省，特別是在 1949 年 12 月中華民國中央政府撤退來臺，整個大外在環境受到很大的衝擊，三民主義思想成為教育的核心元素。

1980 年代以後，臺灣社會逐漸走向開放和民主化，政黨輪替已成為正軌，中國國民黨主張的三民主義思想和教育，已完全被資本主義市場經濟所取代。

資本主義有一個極為簡單的命題，可以由多元面向來加以分析，臺灣社會流行這麼一句開玩笑的話：「有些立法委員白天在立法院為人民的生活社會主義大聲疾呼；晚上卻是在酒店唱歌飲酒為自己的市場資本主義大力倡導。」

就誠如林語堂說的：「依我看來文學的功用是在使我們看得人生更其清晰，更其正確，更其明瞭，更其同情。但是人生過於複雜，不能以一種主義去一言以蔽之。」

如今，資本主義市場經濟的思想已成為一股不可逆的潮流，縱然它存在著有許多令人極為不滿意人的缺點。特別是 2011

年美國發生的「佔領華爾街」（Occupy Wall Street）運動，及其他世界各地其他抗議者所欲傳達的信息，凸顯資本主義市場經濟有必要再次加以調整，政治經濟思想的理論與政策也到了必須有所變革的時刻。

在這一期待的日子裡，何時能讓我們的普羅大眾「有感」，看似仍然遙遙難期。但我們真實的生活裡還是必須接納它，與他相處。期望這本論叢我所闡述的粗淺觀點，能幫助讀者對資本主義的本質有些了解。

本書的出版，我要感謝元華文創公司總編輯兼總經理蔡佩玲對本書出版的支持，和主編陳欣欣的協助文字編輯。我也藉這機會要感謝家人對我的諒解，讓我有較多的時間，專注於我喜歡的閱讀與書寫工作。我也期望讀者不吝給我指教，讓未來我在書寫《臺灣資本主義發展史》的內容上更加充實。

最後僅將此書獻給先父和今（2020）年 7 月 11 日周年忌、享年 102 歲母親，感謝他們的教養之恩。

2016 年 9 月自序於臺北城市大學圖書館

2020 年 8 月 5 日審修於蟾蜍山南麓安溪書齋

八、《臺灣政治經濟思想史論叢(卷一)：資本主義與市場篇》（簡體電子書）序

2017 年 1 月我的《臺灣政治經濟思想史論叢》在臺灣正式

出版之後，現在經過了 3 個月的時間，出版公司就決定為我再
發行簡體版《臺灣政治經濟思想史論叢》，真令我感到一則是
喜，一則是憂。

我喜的是，這麼一本專門研究臺灣政經體制思想的著作，
或許可以凸顯探討「臺灣學」的書籍，在學術研究的主題上，
還是保有它一定的鮮度與熱度，代表著大家還是關心臺灣的政
治經濟發展。

我憂的是，當前臺灣出版市場正陷入普遍低迷的困境，為
我出版這類的書籍，一定要是具有非常出版家使命的勇氣。否
則，假設只是一般的書商，是沒有人會願意做這種賠錢生意的
投資。

我細數，自己投入研究臺灣政經體制思想相關論題的時
間，屈指算來，已近 40 年之久。精確地說，我應該是從我於 1978
年 12 月，有幸開始在黨政機關服務起，之後我在 2000 年轉入
大學專任教職，截至 2016 年我從學校屆滿服務年限退休下來。
在這麼長的一段時間裡，我都未曾離開過，參與國家建設的發
展議題，特別其中有關政策方面的研究、規劃與運作。

1951 年，我出生於臺灣臺南，祖籍是福建安溪。回溯從我
17 歲發表第一篇散文起，迄今整整的 50 年。我常自我比喻，我
是用一手寫自述性散文詩，一手寫臺灣政經體制論述。我實在
很難去區分，它們各占我多少時間的糾葛。因為，在我每一個
工作的階段，都將其視為我人生最重要階段的閱讀與書寫，它幾
乎耗盡了我的全部時間，那也是我享受努力工作與生活的樂趣。

我開始在外工作以來，正如我在本書裡所提到的，1970 年

代末期的臺灣，在國家政經體制上，已從蔣介石「硬式威權主義」（hard authoritarianism），逐漸調整為蔣經國「軟式威權主義」（hard authoritarianism）的階段。

1972 年，蔣經國出任閣揆，在政治方面，蔣經國擴大臺籍人士參與決策，在重要閣員中，蔣經國除了繼續倚重財政部長李國鼎、經濟部長孫運璿，在臺籍人士包括：副院長徐慶鐘、內政部長張豐緒、交通部長高玉樹（非國民黨籍），還特別指派謝東閔出任臺灣省主席。在經濟方面，蔣經國採取「凱因斯式」（Keynesian）的經濟政策，積極擴大公共基礎工程，和推動十大建設，以創造完整工業體系的產業轉型。

1975 年，身兼總統與黨總裁的蔣介石過世，1976 年，蔣經國出任中國國民黨主席，1977 年，臺灣舉辦五項公職人員選舉，爆發選戰糾紛的「中壢事件」，1978 年 5 月，嚴家淦總統任期滿，蔣經國、謝東閔分別就任正、副總統。此後，蔣經國所推動一系列政經體制的改革過程中，我也因為工作性質的關係，風雲聚會地參與其中。

這幾十年下來，讓我有實際的機會，貼近的觀察到臺灣重要國家體制的轉型與發展變遷。因而，我服膺凱因斯（J. M. Keynes）經濟理論，其所被採用在美國總統羅斯福（Franklin D. Roosevelt）「新政」（New Deal）的項目中，有效地協助美國政府解決了大量失業的經濟問題。

我在這段時間裡，也同時接受制度經濟學大師諾斯（D. C. North）的《制度、制度變遷與經濟成就》（*Institutions, Institutional Change and Performance*）理論，尤其是他針對政府角色所特別

指出，政府的強制力量，在調和公私利益的差距而建立財產權
上有發揮功能的機會；但是當政府的力量未受節制時，卻往往
又成為破壞財產權的主因。這凸顯政府角色有如刀的雙面刃，
它具有經濟職能效果，和政治體系失能的兩難矛盾（dilemmas
paradox）。

2000 年 2 月，我轉任大學教職，3 月，國民黨在總統大選
中落敗，5 月，民進黨政府開始執政，臺灣政經發展出現第一次
的政黨輪替。這時候也正是我在大學講授「臺灣政經發展史」、
「臺灣治安史」等課程的階段。我的臺灣政經體制思想研究重
心，也開始從 1945 年戰後的主題，延展於二次大戰前，乃至於
臺灣四百年來政經體制的發展與變遷。我就這樣一路在校園的
研究與教學環境中，嘗試建構起我自己對於臺灣政治經濟思想
史體系的觀點。

因為有這樣人生難得的工作與教學經驗，我更利用參加國
內、外研討會和刊物，發表了這一系列有關主題的論文。現在
我也才有機會將我多年來累積的心得，彙集成書。讀者不難看
出，我將本書分成「臺灣政經發展通史」、「臺灣政經發展斷代
史」和「戰後臺灣政經發展」三大部分，並從 16 篇的論文中，
梳理臺灣政治經濟發展的歷史軌跡，將不難觀察出我極為關注
兩岸政經互動關係的發展與變遷。

我猶記得 1978 年 5 月 20 日，蔣經國就職中華民國總統的
當天，美國總統卡特（Jim Carter）雖派有特使團來臺祝賀，但
白宮國家安全顧問布里辛斯基（Z. Brzezinski）亦同時抵達北京
訪問，兩岸與美國之間的關係已呈現空前微妙與緊張狀況。隔

年 1 月 1 日，美國正式承認中華人民共和國是中國唯一合法政府，並且結束了美國自 1950 年代冷戰以來與中華民國的外交關係，這對臺灣政經發展造成很大的衝擊。

相對地中國大陸的政經發展，根據傅高義（E. F. Vogel）在《鄧小平改變中國》（*Deng Xiaoping and the Transformation of China*）一書中的〈自序〉指出，1978 年後中國轉型的本質、改革與抗拒改革的力量，有千百萬的中國人親身參與 1978 年開始的改革開放。可是站在制高點上，引領變局的是鄧小平。

迄今（2022）的 40 多年時間過去了，兩岸關係的政治經濟已產生了很大的變化。隨著大陸國家主席習近平的率團訪問美國，國際強權儼然成為中國與美國的兩強態勢。正如我在本書中的指出，臺灣戰後的兩岸關係已從開始的對抗、對峙，調整到「九二共識、一中各表」的共識。惟 2016 年民進黨執政的蔡英文政府。對此共識尚存不同思維，導致兩岸關係和平發展的道路，陷入「倒退嚕」的嚴峻考驗。

環視當前全球走向西方資本主義市場的道路已不可擋，包括臺灣與中國大陸經濟的發展亦都無法置身於外。然而，實施資本主義國家也都出現了輕重不同程度的貧富不均；還有跨國企業奉為上策「以大吃小」的「叢林法則」，致使中小企業利潤，或低度開發國家資源受到嚴重的被剝奪慘境，這也正是描述極端資本主義或極端社會主義「鐘擺效應」（pendulum effect）弊病的寫照。

現代社會，誠如胡適所說：「如果有知識、有能力的人，都不願意投身政治，民主制度不會有希望。」我們不能只期望出

現有效能的政府，來制衡資本主義市場經濟失靈和失序的現象。因為，這不足以因應當前全球資本主義迷失，其所造成嚴重社會與文化價值的混亂。

檢視臺灣和中國大陸的政經體制思想，正如我在本書裡特別指出，都深受儒家歷史文化的影響。未來兩岸締造關係的發展，當可以思考共同尋求，富有「儒家主義」特色的政治經濟思想制度，來整合「中國特色資本社會主義」與「臺灣特色社會資本主義」的相輔相成，乃至於達到有普世價值的國度。

如果本書的發行簡體字版，能作為海峽兩岸政治經濟思想界的橋樑，以有助於兩岸關係的和平發展，這是本書出版的最大意義，也是我的深切盼望；我更期待我未來的《臺灣政治經濟思想史論叢》（卷二），也能在最短的時間內與大家見面。

最後，我要再度的感謝元華文創公司蔡佩玲總經理，和她所領導的工作團隊。沒有她們的努力，這本書是無法完整地，以簡體版呈現在大陸讀者的眼前。當然，在文字內容上的責任，是由我本人應該自己負責的，我也誠摯希望大家不吝指教。

2017 年 4 月 8 日自序於臺北萬隆安溪書齋

2022 年 3 月修稿於臺北城市大學圖書館研究室

九、《臺灣政治經濟思想史論叢(卷二)：社會科學與警察篇》序

1987 年起，我開始在大學任課，先兼任後專任的前後時間，

到 2016 年我一政府法規的規定屆滿 65 歲退休，剛好整整 30 年，也是我人生歲月中書寫最勤和收穫最多的時光。

　　我檢視在這階段教學與研究的服務期間，我發表的文字除了學術專書、教學講義、專欄文字，和講演稿之外，針對臺灣政治經濟和管理思潮方面所累積發表的論文，也已超過百萬字之多。

　　於是我自退休日起，在我人生智慧和經驗最豐富的向晚時刻，我決定審修這一部分的文字稿，經過整理所留存的約百萬字，我將書命名《臺灣政治經濟思想史論叢》，並分卷全部交由元華文創公司印行。

　　目前《臺灣政治經濟思想史論叢》（卷一）的繁體版紙本書、簡體版電子書已於 2017 年初分別出版和上架。《臺灣政治經濟思想史論叢》（卷二）、（卷三）也將分別於 2018 年和 2019 年分期出版，希望都能很快就可以和讀者見面。

　　有關《臺灣政治經濟思想史論叢》（卷二）、（卷三）的內容分類，亦採取與（卷一）相同方式，也都分別分為三大部分加以編排。（卷一）是分【臺灣政經發展的通史】、【臺灣政經發展的斷代史】、【戰後臺灣政經發展】；（卷二）是分【臺灣政經發展的社會性思維】、【臺灣政經發展的文化性思維】、【臺灣政經發展的安全性思維】；（卷三）是分【臺灣經驗與近代中國發展】、【臺灣觀點與治安史書寫】、【臺灣企業與中國式管理】。

　　以下我謹就（卷二）所分為【臺灣政經發展的社會性思維】、【臺灣政經發展的文化性思維】、【臺灣政經發展的安全性思維】

等三大部分的篇文細目來分別加以介紹。

第一大部分的【臺灣政經發展的社會性思維】共分：

1.〈臺灣商業社會的發展與變遷〉，是我於 2010 年 1 月 27 日發表於廈門大學人文學院舉辦的「明清以來傳統文化與中國社會經濟史研究論壇」；同時，本文內容主要分別修改自 2005 年 6 月國立空中大學發行《商學學報》第 13 期的〈臺灣清治時期的經濟政策與發展（1683-1895）〉，和 2006 年 7 月第 14 期的〈重商主義的中挫：臺灣荷鄭時期經濟政策與發展〉二文的原稿。

主要內容敘述商業社會發展的意義、荷西時期商業雛型與原住民社會、東寧時期商業轉型與漢人社會，和清治時期商業社會的抑制與復萌。

2.〈清治時期臺灣近代化的產業革命（1860-1895）〉，是我發表於 2008 年 7 月 5 日至 7 日在福州市由閩江學院舉辦的「2008 年海峽兩岸學術研討會」，謝謝評論人閩江學院管理學系主任王賢斌教授的指正。

主要內容除了敘述經濟發展理論的研究途徑之外，特別論述 1860 年代前後的臺灣政經情勢，沈葆楨、劉銘傳與臺灣近代化政策，還有官僚資本主義中挫及其影響。

3.〈明清時期臺灣社會土著化與文化發展〉，是我發表於 2012 年 11 月 20 日漳州師院閩南文化研究院舉辦的「2012 閩南跨文化學術研討會」。

主要內容除了敘述地緣經濟的研究途徑之外，還針對閩南人移墾與臺灣社會土著化、閩南文化的形成與發展加以論述。

4.〈清治時期臺灣紀遊文獻的社會意涵〉，是我發表於 2014
年 5 月 24-25 日在臺北舉辦的「2014 年海峽兩岸檔案暨微縮學
術交流會」；又 2014 年 6 月 9 日中華檔案暨資訊微縮管理學會
舉行第 11 屆第 4 次理監事聯席會承蒙理事，現任中央研究院近
代史研究員朱浤源教授的指教。

主要內容除了敘述紀遊文獻的意義，和介紹清治臺灣紀遊
文獻之外，也論述了清治時期紀遊文獻的社會意涵。

第二大部分的【臺灣政經發展的文化性思維】共分：

1.〈臺灣經濟發展的倫理觀〉，該文部分內容是我曾以〈經
濟倫理之意涵──兼論警察在自由市場中的角色〉為名，發表
於 2005 年 11 月 22 日由中央警察大學通識教育中心所舉辦的
「通識教育與警察倫理學術研討會」。

主要內容除了敘述經濟倫理的意涵、市場與政府的整合性
角色之外，並且針對臺灣經濟發展中的倫理議題加以分析。

2.〈資本主義與臺灣媽祖文化信仰〉，是我曾以原名〈臺灣
明清時期媽祖文化與市場經濟之探討〉，發表於 2005 年 9 月 4
日由中華媽祖文化產經慈善發展協會和中國海洋大學中韓海洋
文化中心舉辦的「2005 年媽祖文化國際學術研討會」。

主要內容除了敘述資本主義經濟的三個研究面向、媽祖信
仰的臺灣歷史意義之外，也分析媽祖信仰與臺灣物質生活、媽
祖信仰與臺灣經濟生活、媽祖信仰與臺灣經濟世界。

3.〈臺灣媽祖文化與近代企業的形成〉，是經過我曾在 2007
年 10 月 31 日以〈如何提升臺灣文化產業〉為題，在臺北中華
科技大學發表的講演稿，和我於 2005 年 12 月 11 日與 2007 年

11 月 25 日分別在中華媽祖文化產經慈善發展協會所舉辦「媽祖
文化產業與兩岸互動之關係」、「文化交流與兩岸關係」座談會
上的發言稿，綜合彙整成篇，並於 2008 年 11 月 28-29 日發表
在上海社會科學院所舉辦的「第二屆海峽兩岸媽祖文化學術研
討會」。

　　本文主要透過社會資源移轉性的研究途徑，分析西方企業
公司發展歷史變遷、臺灣媽祖文化與近代企業形成，和臺灣媽
祖文化與企業文化。

　　4.〈媽祖文化圈與東亞海域經貿發展〉，是綜合我於 2006
年 10 月 12 日至 16 日，與 2009 年 12 月 12 日應發表於中國上
海社會科學院之邀，分別假上海市和寧波市舉辦的「海峽兩岸
媽祖文化」學術研討會。並收錄於 2010 年 8 月由北京中國文史
出版社發行的《海峽兩岸媽祖文化學術研討會論文集》，現在我
將文字做了部分修改。

　　本文主要透過經濟區域發展的研究途徑，來分析媽祖文化
圈的歷史意義和東亞海域經貿發展的變遷。

　　第三大部分的【臺灣政經發展的安全性思維】共分：

　　1.〈臺灣發展安全產業的政經分析〉的部分內容，我曾發
表於 2006 年 11 月 29 日由中央警察大學通識教育中心所舉辦的
「第二屆中央警察大學通識教育中心教學觀摩會」，題目是〈經
濟發展與國家安全的兩難困境探討──臺灣發展安全產業策略
之芻議〉。

　　本文主要藉由均衡理論發展與應用，檢視安全產業定義與
範圍，並針對臺灣發展安全產業策略加以分析。

2.〈經濟與警察的安全性整合論題〉的部分內容，我以〈論經濟學與警察學的整合發展之研究〉為題，發表於 2006 年 5 月 30 日中央警察大學通識教育中心舉辦之「通識教育與警察」學術研討會。後續又增新內容以〈再論經濟學與警察學的整合發展之研究〉為題發表。

本文主要透過經濟學與警察學科際整合研究途徑，來分析經濟與警察的安全性整合論題。整合論題包括賭場合法化、警察教育的公費補助等十三項論題。

3.〈日治時期臺灣經濟政策與發展〉，是我曾發表於 2004 年 5 月 25 日中央警察大學通識教育中心所舉辦的「第一屆通識教育與警察」學術研討會。

本主主要透過殖民化經濟理論的研究途徑，將日治臺灣經濟政策與發展的分為「工業日本農業臺灣」與「工業臺灣農業南洋」的經濟政策與發展。

4.〈戰後臺灣警察與國家發展的關係〉，是我於 2011 年 11 月 7 日發表於桃園縣警察之友會辦理「臺灣警政回顧」成果發表會，後收錄 2013 年 10 月內政部警政署與中央警察大學出版的《臺灣警政發展史》一書。

本文主要透過臺灣光復後警察與政黨、行政與立法之間的權力互動、消長，來論述警政與國家發展的關係，並依其不同歷史性結構發展分為：民國 34 年（1945）至 76 年的「以軍治警」，和民國 77 年（1988）至今的「民主法治」等兩個重要時期。特別是臺灣在民國 76 年（1987）解嚴之後迄今，經過國家體制的轉型和民主化，警察功能也因 2002 年警備總部的裁撤而

脫軍人化，逐漸走向行政中立化和專業化的時代。

本書《臺灣政治經濟思想史論叢》（卷二）的出版，誠如我在（卷一）的〈自序〉中提到，資本主義市場經濟的思想已成為一股不可逆的潮流，縱然它存在著有許多令人極為不滿意的缺點。換言之，當前實施資本主義國家的政治經濟理論與政策也到了必須有所變革的時刻，臺灣亦不能置身事外。

最後，本書的出版，我還是特別要感謝元華出版公司總經理蔡佩玲、陳欣欣主編，和她們編輯團體的協助，得以使本論叢完美的呈現在各位讀者面前。

2017 年 12 月自序於臺北城市大學圖書館研究室

2020 年 9 月 6 日審修於蟾蜍山南麓安溪書齋

十、《臺灣政治經濟思想史論叢(卷二)：社會科學與警察篇》簡體書序

2017 年 1 月，我的《臺灣政治經濟思想史論叢》（卷一）繁體版紙本，和 4 月簡體版電子書分別在臺灣出版和上架。經過 1 年之後，現在的（卷二）繁體版紙本，亦已由同一出版公司於今（2018）年 2 月在臺北正式發行，而它的簡體版電子書形式亦即將完成，準備上架。

在這一個有意義的出版時刻，身為這《論叢》系列的作者，我願藉此機會，為本書的內容作再做進一步的敘述與回顧。

本（卷二）共分為【臺灣政經發展的社會性思維】、【臺灣政經發展的文化性思維】和【臺灣政經發展的安全性思維】等三大部分，計 12 篇論文，約 30 萬字。每一篇文字我都曾先後發表在兩岸分別舉辦的學術研討會，而上述論文有一個共同的特色，就是我都採取跨學科領域研究的撰寫而成。

其中在大陸發表的 6 篇論文，包括〈近代臺灣商業社會的發展與變遷〉、〈清治時期臺灣近代化的產業革命（1860-1895）〉、〈明清時期臺灣社會土著化與閩南文化發展〉、〈資本主義與臺灣媽祖信仰〉、〈臺灣媽祖文化與近代企業的形成〉、〈媽祖文化圈與東亞海域經貿發展〉。

另外 6 篇，包括〈清治時期臺灣紀遊文獻的社會意涵〉、〈臺灣經濟發展的倫理觀〉、〈臺灣發展安全產業的政經分析〉、〈經濟與警察的安全性整合論題〉、〈日治時期臺灣經濟政策與發展〉、〈戰後臺灣警察與國家發展的關係〉，則是我在臺灣參加學術研討會所發表的論文。

在這裡，我除了要感謝臺灣舉辦學術研討會的學校和單位之外，我特別要對中國大陸的上海社會科學院王宏剛研究員、廈門大學鈔曉鴻教授、福州閩江學院王賢斌教授、青島中國海洋大學曲金良教授、寧波慶安會館黃浙蘇館長，以及漳州閩南師範大學陳慶元、鄧文金教授等人及其所屬單位的邀約，讓我有機會得於 2008 年至 2012 年的期間前往中國大陸，展開我的文化踏查之旅和學術交流活動。

現在這 12 篇論文，經過我參考研討會中評論教授所提出一些的不同看法之後，並加以修改潤飾而成。如今，我將其完整

213

地以電子書呈現在大家眼前,敬請讀者不吝賜予指正。

2018 年 2 月自序於臺北蟾蜍山麓迎風樓安溪書齋

十一、《臺灣政治經濟思想史論叢(卷三):自由主義與民主篇》序

　　2017 年,我自應聘臺北城市大學榮譽教授起,我的閱讀、學思與書寫生涯,又轉進了另一種全新的心境,希望能集中全部心力於學術思辨與論述建構。回溯我自 2000 年 2 月開始到中央警察大學專任教職之後,我就專心於教學與研究的工作,不再參與任何政黨活動,或為人作嫁的行政職務,乃至於選舉的助選工作。

　　我也從 2016 年 8 月自中央警察大學退休之後,就決定不再擔任指導學生撰寫論文,和要求自己儘量減少在研討會上發表論文。我之所以決定這麼做,主要是因為我越來越感受到自己已經從 65 歲以後的向晚,逼近 70 歲的古稀寶貴時光,我已經是進入與時間的競賽,我實在沒有太多的時間和體力,分神於不是屬於臺灣治安史領域,和龐雜於撰寫臺灣政治經濟思想史專書以外的事情了。

　　現在我專心致力的閱讀與書寫,只保留我繼續在臉書與群組上的自述性文字,和報紙上的專欄評論。其他時間我都花在整理和增補自己的舊作文稿,以備全力完成這套,目前正審修的《臺灣政治經濟思想史論叢》。

很高興地，我已經如願如期出版了《臺灣政治經濟思想史論叢》（卷一）與（卷二）的兩本書，目前（卷三）又即將出版發行，而且呈現在各位讀者眼前，心中自有滿分的喜悅。我特別藉此機會，針對（卷三）中所收錄的我每一篇論文，稍作背景的敘述。

（卷三）在編排上，仍採取與（卷一）、（卷二）的相同方式分類，惟在主題方面分別為【臺灣經驗與近代中國發展】、【臺灣觀點與治安史書寫】、【臺灣企業與中國式管理】等三大部分。

第一大部分【臺灣經驗與近代中國發展】，主要敘述我對於臺灣與中國大陸關係的連結，篇目包括：

1.〈我撰寫《近代學人著作書目提要》的心路歷程〉，是我1987年7月10日發表於《大華晚報》，原篇名是〈我構思撰寫《近代學人著作書目提要》的經過〉。這篇的內容有如自述性文體的記憶書寫，旨在敘述我在大學時期對於學術研究的充滿熱忱，回顧自己的未能堅持完成，如今直感汗顏。

因此，我在本文的內容儘量保留原有文字的敘述，對於近年來有關胡適著作的出現與大量整理出版，相較之下，我的這篇文字在整體資料的蒐集與編寫明顯有所欠缺，但也凸顯在30年前我就已經針對胡適著作有了深入探討，我把自己大學時代研讀圖書館學方法做了一次大膽的嘗試。

2.〈1950年代前後臺灣「胡適學」研究與自由主義思潮〉，是根據我1972年6月發表於輔仁大學《圖書館學刊》創刊號的〈胡適之先生著作書目提要〉，和1973年2月16日發表於輔仁大學圖書館學系所刊行《耕書集》第8期的〈《胡適留學日記》

底透視〉的兩篇舊稿增修而成。

　　對於胡適在學術上的成就，絕不是我這一篇短短的文字所能完整敘述，我只能聚焦在論述 1950 年代前後，胡適對於當時中華民國的處境，及其思想對臺灣學術發展的影響。

　　希望未來有機會能再有所增修，特別是針對近年來中國大陸所整理出版有關於胡適早年一系列的檔案和文獻，如 1998 年由北京中國社會科學出版社出版，耿雲志編的《胡適論爭集》等爭論性議題，以及 2003 年由安徽教育出版社出版的《胡適全集》（共 44 卷）等作品。

　　3.〈近代臺灣發展本土化的變遷〉，是我 2003 年 7 月發表於國立空中大學《商學學報》第 11 期。原篇名〈臺灣經濟發展在地化與國際化〉，我為了將「在地化」的涵義敘述得更明確，覺得使用「本土化」不但可以凸顯近代以來，臺灣發展的「相互主體性」與「歷史結構性」特性，更能貼近我以中華民國史觀，或「一個中國框架」的論述《臺灣治安史》和《臺灣政治經濟思想史》。因此，我幾乎重寫了這篇〈臺灣經濟發展在地化與國際化〉的文字內容。

　　4.〈中華民國大陸時期警政發展（1912-1949）〉，是我 2009 年 11 月 17 日發表於中央警察大學通識教育中心所舉辦「通識教育與警察人才培育」的學術研討會，感謝警大警政管理學院院長章光明教授的提供卓見。

　　這是我以「相互主體性」和「歷史結構性」論述臺灣治安史的研究途徑，我覺得增列中華民國在大陸時期這一段治安史發展的敘述，讓我建構《臺灣治安史》的書寫能更加完整。

　　第二大部分【臺灣觀點與治安史書寫】，主要敘述了我的臺灣治安史論述，篇目包括：

　　1.〈我的臺灣治安史研究、教學和書寫〉，是我發表於 2013 年 11 月 5 日中央警察大學通識教育中心舉辦的「警察通識教育與人文學術研討會」。這篇文字旨在敘述，我自 2000 年 2 月到中央警察大學專任教職之後的教學與研究歷程，感謝時任警大行政警察學系主任葉毓蘭的評論。

　　2.〈臺灣治安史檔案文獻探討〉，是我於 2013 年 7 月 8 日發表於中華檔案暨資訊微縮管理學會在臺北舉辦的「2013 年海峽兩岸檔案暨微縮學術交流會」。感謝該學會理事長、前警大警政所所長吳學燕教授的邀約，讓我多年來研究與撰寫《臺灣治安史》的參考文獻，得以論文的單篇方式發表。

　　2015 年 11 月我更以該文為基礎，彙整出版了《警察與國家發展——臺灣治安史的結構與變遷》一書。這書是我繼 2010 年 2 月出版《臺灣治安制度史——警察與政治經濟的對話》，和 2012 年 8 月出版《臺灣治安史研究——警察與政經體制關係的演變》之後的第三本有關於臺灣治安史系列的叢書。

　　3.〈臺灣傳統治安史的分析（1624-1895）〉，是我 2008 年 5 月 27 日發表於中央警察大學通識教育中心舉辦的「警察通識與警察專業學術」研討會，感謝警大外事系教授劉進福的評論。本篇原名〈臺灣傳統治安與產業發展的歷史變遷〉，嗣經增修，曾收錄在我 2009 年 2 月出版的《臺灣經濟發展史》。

　　4.〈臺灣日治時期殖民治安分析（1895-1945）〉，是我綜合兩篇的論文而成。一篇 2004 年 5 月 25 日以〈臺灣殖民化經濟

警察角色演變之探討（1895-1945）〉為題，發表於中央警察大學通識教育中心舉辦的「第一屆通識教育與警察」學術研討會，感謝警大國境系教授、移民署署長謝立功的評論。

另一篇是同年 8 月我以〈臺灣殖民體制與資本主義發展（1895-1945）〉為題，發表於國立空中大學《商學學報》第 12 期，感謝匿名審查委員的惠提意見。

5.〈臺灣中華民國時期戒嚴治安分析（1945-1992）〉，是我 2002 年 9 月發表中央警察大學出版的《警學叢刊》第 33 卷第 2 期，感謝匿名審查委員的惠提意見。本篇原名〈政經轉型與警察角色變遷之研究〉，並經增修之後，曾收錄在我 2012 年 8 月出版的《臺灣治安史研究——警察與政經體制關係的演變》。

第三大部分【臺灣企業與中國式管理】，主要敘述臺灣企業管理與中華文化思想的源淵，篇目包括：

1.〈近代管理思潮與臺灣企業管理演進〉，是我 1997 年 1 月 18 日講於臺南縣文化中心，全文曾刊載在臺南縣文化中心出版的【文化講座專輯 9】《人生贏家》。感謝時任臺南縣文化中心葉佳雄主任的邀約，讓我有機會回到自己年輕時期成長的臺南後壁老家，儘管家鄉隨這歲月流逝，已轉為他鄉，乃至於變成了故鄉，但那裡畢竟孕育了許多我的幼年成長故事，和培養我喜歡閱讀、學思與書寫的記憶。

2.〈中國式人間學管理的探討〉，是我 1995 年 3 月 8 日講於銘傳大學管理科學研究所學術專題講座，感謝所長林進財的邀請。講演題目原是〈人際關係管理的探討〉，因為當時我還擔任中華民國企業管理研究學會理事長。感謝幫我整理文字稿的

梁文恆、許盈足、遲文麗、黃承昱、何雅琳等研究生。

我記得當時有學生提出第一個問題是：請教理事長在人際關係上有很成功的經驗，可否與我們分享？

我的簡要回答是：人見面就是有緣，應很高興結此緣，而進一步要修此緣，建立更深層的關係，和維持此方面的關係。同學未來可能跨入學術界，商業界，而同學應即早釐清及定立目標，越早釐清目標則自己對目標追求更明確，則效果越早顯現，成功就會越早來臨。所以，才會有流行「人生出名要趁早」的這句話。

第二個問題：請教理事長各階層的朋友非常的多，而您是如何在朋友之間做一些選擇和割捨？

我的簡要回答是：人際關係的建議，到最後來說，應以「誠」為出發點，在效果和效率上，管理中是以追求效果，再追求效率，故人際關係中亦應先追求效果，再追求效率為主，我選擇還是以學術界的人士為主。

如今多年過後，電腦網際網路的進步，科技文明的日新月異，儘管溝通的通路已經有了很大變化，但是人際關係的建立和其對每個人的人生目標還是一樣的重要，尤其隨著我自己歲月的增長，更感到維繫人際關係正是儒家提倡「人間學」的大學問。

3.〈多元化一體發展的臺灣文創產業分析〉，原篇名〈臺灣發展文創產業的政府角色分析〉，最先我發表於 2009 年 12 月 12 日中華中小企業研究發展學會在臺北舉辦的「2009 年會暨年度論文發表會」，感謝該學會的創會理事長黃深勳教授的邀約。

該篇當時只是我的演講初稿，嗣經我的文字整理之後，發表於 2010 年 9 月由天津市政府、南開區政府旅遊局、天津天后宮等單位，舉辦「第五屆中國・天津媽祖文化旅遊節」的「中華媽祖文化學術研討會」，並被收錄在《中華媽祖文化學術論壇論文集》。

4.〈臺灣媽祖文創產業的客製型管理〉，是我發表於 2011 年 7 月由中華媽祖文化產經慈善發展協會主辦、上海社會科學院協辦的「2011 年世界媽祖文化論壇」，感謝這兩個單位的盛情邀約，讓我將行銷學上所謂「客製型管理」的概念，透過比較完整的文字論述，將這正夯理論運用在臺灣媽祖文創產業的分析。

上述，總計 13 篇的論文，我幾乎都在凸顯一個主題，就是強調有關臺灣政治經濟思想的歷史變遷。現有機會得以列入《臺灣政治經濟思想史論叢》（卷三），我除了應該先感謝上述所列各大學、學術研究和政府單位的邀請，和提供發表的園地之外，我還是要再感激出版的元華文創公司，以及總編輯蔡佩玲、執行主編陳欣欣，和她們的工作團隊的鼎力協助。

最後，我要向多年來一直關心我閱讀、學思與書寫的朋友和讀者報告，本人自 2018 年元月 1 日起，榮幸應聘擔任元華文創公司發行之【臺灣政經史系列叢書】主編，協理該叢書之擘劃、徵稿等相關事宜，敬請海內外諸位先進多多賜予指教。

2018 年 6 月自序於臺北城市大學圖書館研究室
2020 年 8 月 5 日臺北蟾蜍山南麓迎風樓安溪書齋

校後記：

　　2017 年與 2018 年連續的兩年年初，我分別出版了《臺灣政治經濟思想史論叢》（卷一）與（卷二）。今（2018）年 7 月的暑假一開始，我即進行（卷三）的校對工作，希望在 8 月底能接到出爐的新書。

　　（卷三）的完成二校後，應出版社要求寫一篇約 200 字的內容簡介，以下我是如此寫的：本書（卷三）係延續了（卷一）和（卷二）的設計和編排方式，在內容的編目上亦援例分三部分：第一部分為臺灣經驗與近代中國化，第二部分為臺灣觀點與治安史書寫，第三部分為臺灣企業與中國式管理。在上述三部分的總計 13 篇論文中，我嘗試透過政治經濟學研究途徑以凸顯「相互主體性」、「歷史結構性」、「多元文化一體化」的思維，來加強臺灣與中國大陸歷史關係發展的論述。

　　在（卷三）的 13 篇論文中，有篇〈1950 年代前後臺灣「胡適學」與自由主義思潮〉，是整理自 1971 年我在大學時期發表〈胡適之先生著作書目提要〉的舊稿，迄今已過了 47 個年頭，時空的變化不能說不大，特別是臺灣走過戒嚴時期、兩岸關係的巨變，和胡適思想在中國大陸的爭辯，都增添了我書寫這篇文字的難度。

　　所幸我在研究與撰寫有關戰後臺灣警政發展史的相關論文時，隨著臺灣這部分的檔案與文獻已陸續公開，我得以參閱更多的資料而在文字內容上增修了許多，但是對於胡適與近代中國國民黨和中國共產黨之間的複雜關係，自己的研究深度仍感著力不足。

回溯自己在 1960 年代末期，從高中一年級寄宿在臺南新化開始就接觸課外讀物，尤其閱讀《自由中國》、《文星雜誌》等刊物，和《文星叢刊》的叢書，對於當時臺灣所流行的自由主義和存在主義思潮，迄今仍然印象深刻。

檢視在那個言論受到嚴格管制的時代，致使我對於戰後本省籍楊逵、葉石濤、吳新榮等人為爭取思想與言論自由的了解，所知有限。自盼在這方面的深入探討能有所加強，以充實未來出版《臺灣政治經濟思想史論叢》（卷四）與（卷五）的內容。

（2018.07.08）

十二、《臺灣政治經濟思想史論叢(卷四)：民族主義與兩岸篇》序

本書《臺灣政治經濟思想史論叢（卷四）：民族主義與兩岸篇》裡，我共分為三大部分：第一大部分【臺灣特色資本主義發展】；第二大部分【中國特色社會主義發展】；第三大部分【兩岸關係發展與變遷】。主題就是民族主義與兩岸關係，旨在於論述臺灣特色資本主義與中國特色社會主義的發展與變遷。

資本主義是以發展「產業經濟」為重點，來解決人民經濟與生活的問題；社會主義則是以發展「庶民經濟」為重點，來解決人民經濟與生活的問題。資本主義產業經濟發展的結果，得利的首在偏向於企業資本家，其次才是人民；社會主義庶民經濟發展的結果，得利的首在顧及社會大眾，其次才是資產階

級。

　　臺灣特色資本主義產業經濟與中國特色社會主義經濟的發展結果，對於兩岸關係的發展與衝擊，就其比較當前政經體制而論仍存在差異性；但就未來的走向而論，臺灣特色資本主義與中國特色社會主義的名稱儘管會是不同，惟兩岸關係發展的政經體制度則會有明顯趨近的可能性。

　　本書第一大部分【臺灣特色資本主義發展】所收錄的〈近代臺灣特色資本主義發展史略〉一文，主要彙整了我於 1995 年 5、6 月間，在國立空大《學訊》第 159、160、161 期分別以 1960年代、1970 年代、1980 年代論述臺灣經濟發展策略經驗的連續三篇，和 8 月第 163 期〈策略管理與臺灣發展經驗〉的合計發表四篇。

　　同年 6 月我也在國立空大《商學學報》第 3 期〈1950 年代臺灣經濟發展策略的經驗〉、2000 年 6 月第 8 期〈我國政經體制與產業發展之研究——兼論國家發展策略〉，和 2002 年 7 月第 10 期〈戰後臺灣產業發展的政治經濟分析〉的合計發表三篇。

　　總計了我在空中大學《學訊》和《商學學報》的發表了共七篇論文，全是以臺灣經濟政策與發展策略的經驗為主題。回溯我自 1980 年代中期以後的開始在國立空中大學商學系兼課，一直到 2016 年屆滿 65 歲退下來的不再繼續授課，其時間長達了 30 年之久。

　　我非常感謝空大給我這麼好的教學與研究的環境，特別是學校的課程都是安排在星期例假日上課，對於當時我另有黨政職務在身的忙碌情況，更是提供了我可以在理論實務與教學相

長的一個絕佳機會。

　　檢視了我上述所有發表過的論文,我曾經於 2006 年與 2009 年分別改寫成《臺灣經濟發展史略》與《臺灣經濟發展史》二書。我特別要感謝當年幫我出版的立得出版社劉接寶發行人,與蘭臺出版社盧瑞琴社長,讓我的在那段期間所發表的論文,得以審修成書,並在課堂上作為學生的參考教材之用。

　　歲月悠悠,如今又匆匆地過了 10 多年。今(2019)年初,我決定將上述全部的文字重新再審修之後,我發現有必要將它過去使用的書名改為〈近代臺灣特色資本主義發展史略〉,比較能符合現在我收錄在本書裡的體例和內容。

　　或許讀者有機會對照閱讀的話,當可發覺我已經把許多有關資本主義和政治經濟學的概念,融入原本我純粹就臺灣經濟政策與發展的內容,做了大幅度的增修。

　　我深盼讀者在閱讀過〈近代臺灣特色資本主義發展史略〉之後,能比較有系統地幫助大家對於近代臺灣政治經濟思想史領域的了解,我是多麼努力嘗試將思想史融入於政治史與經濟史的脈絡中。

　　本書第二大部分【中國特色社會主義發展】所收錄的〈現代中國特色社會主義之探討〉一文,主要是利用我在研究所進修和教學與工作期間的對於中共經濟政策研究,以及學術單位通過審查的論文,並將 1997 年 4 月發表於空大《學訊》第 194 期〈臺灣產業發展策略與兩岸關係〉等底本的增修而成。

　　回溯我在取得學位之後的幾十年期間,有幸再到美國、日本、韓國等國家,不論是進修、開會或訪察活動,我都非常關

注這些不同國家政經體制的發展情勢。特別是我有多次的應邀到中國大陸參加各項研討會，讓我更有機會深入了解中國大陸在改革開放之後的政經體制發展，和社會文化的快速成長與變遷。

因此，我有必要藉此機會針對自己過去蒐集和發表的資料文獻，和這些年來的觀察心得，重新加以彙整。我在審修完稿之後，決定以〈現代中國特色社會主義發展之探討〉為題，論述當前中國大陸的政經體制與經濟發展。

本書第三大部分【兩岸關係發展與變遷】共所收錄有：〈近代兩岸關係發展史略〉與〈余英時自由主義思想與兩岸關係評論〉二文。

〈近代兩岸關係發展史略〉一文的論述，是我在出版《臺灣政治經濟思想史論叢（卷一）》的〈兩岸經貿史的結構與變遷〉之後，我認為當前兩岸關係的發展，如果只是從經貿的單一角度來論述，是無法盡窺兩岸關係發展的全貌，是比較難以釐清和分析兩岸關係的複雜性與弔詭性。

所以，我又從影響近代兩岸關係發展與變遷的政經因素，透過「相互主體性」與「歷史整合性」的觀點，來深入探討原住民時期、荷西時期、東寧時期、清治時期、日治時期，和中華民國時期的兩岸關係發展，特別是我又分別增列了每一時期兩岸關係大事記的簡明表。

〈余英時自由主義思想與兩岸關係評論〉一文的分析，是我有機會於 2016 年和 2017 年應邀參加中央警察大學通識教育中心舉辦的「通識教育與警察學術研討會」。我很榮幸擔任李顯

225

裕老師分別發表〈余英時對臺灣政治發展的評論及其歷史意義
——以兩岸關係為中心的初探〉，和〈余英時對國民黨的歷史評
論〉二篇論文的與談人。

顯裕老師是我在中央警察大學服務期間的同事，我們相處
的時間超過了15年，我非常敬佩他的謙沖為懷、待人誠懇，是
一位學有專精的歷史學博士，而且孜孜不倦於近代學術思想史
的研究。當2000年2月起我應聘在學校的通識教育中心擔任專
任教職，這時候他就已經在該中心貢獻所長了，而且我們相處
得很愉快。

這篇〈余英時自由主義思想與兩岸關係評論〉，就是根據我
評論顯裕老師上述論文的文字，和在研討會上的口頭引談內
容，來加以增修寫成。在此，我要特別感謝主辦單位中央警察
大學通識教育中心和顯裕老師的邀約。

這裡我特別要提出來敘述的是，當我在閱讀余英時先生大
作對於兩岸關係評論的相關文字期間，以及我在書寫完成的本
文之後，讓我深深感受到他身為一位知識份子對於國家社會的
善盡責任，縱使自己不一定位居廟堂之高的為人民服務，當也
可以發揮讀書人的處處為蒼生念來發聲。

集歷史與文學，曾是英國首相、諾貝爾文學獎得主、著有
《第二次世界大戰回憶錄》（六卷）的邱吉爾（Sir Winston Leonard
Spencer Churchill），他認為「當我們能回顧得越久遠，對於未來
就看得越深遠；或者是說我們愈能顧後，即愈能瞻前」的歷史
見解，也就是我一直秉持閱讀、學思與書寫，和主編【臺灣政
經史系列叢書】的一貫基本原則。

最後要感謝元華文創公司蔡佩玲總編輯、陳欣欣執行主編，和公司團隊的協助，讓本書與【臺灣政經史系列叢書】得以順利如期出版。

2019 年 11 月自序於臺北城市大學圖書館研究室

十三、《臺灣政治經濟思想史論叢(卷五)：臺灣治安史略》序

我在中央警察大學講授「臺灣治安史」、「臺灣警政發展史」等相關課程，前後已近 20 年之久，迄今我仍然繼續在這學校講授此一課程。我為了準備上課教材和編製各類型的講義資料，以及利用學術研討會發表的論文，先後整理出版了 2010 年的《臺灣治安制度史——警察與政治經濟的對話》、2012 年的《臺灣治安史研究——警察與政經體制的演變》，以及 2015 年的《警察與國家發展——臺灣治安史的結構與變遷》等三本學術性著作。

2016 年 8 月我從學校的屆齡退休下來，從專任的改聘兼任，本想可以有比較充裕時間來完成《臺灣治安史》的書寫，以遂了自己多年來的心願。可是計畫總比不上變化，自己萬萬沒想到答應了元華文創公司的邀約，一頭栽進了整理《臺灣政治經濟思想史論叢》一系列的書寫與出版，日子反而過得比退休前的還要忙碌和緊湊。

《臺灣政治經濟思想史論叢》的書寫和出版計畫，是選列入我主編【臺灣政經史系列叢書】的一部分。最初構想是先從

審修我以前發表過的論文著手，考慮日後視出版反應如何？再擴及邀集發行其他學人的專著。

於是我有了 2017 年 1 月該論叢（卷一）：資本主義與市場篇、2018 年 2 月（卷二）：社會科學與警察篇、2018 年 8 月（卷三）：自由主義與民主篇，以及 2019 年 12 月（卷四）：民族主義與兩岸篇，和 2020 年 8 月（卷五）：臺灣治安史略的陸續出版，總字數約 150 萬字。

這五卷全部交由元華文創公司出版，而其《卷三》中有 6 篇是屬於與探討治安有關的文字，包括〈中華民國大陸時期警政發展（1912-1949）〉、〈我的臺灣治安史研究、教學和書寫〉、〈臺灣治安史的檔案文獻探討〉、〈臺灣傳統治安的分析（1624-1895）〉、〈臺灣日治殖民治安分析（1895-1945）〉、〈中華民國臺灣時期治安分析（1945-1992）〉。

這段時間我還同時完成了自述性文字的出版，包括《我的百歲母親手記》、《流轉的時光：臺南府城文化風華》、《稻浪嘉南平原》、《紀事下茄苳堡：臺南府城歷史情懷》，和《文創漫談》、《生活隨筆》、《生命筆記》、《兩岸論衡》、《近代名人文化紀事》等書，字數超過 100 萬字，全部委請方集出版社出版和交由 HyRead 電子書服務平台發行。

在這種書寫壓力的情況之下，我實在無心也無力再來旁及審修一部完整《臺灣治安史》的學術著作。所幸 2013 年 10 月在前中央警察大學校長顏世錫策畫、中央警察大學警政管理學院院長章光明主編的《臺灣警政發展史》一書，已由內政部警政署和中央警察大學編印出版。

　　檢視《臺灣警政發展史》的內容，除了第一章〈警察與國家發展之關係〉是由章光明教授與本人一起執筆之外，其他內容更涵蓋警察組織、警察教育、警察政策、警察業務、警察勤務、警察法制、犯罪偵防、資訊科技與後勤經理等十大主題，其跨越時間部分章節已納入日治與國民政府時期的兩個階段。

　　從臺灣治安史的角度而論，《臺灣警政發展史》可謂是一部「戰後警察沿革誌」，該書已經具備有現代與後現代臺灣治安史的完整論述，雖然尚缺的只是1895年清治臺灣以前的傳統治安史發展與變遷。對照之下，我的《臺灣治安史》書寫就顯得不是那麼地急迫感了，儘管我還是那麼難以忘情《臺灣治安史》的書寫。

　　但是為了讓有興趣和有志研究臺灣治安史的讀者，進一步對臺灣治安史可以有歷史縱面與結構橫面的完整性輪廓的理解。特別是我將臺灣治安史的分為1895年之前的前現代傳統治安年代，1895年至1987年的現代臺灣軍管治安年代，和1987年之後的後現代臺灣警管治安年代的三個大階段歷史變遷。

　　我的《臺灣治安史略》正可以彌補《臺灣警政發展史》在前現代臺灣傳統治安年代在這部分論述的不足。我強調1895年以前的臺灣傳統治安史的重要性，我是誠摯希望臺灣與中國大陸的治安歷史連結，不要被關心兩岸關係發展的讀者所忽略。

　　感謝元華出版社在不考慮出版市場不景氣的狀況下，願意幫我出版這本《臺灣治安史略》的紙本書與電子書。藉此，我也要再度感謝元華文創公司編輯團隊的辛勞協助，讓本書得以呈現在讀者面前。敬請不吝賜教，以利未來在內容上增修成一

部更為完整的《臺灣治安史》,這是我的誠摯期盼。

2020 年 6 月自序於臺北城市大學圖書館研究室

2022 年 3 月審修於蟾蜍山南麓迎風樓安溪書齋

十四、《臺灣政治經濟思想史論叢(卷六):人文主義與文化篇》序

莎士比亞說:「智慧裡沒有書籍,就好像鳥兒沒有翅膀」,我徹底地服膺了莎翁這句具有高度「閱讀、學思與書寫」的意涵。尤其在歷盡人世的滄桑多變之後,更能感受出「人無法選擇自然的故鄉,但人可以選擇心靈的故鄉」。

心靈的故鄉正是「經典名著」,它是可以如杜甫所言的「不廢江河萬古流」。「經典名著」固然可以是我們選擇閱讀的書,但也可以不限於所謂的「經典名著」。俗話說得好「開卷有益」,養成喜歡閱讀的好習慣,就可以溫暖我們的心靈故鄉。

回溯我自 15 歲省立後壁初中(今改制國立後壁高中)畢業以前,都留在臺南市比較文化封閉的偏遠鄉下度過,直到高中聯考進入剛從臺南一中新化分校改制的省立(今改制國立)新化高中就讀,那是我第一次離家在外寄宿念書,如果我記憶沒有錯誤的話,那是我真正認識、想開始接觸胡適作品的年紀。

當時同我租屋在臺南市新化鎮(今改區)大河溝邊的一戶寄宿家庭的另一房間宿友,他高我一屆,是高二念社會組的田健明。他長得瘦瘦高高的平日喜歡拿著《自由中國》、《文星》

等雜誌，和《文星叢刊》出版的蔣廷黻、李敖、龔德柏等人作品，我非常羨慕他自由自在閱讀的逍遙，迄今我都還記得他那具有文人獨特的神采。

由於更早之前，我在老家後壁鄉（今改區）附近念初中時，我就已經開始接有觸一些課外讀物的心得經驗。起先是閱讀我二哥和二姐他們從外地工作和念書放假帶回家裡來的《文壇》雜誌，和《羅蘭小語》等散文集方面的書刊，我也都會利用他（她）們在閱讀之餘的空檔，趕快借過來囫圇吞棗式的翻閱，我現在的青少年記憶和對嘉南平原鄉愁，或許是從那時期就已經逐漸形成。

高中時期的喜歡上閱讀，那時我可能還無法體會和想像詩人拜倫（Lord Byron, 1788-1824）說這句：「一滴墨水可以喚起千萬人的思考，一本好書可以改變無數人的命運」的深意，但我的確是希望能透過閱讀來接觸外面的世界，和來改變自己的觀念。不論當時我自己是否能真正完全的讀懂買來的那些書，然而我堅信那都會是「開卷有益」的，尤其是對一位青少年生活在鄉下的小孩子來說，那是多麼滿懷著一股對於追求新知的喜悅。

高一下學期我轉學回到由臺糖公司設校在臺南市新營鎮（今改新營區）南光中學，以及高二我又轉學到省立（今改國立）嘉義中學。不斷轉學的原因之一，就是那個時候我已經養成自己買書與閱讀的習慣，我希望能到比較大城市的書店買到我想看的書，來滿足自己的求知慾望。

最先接觸的就是由遠東圖書公司出版的《胡適文選》、《胡

適四十自述》，以後又廣泛閱讀【文星叢刊】出版李敖的《胡適評傳》，這是我從青少年時期以來一直喜歡蒐集，和有興趣接觸與胡適有關的作品，從而研究胡適思想和進一步撰寫其著作書目提要的開始。

在這裡我一定要藉這機會向 1970 年代我在大學時期的兩位恩師表示崇高的謝意，一位是鼓勵我繼續往中國學術思想史研究的國文老師曹昇教授；另一位是啟蒙我在圖書館學領域的圖書館學系主任藍乾章教授。在本書內容有部分書寫方式，是我整合二位恩師的專業治學方法，從字裡行間也處處記下我這麼多年來對二位恩師的難忘與感懷之心。

本書第一部分「《近代學人著作書目提要》補述」的文字，是收錄〈胡適 1970 年代重要著作書目提要的補述〉，與〈近代學人 1970 年代重要著作與胡適的文化記述〉兩篇。我係採取圖書館學的研究途徑，和檢證我個人經驗的歷史方法，記述 1970 年代前後胡適與其他學人之間重要著作的文化互動情形。

1970 年代前後我的構思撰寫《近代學人著作書目提要》階段，我大量購讀近代學人的重要著作，特別是包括當時還被政府列為禁書的馮友蘭《中國哲學史》、李‧何林《中國新文學研究參考資料》（原名為《近二十年中國文藝思潮》）、地平線出版社編審的《唯物辯證法論戰》等等。

也因為有這麼一段年少輕狂時期的理想，儘管後來我有一段長達 20 年的時間未能完全留在學術界，但是當我在其他領域工作打拼的時候，例如 1980 年代後期和 1990 年代後期我的分別在《臺灣日報》撰寫專欄，和《中央廣播電臺》主持知識型

節目時，我都非常受惠於當年所蒐集的豐富資料與文獻。

　　本書第二部分「中華儒家文化」的文字，是收錄〈余英時人文主義的通識治學之探討〉。有關這篇論述，我應該要感謝余英時通識史學方面的著作和論述，他和胡適自由主義思想迄今一直影響我的處事與治學。

　　特別是我在警大講授「臺灣治安史」與「臺灣警政發展」課程的期間，我經常會陷入思考臺灣人歷史的幾經政權更迭，面對各階段不同的國家政府、社會秩序與庶民權益之間的複雜關係，讓我腦中不時浮起英國艾克頓（John Acton, 1834-1902）為什麼會說：「流亡是民族性的育嬰室，一如壓迫是自由主義的學校」的這句話來。

　　警大通識中心提供了我多年來，在教學上無限寬廣思路與靈活應用的環境，我也全神貫注於把握可以自由思考與文字書寫的寶貴時光。儘管有時候自己也難免會陷入沈光文（1613-1688）的心境。這位夙有「臺灣孔子之稱」的儒生，在他寫的〈戲題〉詩：「十五年來一故吾，衰顏無奈白髭鬚；只應遍處題詩句，莫問量江事有無」的感慨。

　　本書第三部分「中華文化主體性」的文字，收錄〈徐復觀激進的儒家思想與本土化〉一文，是我敘述了徐復觀早期的從事政治與軍旅生涯，50 歲來臺定居臺中之後，完全脫離了政治圈的專任教職，展開他後半生的學術研究與文化評論的生活。

　　文化不但有藝術，也是生活中的累積。我自己在 1970 年代從恩師曹昇教授的薦讀《孟子正義》，和接觸胡適、錢穆、徐復觀等人的著作。我現在回想自己在構思撰寫《近代學人著作書

目提要》的階段，是抱定自己未來是要以學術研究為志業的。

然而，人生不能如自己規劃的事十常八九。我在服完兵役之後的 1970 年代後期，原本想先留在圖書出版界謀生，兼以增加自己工作的磨練機會，但工作幾經波折下來，給我命運帶來轉機的是當蔣經國執政推動「吹臺青」的取用本省籍青年階段，我因緣際會在「本土化」的政策下，有幸參與了政府體制內的工作。

詩人佛洛斯特（Robert Frost）說他年輕時不敢做一個激進派，因為怕他年老時變成一個保守派。對我來說，這一階段的就業、成家與成長，乃至於後來赴國外進修的歷程之後，我就如同徐復觀 50 歲時候的轉換跑道機運，得以專心地在大學從事於教學與研究，過著閱讀、學思與書寫的平靜生活。也因為自己早年的認同和接受政府「本土化」政策，更讓我感佩於徐復觀對於儒家思想在臺灣本土化的激進思維。

而在我人生進入古稀之年的時刻，讓我有機會自由來表達了我對於當前國家發展的看法。我願意用 18 世紀法國文學家，也是一位自由主義者的思想家康斯坦（Benjamin Constant, 1767-1830）。他剴切的指出：體制和統治思想一致所產生的所謂穩定政治的掌權者、主政者，將遭歷史見棄，趨炎附勢者也會一陣風般消失，為保有尊嚴和勇氣的文學創作者，得到最後的勝利。

人類偉大思想史家的任務就是要在時間洪流中，釐清研究對象的起源、演變，在當時的意義及現代的意義。我對於審修自己過去所發表過，有關臺灣政治經濟思想史方面的一系列論

述，之所以選擇從「歷史整合性」與「相互主體性」的思維與研究途徑，就是我認為這才能掌握臺灣全面而宏觀的歷史脈絡流變，也才不致於陷入片段而偏頗的絕對狹隘思維。

所以，我會擁抱中華文化主體性和中國儒家思想的可貴資產，因為我堅信 21 世紀以道抗勢的不依附權勢，將是有賴先秦儒家自由民主思想的根苗與茁壯，來達成全人類世界和平的理想。

現在我檢視拙作《臺灣政治經濟思想史論叢》，我也將前五卷的全部附錄在本書的最後。我誠摯地希望有志於研究臺灣政治經濟思想史等相關議題的讀者，可以從中觀察和檢索自己所要研究的主題，這也是我學習圖書館學領域的應用，希望給讀者帶來閱讀、學思與書寫的捷徑。

在這裡，我要引用胡適常用《老子》的話：「慈故能勇，儉故能廣，不敢為天下先，故能成〔其〕器長」，更也要學習大儒顧炎武（1613-1682）「遠路不須愁日暮，老年終自望河清」的認真精神，和一步一腳印的「閱讀、學思與書寫」功夫，或許可以做為我們從事人文主義通識治學者的座右銘，體會人生真正的價值只有在正確的地方，才會顯示出正確的價值。

這亦正凸顯著為探究或拯救人類思考的除了經濟學上的謀取最大利潤、政治學上的講求權力分配，和社會學上的強調公平正義之外，千萬不要忽略了我們要追求人文主義的根本價值，因為唯有從我們自己的內在體驗，不僅僅是自己具有生存與生活的人生意義，更是要彰顯整個宇宙的意義。

梁實秋說：「一件工作沒有完成前，就另外開始一件新的工

作，這就是生活的意義。」這也是我為什麼要特別凸顯本《論叢》（卷一）的從資本主義與市場篇來論述起，透過（卷二）的社會科學與警察篇、（卷三）的自由主義與民主篇、（卷四）的民族主義與兩岸篇，（卷五）的臺灣治安史略等五卷之後，特別以（卷六）人文主義與文化篇，嘗試來凸顯我的「所學、所思，故我在」的奮進人生，和我對國家社會服務的一股熱忱，於此將自己揮霍殆盡，還敬請仁人君子多所指教。

2020 年 6 月 11 日自序於臺北蟾蜍山麓安溪書齋

2022 年 3 月修稿於臺北城市大學圖書館研究室

十五、《兩岸論衡》（電子書）序

本書收錄的是來自我發表在《臺灣新生報》和《臺灣商報》（電子報）的兩個專欄文字。在《臺灣新生報》以【深度探索】為題撰寫專欄的時間比較早，而在《臺灣商報》以【政經論衡】和【大成崗瑣記】為題撰寫專欄的時間則是最近兩年的事。

我在這兩年的期間，藉由準備學校講授「臺灣政經與兩岸發展」課程的部分教材，聚焦於兩岸政策的論述，特別是採取每星期撰寫一篇的方式，每篇以 1,500 字為原則的在該報發表。現在我決定將這些發表過的專欄文字，依其主要內容分為第一部分的「臺灣政經論衡」、第二部分的「兩岸政經論衡」，和第三部分的「國際政經論衡」等三大類別。

　　本書輯錄的第一部分「臺灣政經論衡」，計收錄了 58 篇的文字，全是來自我於 2018 年 2 月 20 日起至 2020 年 1 月 30 日，發表在《臺灣商報》以【政經論衡】和【大成崗瑣記】的專欄稿件。

　　主要內容的論述，特別收錄了我針對中華民國政經發展的評論，談到臺灣發展的歷史、中華民國主體性、中國國民黨本土化政策，以及臺灣特色的資本主義市場經濟等等。

　　本書輯錄的第二部分「兩岸政經論衡」，計收錄了 23 篇的文字，其中有 10 篇是來自於我應《臺灣新生報》的邀約，以撰寫〈深度探索〉專題的方式，針對當年國內政經環境與兩岸經貿發展的新情勢，從 2001 年的 5 月 3 日起至 6 月 18 日連續發表的評論。

　　當今我重新審閱多年前發表於《臺灣新生報》的這 10 篇論中的特別有關於兩岸經貿論述，在其內容上也大都符合當前兩岸經貿的發展趨勢，現在我除了在有些地方採取必要性小幅度的修改之外，我也盡可能的保留下原來文字，並且與發表在《臺灣商報》的【政經論衡】、【大成崗瑣記】兩個專欄中，有關評論兩岸議題的 13 篇文字收錄在一起，也可以相互對照這期間兩岸情勢的發展與變化。

　　觀察這些年來，隨著全球化經濟和兩岸關係發展的起伏，我對兩岸政經議題的評論特別，談到兩岸關係歷經敵對、對峙、交流與停滯的發展，以及大陸實施的中國特色社會主義體制，也曾建議簽署〈兩岸和平協議〉，乃至於構思「中華共和邦聯」的芻議等等。

　　兩岸關係的發展有其歷史文化的淵源背景和其政治經濟的複雜因素，我們都期望兩岸關係能夠和平與穩定發展，尤其兩岸在今（2020）年 1 月蔡英文總統的當選連任之後，在其所提出的兩岸政策是否會產生的「兩岸變局」議題，對於未來關係的發展會是如何？有待進一步觀察。

　　本書輯錄的第三部分「國際政經論衡」，計收錄 23 篇的文字，全是發表於《臺灣商報》的【政經論衡】與【大成崗瑣記】專欄的文字，主要評論內容雖然以國際政治經濟為主題，但關鍵還是聚焦美國與中國大陸這兩大強權國家之間的互動競逐，除了要凸顯美式資本主義與中國特色社會主義的不同之外，也特別關注這兩大經貿市場對於臺灣整體性發展的影響。

　　顧名思義，本書收錄的這些文字都是我多年來在研究政治經濟學領域，並從其角度針對當前臺灣政經、兩岸政經與國際政經之間，其所牽動錯綜複雜的三角關係所做深入觀察與思考所得，並藉由專欄園地的機會，當記下了我個人的觀點與建議。

　　從我在《臺灣新生報》於 2001 年 5 月的開始撰寫，到在《臺灣商報》的 2020 年 1 月的截止日期，其跨越時間儘管發生的物換星移，有原本政經舞台上許多炙手可熱的歷史人物，或許都早已從當年的幕前舞台退居幕後，甚至於離開人世。但江山仍然代有新人出，其唯一未變的還是那政治經濟學上所強調近代以來國際霸權主義的本質。

　　回溯我在撰寫這些專欄文字的日子裡，我有很多次幾乎想要停下筆來，心中是充滿著那麼許許多多的無奈與矛盾，總覺國事、天下事的詭譎多變，實在是超乎自己所能想像負荷的沉

重壓力，但我終於熬過了。論述內容寫得是好或是不好？就留給讀者做評定了。但是我手寫我心的那一份真情是無庸置疑的。

　　記得我開始接受《臺灣商報》的邀請撰寫專欄之前，我已經有寫過專欄並彙集出版過的著作，諸如出版的《文化創意與產業發展》、《臺灣經濟發展史》、《文創產業與城市行銷》，和《文學、文獻與文創》等。尤其是自 2017 年起至 2020 年我審修完成《臺灣政治經濟思想史論叢》（卷一）至（卷六）共 6 冊的出版。

　　檢視這多本的專欄文集，其內容主要是集中在文創、產業與管理方面的文字。這次《兩岸論衡》書裡主要彙集的則是政治與經濟方面的評論，我回想起當初在撰寫【政經論衡】、【大成崗瑣記】專欄文字時，為什麼會選用「論衡」這個詞，我就是抱著學習東漢思想家王充寫《論衡》的精神。

　　胡適之先生在他的《中國中古思想小史》裡，對王充的《論衡》有如下簡要的評語：《論衡》只是「論之平也」，只是今人所謂「評論」。我的這些專欄文字也只是想要凸顯我所秉持對臺灣政經、兩岸政經、國際政經的平衡論述。

　　在我喜歡閱讀與研究的政治經濟學經典中，蕭公權教授的大作《中國政治思想史》是主要著作之一。他曾在其《問學諫往錄》的〈結語〉中提到：「我最大的弱點是學勤而不能精，心長而才苦短。所幸尚有自知之明，不敢作平地起樓臺的幻想，安分守己，只做一點畚泥墊路的功夫，希望能夠便利別人罷了。」

　　又說：「文章事大才難任，師友恩多報未能」，是其問學諫往所得的感想。但蕭教授的謙虛話，卻讓我讀來特別有感。現

在每當我再讀至此，心雖難免戚戚焉，但總勉勵自己的有如過
河卒子，繼續堅持「閱讀、學思與書寫」的理念，學習胡適的
治學精神拼命地向前衝去。

2020 年 3 月自序於臺北城市大學圖書館研究室

十六、《臺灣政治經濟思想史論叢(卷七)：政治經濟學與本土篇》序

2016 年，我從中央警察大學專職退休的改聘兼任，和受聘
臺北城市大學榮譽教授之後，我開始利用審修【元華版】《臺灣
政治經濟思想史論叢》的機會，又重新將過去在學校課堂上為
學生準備的講義，以及在這段時間裡同時應各大學和社團做講
演所準備的稿件大綱，做了一次的全面性閱讀與整理。

回溯我從 1990 年代前後的開始在大學授課，除了在國立空中
大學商學系兼課之外，也陸續在當時還稱為學院時期的臺北商
業大學國際貿易系，與臺北教育大學社會科學系講授「經濟
學」、「教育經濟學」和「經濟思想史」等課程。

2000 年我回到學界之後，我又開始在中央警察大學講授
「經濟學概論」、「臺灣政經與兩岸發展」、「臺灣治安史」，以及
在警大推廣中心為警察講授「政治在警政上的運用」，和「臺灣
警政發展史」等課程。

西方有句諺語：「潮水與時間是不等人的」。回想自己這幾
十年來的教學生涯和授課的內容，似乎都是為了我在大學通識

教育的講課作了準備，也是為我在政治經濟學領域的理論研究與實務提供了論證，滋養我得以彙集成【臺灣政治經濟思想史論叢】的套書。

「政治經濟學」相對於「政治學」或「經濟學」的研習者而言，是有異於其特別的專業性，儘管我多年來自己也都深深地有這種的感觸，我時時警惕自己如何透過「政治學」、「經濟學」與「社會學」這三門社會科學的基礎學科，以跨學科的整合性知識來建構「通識政治經濟學」理論。

通識就是知識的橋樑，在內容既屬於通識的政治經濟學，我在文字處理盡可能寫的簡潔通俗，和口語化的表達流暢，讓大家看得懂，也聽得懂，這是我在課堂授課和出版文字的最大原則。

本書共分為理論篇、實證篇、訪談篇等三部分：

第一部分【理論篇：通識政治經濟學】，包括：第一章至第六章，是「通識政治經濟學」性質的屬於政治與經濟的基礎性介紹。

第一章，緒論。分：政治經濟學的國際性，政治經濟學的政治性，政治經濟學的經濟性，政治經濟學的社會性，政治經濟學的整合性。

第二章，傳統政治經濟學。分：希臘羅馬的政治經濟，中古世紀的政治經濟。

第三章，近代政治經濟學。分：重商主義的政治經濟，重農學派的政治經濟，經濟學之父亞當‧史密斯。

第四章，自由經濟政治學。分：自由主義海耶克，貨幣主

義傅利曼。

第五章，政府主義經濟學。分：社會主義馬克思，歷史制度李斯特，國防經濟凱因斯。

第六章，新政治經濟學。分：新自由主義經濟學，當代新政治經濟學。

第二部分【實證篇：臺灣政治經濟思想小史】，包括：第一章至第十章，是以「臺灣政治經濟思想小史」作為臺灣政治經濟思想史的實證性分析。

第一章，緒論。分：主體性與整合性的研究途徑、臺灣政治經濟思想史的分期。

第二章，村社體制與原住民時期政經思想(-1624)。分：早期臺灣住民的族群源起、村社共同體制的聚落型態、私有土地意識形成與發展、初級農業經濟的生產結構、原住民時期發展的氏族化。

第三章，重商體制與荷西時期政經思想(1624-1662)。分：福爾摩沙與國際首次接軌、重商體制的公司經營型態、王田制度形成與農業生產、租稅田賦與國際貿易政策、荷西時期福爾摩沙國際化。

第四章，冊封體制與東寧時期政經思想(1662-1683)。分：南明東寧王國的海商型態、冊封宗主體制的君臣思想、寓兵於農的經濟屯田政策、東亞貿易轉運中心的建立、東寧時期臺灣發展土著化。

第五章，皇權體制與清治前期政經思想(1683-1860)。分：大清帝國的皇權政經思想、農本思想與多重土地結構、宗族組

織與民間分類械鬥、近代工業發端與產業調整、清治前期臺灣發展邊陲化。

第六章，移墾體制與清治後期政經思想(1860-1895)。分：臺灣與國際體系的再接軌、沈葆楨擘劃撫番開山並進、臺灣建省與劉銘傳的新政、臺灣民主國的成立與幻滅、清治後期臺灣發展定著化。

第七章，軍國體制與日治時期政經思想(1895-1945)。分：帝國主義的國家軍事體制、大正民主思潮與臺灣請願、米糖產業相剋的政經競逐、國防軍需品業與南進戰略、日治時期臺灣發展殖民化。

第八章，黨國體制與中華民國政經思想(1945-1987)。分：蔣介石戡亂戒嚴的黨國體制、計劃性自由經濟與黨國資本、蔣經國執政初期本土化政策、經濟三化策略與社會的劇動、戒嚴時期臺灣的中華民國化。

第九章，轉型體制與中華民國政經思想(1987-2020)。分：蔣經國執政後期與臺灣解嚴、李登輝執政前期的深耕本土、李登輝執政後期的臺灣意識、國民黨與民進黨的大陸政策、轉型期中華民國發展民主化。

第十章，結論：臺灣政經思想與中華民國未來。分：新冷戰時期國際政經思想發展趨勢、臺灣政經思想主體性與整合性建構。

第三部分【訪談篇：戒嚴時期的中華民國與臺灣】，分〈八二三炮戰與高舉副司令官被調職案之探討〉，和〈蔣經國時代「本土化」的歷史意義〉等兩篇。

　　訪談的第一篇〈八二三炮戰與高舉副司令官被調職案之探討〉，是我根據高舉（字超然）將軍長公子高紹舉先生所提供整理的資料，分別是我在臺北與其在紐約採取筆談方式所陸續完成的。

　　我本有意把與高舉副司令官家屬筆談內容的全文，一起列進本書的訪談篇裡，但在徵求高舉副司令官家屬的意見之後，因為有其他的顧慮，所以全文未刊稿《八二三炮戰補遺──高舉將軍的志事平生》，惟有待適當時日再做考量。

　　訪談的第二篇〈蔣經國時代「本土化」的歷史意義〉，我主要的與談人是周伯乃先生、楊正雄先生等二位前輩。他們都是在戒嚴時期的蔣經國時代，擔任要職和經歷過重要事件的人士。我借重他們的服務經驗和對於臺灣政經社文發展的見證，做了深入的訪談。

　　周伯乃先生曾得過中國文藝協會文藝獎章、國軍文藝金像獎、教育部詩教獎等等，亦先後擔任過陳奇祿行政院政務委員室秘書、中華文化復興運動推行委員會專門委員，和《中央日報》、《臺灣笠報》、《實踐月刊》等多種刊物主編，以及財團法人道藩文藝基金會副董事長、中國詩歌藝術學會理事長等要職。

　　周伯乃先生於 2003 年榮獲美國帝舜國際文化大學頒贈「四維八德」獎章、2004 年榮獲美國共和黨亞裔黨部總部頒授「卓越成就獎」，表彰其多年來對文學和文化交流的卓越貢獻。主要著作，出版有《論現實主義》、《現代詩的欣賞》、《古典與現代》、《情愛與文學》、《周伯乃散文選》等 30 多部。

　　楊正雄先生是《曙光文藝》雜誌的創辦人。1958 年，《曙光

文藝》先以油印方式出刊，轉用鉛印先後出版月刊、周刊、雙月刊。執照一度借給「笠」詩刊及陳千武先生。1973 年 1 月，執照被註銷。2003 年 7 月，再出版《新曙光文藝》季刊，2005 年 1 月，因難敵數位化時潮而宣布停刊。

楊正雄先生歷任中國詩歌藝術學會理事、中國作家協會理事、中華民國青溪新文藝學會常務理事，亦曾在政府公職單位服務多年。著有《樹》、《婚姻與畸戀》、《曙光文藝傳奇》等書。1958 年至 1973 年，當他特別在《曙光文藝》主持編務的期間，正值戒嚴時期警備總部管制雜誌出版最嚴厲的白色恐怖時期。

回溯我自己於 1978 年底，當屬戒嚴時期蔣經國推動「本土化」的期間，從學校教師轉入體制內工作的澎拜熱情時刻。自認為是一位自由主義者所奉行的政治思維與行動，堅信「真正的政治介入不僅是在現存關係的體制內運作，而且是要去改變那決定事情運作方式的體制本身」。這也是自己迄今，堅守選擇民主體制內改革的信念。

所謂「蔣經國時代」的期間，主要是從蔣經國先生於 1972 年 6 月任行政院長開始，到 1988 年 1 月 13 日的過世為止。對照本文〈蔣經國時代「本土化」的歷史意義〉所與談內容，包括蔣經國「吹臺青」的論述、言論自由管制的新聞記述、解嚴前後溫州街文化記憶等三部分，亦多少記述了本人的經歷、觀察與學思，其部分文字並先後摘錄發表在《臺灣商報》(電子報) 的【溫州街瑣記】專欄。

余英時說他寫到中國現代，是通古今的問題，認為政治史可以劃界，可思想史不能劃界。我寫臺灣政經思想史，基本上

是建構在主體性與整合性(綜合性)動態進行式的途徑,意圖匯流臺灣 4 百多年來與中華民國政經發展的一項歷程,這是我數十年教學與研究的課題,亦已成為是我不停地思考與書寫的志業。

近年來,拙作【臺灣政治經濟思想史論叢】彙集的系列內容,皆屬「專題研究」的性質,我希望未來能特別針對本論叢(卷七)的這篇〈臺灣政經思想小史〉作為基礎,累積更多相關資料來豐富《臺灣政治經濟思想史長編》的撰寫。

胡適之先生在北京大學授課資料的整理《中國中古思想小史》,和累積的寫成《中國中古思想史長編》。他說:「長編」的意思就是放開手去整理原料,放開手去試寫專題研究,不受字數的限制,不問篇幅的長短。一切刪削,剪裁,都留待將來再說。「長編」是寫通史的準備工作;這就是說,通史必須建築在許多「專題研究」的大基礎之上。

我的〈臺灣政經思想小史〉與《臺灣政治經濟思想史長編》的撰寫構想,就是受到胡適之先生治學精神與方法的影響,努力學習胡適放開手去整理原料的《小史》,和試寫多篇「專題研究」的彙集《長編》,就是希望去準備以「通史」性質,與完成《臺灣政治經濟思想史》的書寫,特別是在思想言論自由的民主臺灣,和在自己有限餘生的歲月裡。

王陽明說:「人須在事上磨練做功夫」,我抱持「凡事困知敏行的磨練自身功夫」,也深知人一生終究將「歲華不為衰翁駐,且付餘生一笑中」的感嘆。我是越來越相信梁實秋先生說的:「讀書或做學問,著實需要有紀律,而不是純然是興趣」的話來。

　　這些年，我特別要感謝元華文創公司、方集出版社和他們的編輯團隊，分別為我出版了【臺灣政治經濟思想史論叢】、【拙耕園瑣記系列】和【蟾蜍山瑣記系列】的紙本和 HyRead 電子書，我亦盼望大家的不吝指教。

　　2021 年 11 月 15 日自序於臺北蟾蜍山麓迎風樓安溪書齋

文創產業與管理類的著作自序輯

一、《文化創意與產業發展》序

　　本書的收錄完成，主要源起於兩次的學術研討會。第一次的研討會是 2005 年 9 月 4 日，在臺北，由中華媽祖文化產經慈善發展協會主辦，中國海洋大學和中華文化教育學會協辦的「2005 年媽祖文化國際學術研討會」，承蒙主辦單位理事長蔡泰山博士的邀請參加，我發表的論文是〈臺灣明清時期媽祖文化與市場經濟之探討（1662-1895）〉。後來彙集在蔡泰山主編的《媽祖文化學術論文集》裡，由臺北立得出版社印行。

　　第二次研討會是 2006 年 10 月 12 日至 16 日，由中國上海社會科學院在上海市舉辦的「海峽兩岸媽祖文化」學術研討會。蔡泰山教授、紀俊臣教授、卓克華教授等和我都獲邀請參加，並一起前往上海。蔡教授發表的論文是〈媽祖文化遺產對媽祖文化產業發展之重要啟示〉，我的論文則是〈媽祖文明經濟圈與兩岸貿易發展〉。現在這兩篇論文都收錄這本書裡。

　　這兩次的研討會中，蔡教授和我所發表的論文，都與媽祖文化產業的主題有關，而文化產業雖是當今臺灣產業發展中被視為熱門的產業之一，卻也是學理和論述上最需要大家努力的課題。

鑑於此，蔡教授特別藉由在《卓越雜誌》的專欄裡，發表了〈文化產業發展的新態勢〉、〈宗教文化產業的經濟效益〉、〈海洋文化融入產業鏈發展的可行性〉、〈從媽祖遶境談媽祖文化產業建構〉，和〈媽祖行動產業化啟動〉等系列專文，呼籲政府和民間共同來重視文化產業的發展。

同時，蔡教授也將在大學授課和演講的部分精彩內容，整理成〈媽祖文化產業-媽祖文化博物館建置與兩岸文經發展之重要關係〉乙文，凸顯文化創意產業的重要性。

如果亞當・史密斯（Adam Smith）的自由經濟市場是「一隻看不見的手」，而凱因斯（J. M. Keynes）的政府政策是「一隻看得見的手」，那文化宗教就是「另一隻看不見的手」。

我的論文部分則是比較偏重在臺灣政經體制和兩岸經貿，與產業發展之間的關係。其中〈戰前臺灣產業發展與兩岸經貿關係〉和〈戰後臺灣產業發展與兩岸經貿關係〉二文，是我在國立臺北商業技術學院（現已升格改名臺北商業大學）國際貿易系授課期間所發表的，謝謝當時引薦的國立空中大學商學系系主任、後來在該校校長任內退休、現榮任龍華科技大學客座教授的黃深勳博士。

而〈資本主義與臺灣產業發展之研究〉一文，則是應當時任佛光大學經濟學系系主任梁榮輝教授所邀請，發表於該學系與大陸研究中心編印的〈華人經濟研究〉。後來梁榮輝調任清雲科技大學商學院院長，繼而轉任崇右技術學院校長，在產業經濟的理論與實務方面對我的啟迪甚多，特別要感謝他對我的指導與厚愛。

　　另外，佔本書篇幅最長的〈臺灣產業發展中的政府角色分析（1945-1995）〉，大抵是完稿於 1996 年，其中的部分內容曾陸續登載在國內的刊物上，謝謝審稿教授的指正，更要感謝在研究與撰寫該文的兩年期間，臺灣大學政治學系蕭全政教授的指導，給了我很多的啟發。藉此，也要特別表示感激之意。

　　上述的論文，我也利用這次出版成書的機會，在內容上做了小局部的修正，但仍儘留原意。

　　當然，本書的出版要感謝的人還有很多，蔡教授和我都實感銘於心。對於本書的內容一定有尚待充實的地方，敬請不吝指教，以便日後補正。在文責上更是要由蔡教授和我來承擔。

　　　　　2007 年 7 月自序於臺北蟾蜍山麓迎風樓安溪書齋

二、《臺灣創意產業與策略管理》序

　　2009 年 4 月 24 日，我參加由國家圖書館和文化建設委員會、臺北市文化局等單位共同舉辦的「主義與問題：五四運動90 週年座談會」。

　　「主義與問題」的議題，是取自胡適在 1919 年 7 月所發表的〈多研究些問題，少談些主義〉一文，而當年的胡適就呼籲社會，不論是什麼主義，什麼意識形態，都不能當飯吃，他呼籲大家應都下苦工研究社會問題，這才是求得經濟社會進步的根本。

　　5 月 9 日，我又參加同系列活動之一的「五四人文之旅」活動，參觀了胡適紀念館與臺灣大學校園的傅園等具有歷史文化意義的景點。

　　當然，除了這兩項活動在我心裡產生極大的撼動之外，其他同系列的活動如國家圖書館展出的「五四文學人物照片」、「五四時期文學期刊」、「五四文學人物手稿及民國珍本書籍」，以及臺大圖書館展出的「近代名家手稿」再再觸動了我多年以前對於近代學人著作與思想研究的一段往事。

　　所以，我把以前發表過的〈胡適之先生著作書目提要〉、〈我構思撰寫近代學人著作書目提要的經過〉等文，經過增補，或許可以充當當前正夯的「文化產業」，回溯我在多年前就已經默默在進行創意產業的研究。

　　特別是在那一段蒐集資料與撰寫論文期間，我才進大學就讀不久，為了一股狂熱的學術研究傻勁，不但獲得與胡適之先生有同鄉和至親之誼的我的恩師曹昇之教授的指導，不論在課堂上或生活上都給予我不斷的鼓勵和照顧。

　　所以，我特別把這段師生情誼和研究胡適思想的關係記述下來。尤其是接到中央研究院胡適紀念館王秘書志維的詳細又親切的一封覆函，充分顯示了代表胡適之先生愛護青年、鼓勵年輕人，和重視學術研究的精神。

　　〈媽祖產業：臺灣明清時期民間信仰與經濟社會變遷〉一文，是我在 2005 年 9 月 4 日參加由中華媽祖文化產經慈善發展協會和中國海洋大學中韓海洋文化中心舉辦的《2005 年媽祖文化國際學術研討會》發表的論文，原名為〈臺灣明清時期媽祖

文化與市場經濟之探討〉，現在我也將它略作修改，收錄在本書裡。

因為，臺灣媽祖產業的發展不也正是臺灣在經濟發展中選擇創意產業的一環嗎？而〈安全產業：臺灣經濟發展與國家安全的整合性創意思考〉一文，是根據我在 2006 年 11 月 29 日發表於中央警察大學通識教育中心舉辦「第二屆教學觀摩會」的論文修改而成。

上述整合性創意思考方向是我在大學課堂上強調跨科際學科的理念，我之所以提出臺灣發展安全產業的目標，是要在臺灣經濟發展與國家安全的兩難困境，找出一條適合當前兩岸關係發展的道路，有助於推動華人區域經濟的發展，這也該是創意產業的另類思考。以上三篇，是收錄在本書【上篇：創意產業】所要特別凸顯出來的論述。

本書【中篇：策略管理】的論述，則是我分別在講授「企業政策」、「管理學」等課程之餘，應邀在大學、政府機關、民間企業和報章雜誌所發表的專題講稿與論文。現在我嘗試把它改寫為近似大學教材的內容，但不全然是教科書的方式，這是我還想盡量保持它原來的行文，以免淪為一般教科書的枯燥，希望讀者能用心體會，這何嘗不是我要突顯創意產業的努力。

本書【下篇：政治經濟】的論述，特別整理出政經整合和政商關係，這是表示我們在發展創意產業，尤其在文化創意產業方面不能忽略了政府應該扮演的角色，我們不僅要一部《文化創意產業法》，更要政府與民間共同營造一個有利於臺灣產業發展的環境。

藉此，我要指出，促進經濟發展或許沒有一套固定的理論或模式，但是經濟發展只要靠的有創新、創意，創業就不難，更是帶動經濟發展的主要原動力，政府與企業都必須嚴肅的正面看待。

最後，仍然要謝謝有助於促成本書內容撰寫的邀請演講單位、舉辦研討會的單位，還有刊載論文的報章雜誌，沒有你們的提供機會，也就沒有本書的完成。

也要謝謝這一路陪我走來的至親好友，沒有你們的鼓勵和支持，就不可能有讓我淨心思考的時間，來寫下我的研究心得。

既然是研究心得，一定還有很多要改正的地方，期望大家給我不吝指教，我衷心盼望著。

2009 年 8 月自序於臺北城市大學圖書館研究室

2020 年 8 月 6 日審修於臺北蟾蜍山麓迎風樓安溪書齋

三、《文創產業與城市行銷》序

2013 年 4 月 19 日，我應邀到臺南市政府警察局的一場講演，加深了我對文創產業與城市行銷議題的關注。因起於臺南市政府的籌備興建現代國際級的美術館，而其中的部分用地，據了解必須牽動原興建於 1931 年（昭和 6 年）日本統治臺灣時期，而與當時臺南州政府廳舍緊鄰的「臺南警察署」的主體建築。

　　州政府警務部的下署臺南警察署（原臺南市警察局）、嘉義
警察署，以及新營郡、虎尾郡等十個警察分署，等於現今的雲
嘉南地區，幅員兼具不同地方特色。

　　「臺南警察署」（光復後改名為臺南市警察局）的主體建築
既然已被市府列為古蹟，臺南又有臺灣古都的美稱，在定著的
土地上保存原有歷史價值古蹟實具有特殊的時代意義。

　　臺灣城市能擁有歷史建築的文化古蹟已經少之又少，「臺南
警察署」歷史古蹟的保存，不禁讓我想起 1989 年 8 月李國鼎先
生在一場茶會的致詞提到：給「MIT」與「ROC」一個新的意義，
將以往大家所認知的「MIT」（Made in Taiwan）──臺灣貨，經
過國人的多年努力後，可以解釋成「Miracle in Taiwan」──臺
灣奇蹟，已經能被國際人士接受；而被批評「ROC」（Republic of
Casino）──賭博共和國，係指當年所謂「全國皆賭」的貪風，
我們要努力把「ROC」變成「以愛代替貪」的「Republic of Culture」
──文化大國。

　　李國鼎先生的這段話值得我們省思。檢視從 1960 年代「臺
灣貨」的「MIT」歷經 1970 年代「臺灣奇蹟」的「MIT」到 1980
年代「賭博共和國」的「ROC」，乃至 1989 年李先生所期望追求
的「文化大國」「ROC」，迄今（2020）年屈指算一算，想一想，
已經整整超過了 30 個年頭。我們對於朝向「文化大國」的目標，
政府和人民到底努力了多少，真是令人感到汗顏。

　　當然，相較於英國自工業革命以來，即擅長利用經濟手段
發展藝術文化，以及近年來政府更利用發行彩券的方式，想支
持文化創意產業的發展，臺灣的文創產業顯然還有一段漫長的

路要走。

　　「文化大國」或許是李國鼎先生的崇高理想，是以中華文化為底蘊的國家發展目標。回溯 20 世紀以來，以「美國式資本主義」追求財富為主的市場經濟而言，難怪會被稱：「這是個富人無祖國的混亂時代」。

　　管理學家杜拉克（Peter F. Drucker）所謂的生活本該崇尚「三優主義」，也就是所謂的中道而行，不走極端，不耍心機，因而風度「優雅」；從從容容，因而「優游」自在，怡然自得，因而表現出「優美」無比的生命曲線，一路在生活的天地之中灑脫開來。

　　這一「杜拉克式」的理想國度或城市應是我們期望生活裡，蘊含著深沉、厚實文化所表現出來的人類現代文明。

　　然而，現代人類生活富裕程度的差異，和國力城市的強弱，顯然還存在著文明的衝突與世界秩序的重建。因此，突顯「文創產業」發展階段正如 21 世紀強調客製型服務的意義。

　　客製型服務精神誠如儒家「原商」的重視商人精神和傳統倫理，強調現代企業的宗教面、倫理面需求，凸顯了當前實施資本主義體制國家出現「政府失能」和「市場失靈」的雙失現象，和人類貪婪自私的黑暗面，正衝擊著人類的道德與精神文明。

　　人道主義者史懷哲（A. Schweitzer）早就提出呼籲：「隨著歷史的演進與世界經濟的發展，文明的進步非但沒有變得更容易，反而益加困難重重了。」因此，強調文創產業與城市文化的整合性行銷意義，當喚醒人類對在地文化底蘊和生態保護的

珍惜。因為，我們要讓「存在文明的意義若非在於減少人類的苦難，即在於使人類的受苦成為有意義」。

近年來，我因為講授「文化創意產業」有關的課程，也利用多次的參加研討會，順道參訪了許多城市，因而累積了多篇論文，藉著這次彙集出書的機會，我增修了部分的內容，特別是我在每篇研討會論文之後的【附錄：城市踏查與文化紀事】單元。

除了要對邀請單位和主事的朋友們表示感激之外，實在是因為自己在學術研究和教學的道路上，當許多的人、事、地、物總是時常浮現我的腦際，如果不將這些儘量地真實化為文字敘述，加以保存下來，我擔心這樣的重複再現，對於一個有時會有「多情感、少理性」，凡事想要保持美好回憶的人而言，卻總覺得有一種難言的沉重負擔。

更何況我需要向他（她）們表示感謝的人實在太多了，既然自己已將它「合理化」的未能一一親躬道謝，因此透過本書部分內容來表達，或許也不失為一種適當方式。但是，無論如何，請求朋友的惠予無限包容，心意還是不能免俗的，對嗎？我的朋友們！

這本書裡，收錄的主題是我自 2008 年以來至 2012 年發表有關文創產業的 10 篇論文。在這論文的內容上我為了全書的結構作了部分的修改，但仍盡量保留原貌。

特別要在此說明的是我在每篇論文的後面都增加【城市踏查與文化紀事】的單元，我主要的目的除了記述我參加每場學術研討會的經過之外，我的另一個用意就是希望為自己留下我

所走過的城市記憶，和嘗試建立時間美學的概念。

濟慈（John Keats）說的「做個魯莽的旅行者，勝過謹慎的定居人」，如果我們服膺濟慈說的這段話，我們當可理解未來發展有如「觀光產業與文化經濟學」，或稱「文化經濟學與休閒產業」的理論，被運用以結合臺北城市科技大學的休閒事業學系和休閒方面研究所，乃至於流行音樂和影藝學系的相關課程。

因此，在我的【城市踏查與文化紀事】中所寫下曾經與我有關的人、事、物，或許還有很多我遺漏的，我雖已盡求完整和完美，但畢竟限於我的文采，敢請諸多親朋好友惠予包涵，當然有關的文字責任是我自己必須要擔負的。

我也要對蘭臺出版社的盧瑞琴社長和鄭荷婷編輯表示謝意，否則這些的文字是無法呈現在大家眼前。我更要感謝邀請我發表論文的這些單位，如果沒有他們的邀請發表，就不會有這些論文的催生。

最後，我還是要對我的家人表示抱歉和感謝。抱歉的是這麼多年因為我的努力不夠，總覺得自己未能善盡改善家計的責任，所幸他們都本快樂著我的快樂，追逐著我的追逐，也能多給我包涵；我也要如李子恆作詞、作曲，蘇芮唱《牽手》中「因為愛著你的愛，因為夢著你的夢」的對我的家人表示感謝。

2013 年 6 月自序於關渡大成崗臺北城市大學
2020 年 8 月 6 日審修於臺北蟾蜍山南麓安溪書齋

四、《文學、文獻與文創──陳天授 65 作品自選集》序

1951 年，我出生在臺灣南部的嘉南平原，我的先祖可以確定在這地方已經居住下來的時間，應該是在 19 世紀初我天祖的這一代，然後下傳高祖到曾祖父的這一代，已經是 1860 年清朝統治臺灣被迫對外開放港口通商的階段。

我們陳家先祖在嘉南平原這地方的下茄苳堡安溪寮，有了初具規模的厝地和田產。雖然，我曾祖父曾將先祖好不容易累積下來的財產，分給了我祖父的三個兄弟和一個養子。

我們這一家系，得再經我父母親的辛苦持家，省吃儉用，養育我們兄弟姊妹 9 人，不但要勉力存錢，一待有了機會，就陸續又購回了部分的厝地和田產。現在雖然我父母親已經把厝地和田產分給了我們四位兄弟，但是我仍然將父母親當年持有的厝地庭院命名為「拙耕園」，祖厝的書房則命名為「安溪書齋」。

我在「拙耕園」與「安溪書齋」生活了將近 25 年的時光，直到我在臺北謀職工作。我可以說廣闊的嘉南平原孕育了我的重要人生階段，我在那裡出生、成長，和接受教育，而我們家又是一個大家庭。

或許是受到成長環境的影響，在我的待人處事上，我總是想儘量與人為善，我的個性也不喜愛強要出風頭，我也不太能懂得如何拒絕別人，對外物的回應我又極易感傷，終致養成我喜歡閱讀、深思與書寫的習慣。

　　本書第一部分的【壹、文學與紀事篇】，首先我特別寫了一篇〈我的青春我的夢──記大學時期文青歲月〉，記述了我在大學時期的參與文學性活動，和嘗試評論性創作的歷程。

　　我把這時期發表的作品分為散文評論類、圖書館學類，和抒懷詩選類等三類，我把它附錄在這裡，讀者也就不難發現我這些作品的青澀，因而諒解我在這一時期對社會的憧憬與不成熟，凸顯了我大學時期是位充滿理想、浪漫，又略帶多愁善感的愛好自由文藝創作的青年。

　　尤其情詩是永恆記憶的存在，也形塑我日後崇尚仁愛為本的人道主義者，和嚮往陶淵明《五柳先生傳》所言：「靜少言，不慕榮利。好讀書，不求甚解；每有會意，便欣然忘食。」的境界。

　　其次，收錄的〈1945-1949 吳新榮的文學創作〉，原篇名為〈戰後臺灣初期治安與文學關係之探討──以 1945-1949 吳新榮為例〉，是我於 2015 年 11 月 17 日發表於中央警察大學通識教育中心舉辦的「警察與通識教育學術研討會」，也是繼我在蘭臺出版社於 2012 年出版《臺灣治安史研究──警察與政經體制關係的演變》一書之後，所發表有關於臺灣「治安文學」的書寫。

　　我會發表這一方面的論文，除了為我撰寫《臺灣治安史》的累積素材之外，或許與我近年來，酷好法國大文豪雨果（Victor Hugo）的作品有關，特別是從他 1862 年小說《悲慘世界》（*Les Misérables*）改編的歌劇和影片。

　　另外，我還特別收錄有〈中國東北的文化紀事──城市踏查之 11〉、〈哈爾濱 731 部隊遺址的文化紀事──城市踏查之

12〉、〈澎湖「山東流亡學生」的文化紀事──城市踏查之 13〉
等三篇有關城市文化的記事，主要是延續 2013 年蘭臺出版社幫
我出版了《文創產業與城市行銷》。

　　該書共收錄了我所到過天津、北港新港、湄洲莆田廈門、
青島台兒莊、寧波奉化、上海、首爾慶州、東京箱根、福州安
溪、漳州泉州等 10 篇的城市踏查。

　　這些城市是我藉由應邀參加研討會，所記述下來類如「旅
遊文學」性質的作品，未來如果再有這類似城市踏查的機會，
我當繼續留下我這人生難逢的雪泥足跡。

　　本書第二部分的【貳、文獻與檔案篇】，首先我收錄的〈見
證臺灣政治民主化歷程──「臺灣省議會史料總庫」活動紀
實〉、〈繼《臺灣警政發展史》之後──參加「警察通識教育圓
桌論壇」有感〉、〈清治臺灣方志文獻治安記述〉、〈日治時期臺
灣治安文獻與檔案〉等四篇刊登在《警大雙月刊》的短文，也
都與我研究臺灣治安史議題有關的文獻探討。

　　另外，〈論檔案與文獻的整合應用〉與〈清治臺灣紀遊檔案
與文獻〉則分別是我參加由中國檔案學會在哈爾濱舉辦的「2013
年海峽兩岸檔案暨縮微學術交流會」，與由中華檔案暨資訊微縮
管理學會在臺北舉辦的「2014 年海峽兩岸檔案暨微縮學術交流
會」所發表的論文，更是我在 2015 年出版《警察與國家發展─
─臺灣治安史的結構與變遷》一書中，有關研究方法與參考檔
案文獻的探討。

　　本書第三部分的【參、文創與管理篇】，〈文創產業發展導
論〉的內容，是選自於我在臺北城市大學講授「文化創意產業」

的參考資料，主要是用來補足《文創產業與城市行銷》一書，在緒言上有關論述有稍不足的部分。

〈話說管理與溝通〉則是我於 1997 年 1 月 18 日應臺南縣文化中心之邀，原以〈話說管理——兼談工作中的人際關係〉為題的講稿，嗣後全文刊載臺南縣文化中心出版的「文化講座專輯 9」《人生贏家》。

這回演講讓我備感壓力與榮幸，因為是在我故鄉的關係，我也看到了許多我的親戚好友就坐在台下，嗣後彙集出版「文化講座專輯 9」的演講者中，更是將我的名字與其他多位名作家並列，真是與有榮焉。

另外，還收錄我在《臺灣商報》〈全民專欄〉，發表〈文創產業政策的政治經濟學省思〉、〈以創意整合生活產業的飲食文化〉、〈以流行音樂文創紀念兩位名家〉、〈「寡婦樓」被夷平的文化感慨〉、〈吳家舊宅的「府城歷史之窗」〉、〈「古蹟仙」林衡道的在地文創底蘊〉、〈詩品文學生命的文創效益〉、〈文化中心與文創園區〉〈金曲獎頒獎與彩色派對粉塵爆的兩樣情〉、〈臺北二二八紀念館與典藏臺灣歷史文物〉、〈傳統大木作建築藝術的傳承〉、〈策展平台的締造文創風華〉、〈明華園的表演藝術〉、〈清華大學「月涵堂」的文創意涵〉、〈江蕙與臺灣流行音樂〉等 15 篇，以「文創漫談」一系列的專欄式散文。

在此，我要感謝盧社長瑞琴的引薦，和游淑貞、沈彥伶主編的協助，讓我的文章得以有機會在這一專欄繼續發表。

本書第四部分的【肆、陳天授 65 主要作品目錄】，是從我自有作品發表以來的彙整，檢視這份作品目錄尚非完整。回顧

我走過的 65 個年頭，自己覺得很慚愧，我並沒有特別表現優異的紀錄。

但是我還是要在此表達，感謝在我閱讀、學思與書寫的這段旅程上，同路照顧過我的好朋友、我的服務過單位、我的長官，還有許多的社團與刊物，提供我的作品有發表的機會。

我應該特別提出來感謝的是，曾經邀請我寫專欄的《大華晚報》副刊吳娟瑜、《臺灣日報》副刊郁馥馨、《中央廣播電台》節目主持人仇桂芬，以及幫助我出書的黎明公司總編輯羅愛萍等朋友，承蒙她們不厭其煩地潤色我的作品，近乎達到完全理想的境地，讓我從文學、文獻到文創的學思歷程，增添了許多光彩。

感謝一路走來有她們不斷的鼓勵與支持，在往後的日子裡，我仍將自我淬鍊，善用自己能夠在有限的歲月中，繼續完成自己書寫的心願。

2016 年 1 月自序於臺北城市大學圖書館研究室
2020 年 8 月審修於蟾蜍山南麓迎風樓安溪書齋

後記

我很喜歡閱讀陳慶元教授的《東吳手記》，也很欣賞該書的圖文設計。所以，我的這本書有意保留【貳、文獻與檔案篇】與【參、文創與管理篇】中，原附有當時發表在刊物上的一些照片，但現在受限篇幅和圖片的效果，希望將來有機會重新編排時再行補上。

（2020.09.06）

五、《文創漫談》（電子書）序

　　文化資產、文化創意與文化觀光已是全球矚目，並各個國家全力發展的產業。我從 2015 年 5 月 6 日起在《臺灣商報》撰寫【文創漫談】的第一篇專欄文字開始，迄 2017 年 4 月 19 日為止所發表的篇數，連同這篇我現在改寫成〈自序〉的原稿篇數整整 80 篇。時間屈指算來，也將近有兩年之久；我也大略計算了文字的數量，已累積近 8 萬字。

　　我檢視了這些文字的內容，仍不失當初設定要寫這專欄的主題，它的性質是書寫人文的、藝術的、產業的【文創漫談】。

　　回顧年來，國內政局的再歷經政黨輪替，和新政府政策所面臨嚴峻考驗的時刻。特別是蔡英文政府所提「轉型正義」的大哉議題，未來是否能圓滿達成「在歷史的傷口上重生」的理想目標，實在令人憂心，也因此更值得國人繼續加以關注。

　　儘管我對臺灣文化發展的議題，已有我自己的想法與論述，但是我在【文創漫談】專欄上仍儘量避開會引發意識形態爭論的刺激性文字，特別是在這所謂「轉型正義」的議題上，但是既然書寫和論述人文的、藝術的、產業的文化創意產業層面，又不能不涉及對政府諸多文化政策的批評。

　　基於，當前臺灣文化內涵的最容易讓國人捲入「中國史」與「臺灣史」執重的歷史觀，和衍生出來國家認同的嚴重意識形態問題。臺灣文化主體性本可視為一個中性詞彙，意謂文化施政以臺灣土地上既有的文化為優先，它充分包括了傳統文化

與新創成果。或許在【文創漫談】的這些文字裡，讀者會發現我在理念層面的闡述少，對政府作為的苛責多，但讀者仍然可以從中梳理出我一貫訴求的文化觀點。

　　回溯我的書寫專欄歷史，可從 1987 年 8 月 1 日開始在《臺灣日報》，撰寫【文化休閒】專欄起，每周一篇，寫至當年 12 月 26 日。當時我為什麼會選擇用〈文化休閒〉專欄的這一名稱，最主要因素是當時尚無「文創產業」的這一用詞。因此，它的概念、名稱、性質和內容並未形塑成熟，而當時國內生活經濟條件，已逐漸容許國民有比較多從事於休閒活動的能力。

　　可是當時臺灣社會上盛行飆車、卡拉 OK、大家樂等性質的活動，這種不健康的休閒充斥整個臺灣社會。基於這重要原因，和自己一直強調養成閱讀與書寫的生活習慣。因此，我非常希望透過【文化休閒】這一系列文字，呼籲社會能重視文化休閒的活動，以提高國民的生活美學。

　　【文化休閒】專欄的內容，諸如〈文化別館〉、〈善利其器〉、〈相看兩不厭〉、〈上窮碧落下黃泉〉、〈一架飛機百萬本書〉、〈藏書樓不褪色〉、〈改變中國的書〉、〈休閒新義〉、〈文化奇蹟〉、〈且看好戲上演〉、〈有感於富裕中的貧窮〉、〈選中華文化之美〉、〈邁向資訊化社會〉、〈人才第一〉、〈贏取尊敬〉、〈君子而時中〉、〈讀書人的文化光輝〉、〈文學之門〉、〈一生的讀書計畫〉、〈資訊與決策〉、〈據論語把算盤〉、〈活出知書達禮的民族來〉等 22 篇，內容都是在闡述我的文化理念，和凸顯休閒產業與文化經濟學的意涵。

　　現在，我將【文創漫談】與【文化休閒】綜合修正後的文

字，分成創意生活產業、音樂及表演藝術產業、文化資產應用及展演設施產業、工藝及建築設計產業、電影及廣播電視產業，以及出版及數位內容產業等六大類，並沿用【文創漫談】的專欄名稱為本書名。

同時，將與另外《生活隨筆》、《生命筆記》等電子書的專欄文字並列，還請曾閱讀過我【拙耕園瑣記系列】作品的各位讀者，繼續不吝給我批評與指教。

2018 年 4 月自序於臺北蟾蜍山南麓迎風樓安溪書齋
2022 年 3 月修稿於台北城市大學圖書館研究室

校後記

近日開始校對我的【蟾蜍山瑣記系列之壹】《文創漫談》電子書。該書主要收錄我在 1987 年間撰寫【文化休閒】，以及 2015 年至 2017 年間撰寫【文創漫談】等兩個專欄，所彙集而成的文字。

回溯我在《臺灣日報》開始書寫每周一篇的【文化休閒】專欄時，為什麼會選擇用〈文化休閒〉這一名稱，我想因為當時「文化創意產業」這一用詞，還未出現如 2002 年以後「文化創意產業」觀念的開始在臺灣盛行。

但我記得當時提供我撰寫專欄資料的兩位臺南同鄉莊芳榮與黃武忠，他們都先後服務於文化建設委員會，也就是現今的文化部前身。

武忠兄出生北門地區，除了與我是臺南同鄉之外，也是我參加陽明山講習會的同學，他是國內較早投入日據時期臺灣新

文學作家田野調查工作的一位。主要作品以散文和傳記為主。他得過許多大獎，特別是 1996 年以《文學動念轉不停》榮獲「南瀛文學獎」，可惜他以 55 歲的英年辭世，令人扼腕。

芳榮兄是學甲人，大學我們念的同是圖書館學系。他在文建會服務的辦公室離與我上班的地方很近，早期他有意投入臺南縣省議員的選舉，我們常聚會。記得有次，我倆和另外一位也是臺南同鄉在臺大校友會館午餐後，隔不了幾天，芳榮兄膺任臺北市民政局長，幾年之後他又更高升在國家圖書館館長任內榮退。

今天，我校對我的《文創漫談》一書，其中所記述部分的臺灣文化創意產業思維，我特別要感謝這倆位臺南同鄉的啟發與指教。

在此，我不禁要對武忠兄文學路的壯志未酬抱憾，但對其能留下不朽作品而驕傲；對芳榮兄為民喉舌的心願未成而抱屈，但對其能在館長任內貢獻所學而敬佩。

（2018.07.13）

專欄雜文與自述類的著作自序輯

一、《為有源頭活水來》序

　　這裡收錄的是我近四年來，在《臺灣日報》〈副刊〉所陸續發表的專欄作品。當時與我聯繫的郁馥馨編輯，她是中文本科系出身，所以我接受她以【文化休閒】為主題的書寫，既是文化領域，又是休閒而比較輕鬆的小品文類，對於我在大學時期研習圖書館學，加上長期以來我喜好閱讀和蒐集資料的嗜好，所以從 1987 年 8 月 1 日起該專欄的文章開始上報。

　　到了該年的年底，為配合副刊版面的調整，報社給的建議是將該專欄改為【側寫女性人物】方面的內容，以適度反映當時臺灣重視女性權益，和其對於社會貢獻的議題，尤其是從近代重要人物中去探討受女性影響下所表現具有正面教育意義的內容，所以這專欄從 1988 年 1 月起承接已經累積寫了 22 篇的【文化休閒】的專欄文字，而且維持每星期一篇，每篇約 500 字的方式，一直寫到 1991 年 2 月止，陸續寫了 93 篇。

　　這期間，我除了本職的工作、大學兼課任教及少許講演外，也因為當時先父正臥病在床，且經歷兩次的中風，致使他不但深受病體痛苦的折磨，嚴重的病況致使他連自己至親的家人都已經變得陌生，甚至於完全不認得了，更遑論閱讀我的作品。

　　記得念大學的時候，我每每喜愛把自己在報章雜誌上刊載過的文章，呈給他老人家過目。父親早年是受過日本教育的，儘管他對於中文內容的理解與領悟仍然不是很理想，但至今他手上拿著我文稿的神情，和他那高興的微笑情景，迄今仍然深深地印留在我的腦海裡。

　　1992 年三月八日的婦女節，我一早搭火車南下趕赴成功大學附屬醫院，探望因病開刀住院的母親之後，我又因臺北有活動的不得不隨即趕返，並在這屬於有意義婦女佳節的還剩下不到一個小時，寫下這極代表本書內容的序言。並感謝黎明文化公司執行編輯羅愛萍女士的協助列入【青年文庫】，和入選國防部發行的軍中【官兵文庫】。

　　南宋大儒朱晦庵（1130-1200）寫〈觀書有感〉二首，其一有句「半畝方塘一鑑開，天光雲影共徘徊；問渠那得清如許，為有源頭活水來。」我除了對於這句「為有源頭活水來」，其所顯示尤具深層的內涵之外，我極樂願以《為有源頭活水來》作為本書的書名，來誠摯表達我要特別感謝我家人對我的多包涵與諒解。

　　謹以本書，獻給我敬愛的家人。

1992 年 3 月 8 日自序於臺北

2020 年 5 月 12 日審修於蟾蜍山南麓安溪書齋

二、《我的百歲母親手記──拙耕園故事》序

　　這本書是為我百歲的母親而寫，記述平凡母親的成就非凡故事，也是我書寫文字以來最難下筆的文字。每次我寫了一段，總覺得對母親的敘述不夠貼切，自己感覺非常不滿意。這些文字我開始構思與起草的時間非常早，但斷斷續續地寫，我都已不是很清楚地能確切已經寫了多久。

　　我只依稀記得 1980 年代，臺灣播放 NHK 由橋田壽賀子編導連續劇《阿信》的時候，看到小林綾子扮演阿信少女年代的揹著小孩，以及田中裕子和乙羽信子的分別扮演阿信成年與中老年時期，我就會聯想到，那不正像是當年母親幫我帶小孩，她揹著孫女的身影嗎？母親有如阿信為整個家庭的無怨無悔付出。

　　我的母親和先父同時出生於日本統治臺灣時期的大正 7 年，換算成中華民國歷史，也正是民國 7 年（1918）。先父是在民國 80 年底過世，享年 74 歲。母親今年已是百歲人瑞了。我是何等有幸成為父母親 9 個小孩之中的一位。

　　我非常喜歡日本昭和時期作家井上靖的作品和改編由原田真人導演的電影，特別是他出版自述性小說《我的母親手記》。該書是以〈花之下〉、〈月之光〉、〈雪之顏〉等三篇文字，描述他母親在不同年齡時期生活的情景所匯集而成。

　　〈花之下〉是井上靖描述母親 80 歲，〈月之光〉是 85 歲，在之後的過了 4 年，則是〈雪之顏〉記述 89 歲那年母親的過世。

該書內容成為是井上靖記述母親自 80 至 89 歲期間，在這長達 10 年母親失憶生活的日子裡，井上靖是如何地貼近晚年罹患阿茲海默症的母親，讓他更深入觸動了年邁母親的內心世界。

我也很欣賞曾為作曲家李泰祥設計唱片封面的製作人張文，他費時 7 年親自錄下了高齡母親的歌聲，並以《阿娘‧唱予你聽》為題，獻給老母親，作為他母親 90 歲的珍貴禮物。

張製作人說，他只要一有空就回雲林老家，帶著簡單的錄音器材，哄著母親唱歌，專輯收錄了包括〈關仔嶺之歌〉、〈雨夜花〉、〈白牡丹〉、〈農村曲〉等臺灣歌謠，這些歌謠不但是其母親成長時熟悉的記憶，彷彿也是他們母子之間的祕密日記。

《阿娘‧唱予你聽》這張專輯，展現了他母親住在鄉下種田的一輩子農村生活，尤其當日本統治臺灣時期父親被日本人抓去充當軍夫時，他母親就一人守護這個家園。張文特別感慨的認為，我們做孩子的，卻常常忽視了母親的內心世界。

讀到井上靖《我的母親手記》，和張文《阿娘‧唱予你聽》等兩位作品的敘述，讓我更想起有著與他們相同經歷的已故父親，和現齡百歲母親的一生遭遇。

往前我在大學的教學與研究，占去了我的大半時間，我常自省到底我曾為雙親做過哪些事？這想法一直都在我腦海中不停地浮現。我責怪自己，我現在教職退休的半隱居生活，無非希望自己有更多時間的閱讀與書寫，特別是我應該連結母親脈動，和書寫更貼近母親的內心世界。

母親的百歲我做了什麼？以後，我又能為她做些什麼？到底我能不能為父母親留下可資子孫記取的人生智慧？現在，我

學習井上靖，和張文特殊記述他們母親的有意義方式，我嘗試記述自己觀察到母親的想法與生活。

我對百歲母親的手記，不是日記，也不是報導的書寫方式，而是我以感性寫實的記憶，記述母親的內心世界。我在側寫母親的時刻，時常遇到不知如何着墨。尤其是我陷入於無法經常隨侍母親，而內心又感到十分歉疚的情境，更是難於下筆。

然而，往事歷歷，又是稍縱即逝。因此我停停寫寫，寫寫停停，我總是希望我的文字書寫，能記述我母親，她就如同天下母親的愛一樣呵護子女，她是如此的平凡，卻積累成就其百年歷史的非凡故事，讓身為子孫的我們，永遠感激她。

我喜歡閱讀與書寫，但時感書寫親情的文字本難，記述自己母親的文字更難。母親不識字，但她已經經歷的百年歲月，累積了人間無盡的瑰寶，我希望透過這本小書的出版，讓大家也能貼近母親的內心世界。

書內，我也特別收錄了女兒彥廷所發表在報紙上的四篇文字，內容盡是孫女回憶對爺爺的哀思和奶奶的感恩，以及描述她小時候，與堂姊在安溪寮老家「拙耕園」的生活點滴。

這書名《拙耕園故事——我的百歲母親手記》，其中的「拙耕園」，除了係取自陶淵明〈歸園田居〉的「開荒南野際，守拙歸園田」的意涵之外，亦有如我在我的《拙耕園瑣記》中所述：「拙」是笨拙，亦有代表我自己寧拙不巧生活的質樸真誠；「耕」則有農與筆的耕讀雙層意義。我要求自己不忘臺南農家的耕讀生息，倖有接受教育和獲得工作的機會，得以走向文字的書寫之路。

　　本書初稿曾在我的臉書斷斷續續地發表，非常感謝許多來按「讚」的臉友，和大家支持我對於自述性文字書寫的熱烈迴響，也充分彰顯我們這個社會充滿了人世間愛的溫馨。我也認為我們雖是平民百姓，但家族中有故事就會有感動，有家族歷史就會是有自信的子孫。

　　我也想藉這書的出版，向今年百歲的母親，和在天上的父親報告，我並沒有辜負她們兩位老人家所期望的，不失為作一個現代讀書人，對國家與家庭應盡的責任。

　　最後，謹以此書獻給敬愛母親的百歲禮物，也感謝這一路走來，扶持我們家族的所有親朋好友，讓在母親的平凡世界裡，成就其不平凡的精神。

2017 年 4 月自序於臺北城市大學圖書館研究室
2020 年 7 月審修於蟾蜍山南麓迎風樓安溪書齋

三、《我的百歲母親手記——拙耕園故事》（簡體電子書）序

　　2017 年 6 月，這本《我的百歲母親手記——拙耕園故事》繁體版的紙本書，在臺灣正式出版了，現在簡體版電子書也即將與讀者見面。

　　我之所以要寫這本書，就誠如我在繁體版紙本書的〈自序〉中所言：「我總是希望我的文字書寫，能記述我母親，他就如同天下母親的愛一樣呵護子女。她是如此的平凡，卻積累成就其

百年歷史的非凡故事，讓身為子孫的我們，永遠感激她。」

我母親廖氏和先父陳氏家族，祖先都來自福建泉州，移居來臺灣後可能都世居在清治臺灣時期的鹽水港廳下茄苳南堡安溪寮庄土名頂寮，後屢經行政區改制，現今名為臺南市後壁區（安溪寮）頂安里。

我在撰寫本書的過程中，考證來臺第一代我的烈祖陳孜（政？）生於清乾隆 40 年前後（生 1775？，卒 1822？），資料載有：沈氏悅娘、洪氏轉娘、陳娘代娘；傳第二代我的天祖陳投（生 1800？，卒 1843），資料載有陳諂（生 1800？卒 1843）。傳第三代我的高祖陳祥（生 1827 卒 1894）娶王氏三貴（生 1829，卒 1900）。

傳第四代我的曾祖陳水連（生 1860，卒 1902）娶王氏換（生 1859，卒 1890），續絃我的曾祖母曾氏吉，生於清同治 5 年（1866）、卒於日本昭和 17 年（1942）。她娘家是在以西拉雅族人居住為主的鹽水港廳哆囉國西堡番社街，現今名為臺南市東山區的俗稱中街。我推測曾祖母的家族人，在臺灣「有唐山公、無唐山媽」的移民開墾時期，極有可能是漢族與西拉雅族通婚的平埔族人。

傳第五代我的祖父陳枝叶生於日明治 29 年（1896）、卒於日本昭和 14 年（1939），娶我的祖母陳氏阿來（生 1896，卒 1929）。傳第六代我父親陳其生於日大正 7 年（1918）、卒於民國 80 年（1991），娶我母親陳廖甭纏，母親與父親同年生，母親亦於 2019 年 7 月 23 日（農曆 6 月 21 日）清晨仙逝，享年 102

歲，留給我們無盡的哀思。

楊絳在她一百歲時寫下的感言：「我們曾如此渴望生命的波瀾，到最後才發現人生最曼妙的風景，竟是內心的淡定與從容；我們曾如此期許外界的認可，到最後才知道世界是自己的，與他人毫無關係。」或許楊絳的百年歲月經歷，可以部分描述母親在她人生最後幾年的心境。

我非常殷切盼望藉由這次本書簡體版電子書的發行，能夠協助蒐集有關我母親廖氏、曾祖母曾氏和先祖陳家的更多、更確實祖籍文獻，那將是我出版這書來紀念母親百歲暨先父百歲冥誕，令人感到興奮的另一件有意義的事了。

　　　2017 年 7 月 11 日自序於臺北城市大學圖書館研究室
　　　2020 年 7 月 16 日審修於蟾蜍山南麓迎風樓安溪書齋

四、《臺南府城文化記述》序

這本書是我繼 2013 年《文創產業與城市行銷》、2016 年《文學、文獻與文創》二書之後，再整理出版自述性的散文集。前述二書的部分內容，是收錄了我近年來藉赴各城市參加會議，分別踏查了天津、廈漳泉、青島、寧波、上海、哈爾濱、東京、首爾等城市的文化記述。

我在書寫了這些城市的文化記述之後，自覺卻未書寫對自己生長的臺南故鄉，實感有所虧欠，而且這遺憾的感覺有越來

越強烈的趨勢，一再激發我應該對育我長我的臺南府城有所回饋。

　　於是我開始實現書寫臺南城市文化記述的構想，決定先寫，然後在臉書（Facebook）發表。主題就圍繞我臺南後壁的安溪寮老家「拙耕園」，臉書就名稱為《拙耕園瑣記》的一系列雜記。

　　「拙耕園」意涵，是當今向晚之年，我有陶淵明〈歸去來辭〉的「田園蕪，胡不歸」感受。記得大學時代，我曾到中文系選修詩詞的課程，汪中老師還介紹了這位田園大師的另一首〈歸園田居〉。

　　〈歸園田居〉共五首，而其中的第一首：「少無適俗韻／性本愛丘山／誤落塵網中／一去三十年／羈鳥戀舊林／池魚思故淵／開荒南野際／守拙歸園田／方宅十餘畝／草屋八九間／榆柳蔭後簷／桃李羅堂前／曖曖遠人村／依依墟里煙／狗吠深巷中／雞鳴桑樹巔／戶庭無塵雜／虛室有餘閑／久在樊籠裡／復得返自然。」其中我又獨愛「開荒南野際／守拙歸園田」。

　　亦誠如我在《拙耕園瑣記》的〈卷首語〉所寫的，「拙」是笨拙，亦有代表自己笨於文學創作；「耕」則有要求自己不忘出身臺南的勤於農事，爾後因為受教育和工作，倖有機會養成自己閱讀與書寫的幸福園地。

　　所以，《拙耕園瑣記》是我努力以「臺南人、府城事、家鄉情」的在地文化記述，發表對臺灣這塊土地「所讀、所見、所聞、所思、所評」的關懷，我嘗試學習林語堂「無（五）所不談」的書寫境界，雜記下來自己的觀察與感想。

　　猶記得 1970 年 4 月 12 日我在臺南南一書局，買了一套胡適寫的《胡適留學日記》（4 冊），那是在我正為 7 月準備考大學前的幾個月，現在回想起自己當時，是多麼的狂熱和放縱。

　　我狂熱的，是自己仰慕胡適在美國留學階段，從 1910 年至 1917 年的持續書寫日記，堅持他的求學與學術研究精神；我放縱的，是羨煞胡適異國浪漫情懷，而不顧自己面臨大學聯考的逼近，堅持自己喜歡的閱讀，買了這一套「閒書」。

　　《胡適留學日記》原書名為《藏暉室箚記》，是民國 28 年（1939）由上海亞東圖書館出版；民國 36 年（1947）轉由商務印書館印行，書名改稱《胡適留學日記》，1969 年臺灣商務印書館二版發行。

　　在我當年考上輔仁大學圖書館系，負笈北上之後，這套書我都一直帶在身邊翻閱，隨時調適自己在異鄉的大學生活。縱使碰到寒暑假，我仍然放進包包，帶回臺南老家。迄今，我都還將它放在書房的架上，它一直深深影響到我今天的閱讀與書寫。

　　還有一套高拜石寫的《古春風樓瑣記》（32 冊），主要內容是以近百年來的國事、家事、天下事為題材，無所不談的書寫入這一套的瑣記中。回溯 1970 年代末期，我因工作關係，時與《臺灣新生報》的友人有所往來。每當《古春風樓瑣記》的專欄文字，在該報登載後，即輯單行本出版。我有幸承蒙好友贈送其中本書，若再遇有缺集，我就自己設法購買閱讀，並滿足愛好蒐藏圖書的那一份感受。

　　胡適在我《胡適留學日記》的自序中說：「要使你所得印象變成你自己的，最有效的法子是紀錄或表現成文章。」

（Expression is the most effective means of appropriating impressions）。我敬佩胡適不斷地閱讀與書寫，並以做提要、箚記、寫信、談話、演說、作文的方式，來建構他的完整思想體系；我也欣賞高拜石《古春風樓瑣記》的書寫風格，我深受他們二位的影響至今，也培養我日後喜歡閱讀與書寫的習慣。

我書寫《拙耕園瑣記》的起訖時間，開始於 2014 年 7 月 5 日的〈卷首語〉，結束於 2017 年 3 月 7 日的〈卷尾語〉，我大略計算了一下，總共發表近 300 篇，我也效法梁實秋與老舍的書寫要求，每篇約 700 字，總計 20 萬字左右。

閱讀梁實秋在 1982 年發表一篇〈關於老舍〉的文章，裡面寫道：「這是四十多年前的事了，當時老舍和我都住在四川北碚。老舍先是住在林語堂先生所有的一棟小洋房的樓上靠近樓梯的一小間房屋，房間很小，一床一桌，才可容身。他獨自一人，以寫作自遣。有一次我問他寫小說進度如何，他說每天寫上七百字，不多寫。……他寫作的態度十分謹嚴，一天七百字不是隨便寫出來的。他後來自己說：『什麼字都要想好久。』……。」

我就是受到老舍一天七百字的鼓舞，才自不量力的想學學老舍的功夫。雖然我不是如老舍每天寫，但屈指算來，我的《拙耕園瑣記》也已寫有 2 年 6 個月的光景。

現在我已從《拙耕園瑣記》中，分別整理出我母親與「拙耕園」有關的記述部分，於 2017 年 6 月彙集出版了《我的百歲母親手記──拙耕園故事》；至於，我在中央廣播電臺主持【知識寶庫】節目的廣播稿，和在臺灣日報撰寫專欄【側寫女性人

物】的文字稿，彙編成的《近代名人文化記述》，亦已由出版社發行電子書。這兩本書的催生，是我在書寫《拙耕園瑣記》過程中的始料未及作品，感覺格外具有自己閱讀與書寫人生的歷史意義。

《拙耕園瑣記》所累積的文字，經過我的上述梳理後，相形之下當更能凸顯我對臺南府城的文字意義。於是我決定將其內容，加以審修，並加以分類為【鄉居記憶】、【地方文誌】、【文創新意】、【歷史檔案】等四部分。我非常樂意以《臺南府城文化記述》的書名來出版，也希望有助於大家對我故鄉臺南府城的歷史文化，和臺灣文創產業發展有進一步的連結，因而喜歡上獨有的臺南風土民情。

最後，我要特別感謝方集出版社蔡佩玲發行人、陳欣欣主編和她們的編輯團隊，她們大膽地接受，將我發表在臉書的《拙耕園瑣記》，分別編輯成《臺南府城文化記述》、《我的百歲母親手記——拙耕園故事》，和《近代名人文化記述》，以及李欣芳主編的團隊為後續《流轉的時光：臺南府城文化風華》、《稻浪嘉南平原》和《紀事下茄苳堡：臺南府城歷史情懷》等書的編輯發行。

2017 年 6 月紙本的《我的百歲母親手記——拙耕園故事》已經出版，現在《臺南府城文化記述》的紙本書與電子書也發行。在此，誠摯希望讀者會喜歡我的書寫風格，更盼望各界給予不吝雅教。

2017 年 7 月自序於臺北城市大學圖書館研究室
2022 年 3 月審修於蟾蜍山南麓迎風樓安溪書齋

五、《近代名人文化紀事》（電子書）序

　　本書共分為上下兩篇。上篇【側寫女性人物】的專欄稿，其撰寫的經過，該是緣由於我的喜歡閱讀與書寫。當面對自己人生酸甜苦辣、悲歡離合的旅程，我也總要經常性地去體會所謂「人間四情」的親情、愛情、友情，和人情，來溫馨和豐碩我不斷閱讀與書寫的人生觀。

　　1987 年臺灣社會正面臨剛解嚴後的關鍵時刻，有一天我突然接到《臺灣日報》副刊郁馥馨主編的電話，邀我撰寫【側寫女性人物】這一溫馨系列的專欄文字時，我直覺就想到可以將我平時閱讀與書寫的心得，透過對「人間四情」的感受，藉由專欄文字的表達將它抒發出來，所以我就毫不猶豫的滿口答應了。

　　從 1988 年 1 月至 1991 年 2 月撰寫【側寫女性人物】專欄的連載 3 年期間，不論是例行放假日、出差在外，趕稿，郵寄，或到處問有沒有傳真機，商店查問有無寄賣《臺灣日報》，方便我買到該報紙的刊載文，我都會特地剪了下來。但有些刊載文還是被我遺漏了，如果加上我未留底稿，現在我這近百篇的專欄文字只好借用查考圖書館典藏資料。想想在那沒有手機、沒有 Line、沒有 Facebook 的年代，這種特殊感受也別有一番滋味在心頭。

　　1991 年【側寫女性人物】專欄停筆後的第二年，黎明文化公司決定將我的此專欄文字，與另一【文化休閒】的專欄文字，

彙集成書，書名我特別選用《為有源頭活水來》。「為有源頭活水來」的詩句，是取自朱熹〈觀書有感〉的「半畝方塘一鑑開，天光雲影共徘徊；問渠那得清如許，為有源頭活水來。」

我喜歡閩南大學問家朱熹描述，其以寧靜清澈的一方小小池塘，來比擬自己閱讀樂趣的心境，就像極了鏡子倒映著天光雲影，顯得如此的清澈澄明。這番景象和心境，令人不禁要問若非源頭活水來，哪能竟是水波清如許。我更獨愛選擇最後這一句「為有源頭活水來」，將其解讀為是人類生命的源頭，我們母親是與生俱來母性、母愛、母教的崇高偉大。

《為有源頭活水來》這本書，黎明文化公司最先是將其列為【青年文庫】第四輯的其中一書，在普遍受到青年學子和學校圖書館的歡迎之後，又通過國防部的審查，編列為部隊裡出版【官兵文庫】的叢書。藉此，我要深深感謝黎明文化公司羅愛萍總編輯的厚愛，得讓我的專欄文字以文字書本的面貌和讀者見面。

如今，檢視【側寫女性人物】專欄的撰寫時間，竟然已是28 年前的舊事了。對照當前社會女性權利和性別平等議題的普受尊重，我不得不佩服當年邀請我寫稿主編的前瞻眼光。

然而，郁主編在《臺灣日報》結束發行的前後，轉到臺鹽公司旗下的《鹽光雜誌》服務。以後經過一段很長的時間我們都沒有再連絡。直到有次同學的聚會，我才知道她已回到她祖籍老家山東的台兒莊，擔任台兒莊古城所屬刊物《天下@第一庄》的主編。

2011 年 4 月我們同學有機會應台兒莊古城之邀，參加「古

城兩岸文化論壇」，我發表了〈兩岸城市文創產業發展的趨勢與展望——臺北淡水老街與山東台兒莊古城的比較〉。同年 12 月和過了 3 年之後的 2014 年 6 月，我更分別以〈紀行台兒莊古城〉與〈追憶「山東流亡學生」在澎湖的一段史事〉，發表於《天下@第一庄》。

上述三篇文字，後來收錄在我的《文創產業與城市行銷》，和《文學、文獻與文創——陳天授 65 作品自選集》。而這兩本書，我都交由臺北的蘭臺出版社，分別於 2013 年與 2016 年印行。

下篇【開啟知識寶庫】的廣播稿，則是我在 1998 年 10 月起至 1999 年 6 月為止的 9 個月期間，以每周一小時的時間，在中央廣播電臺的錄音播出。在此，我要感謝邀我負責【開啟知識寶庫】單元的節目主持人仇桂芬和古亞蘭女士，沒有她們二位的積極騰出時段，我是很難有機會用我這「臺灣國語」，在這處處講求標準國語的節目中播出的。

這節目一共播出 38 集，我廣播稿中所選擇的近代中外知名人物，也都是我平時不斷閱讀與書寫的研究對象，特別是針對其有關知識性的文化紀事。另外，其中特別有三篇是人物的專訪，包括：專訪名歌星林志穎談他《大兵日記》的撰寫與出版、專訪國家圖書館館長莊芳榮，談他治學與主持國家圖書館的甘苦，以及專訪國立空中大學校長黃深勳談他教學與從事推廣教育的理念。

至於本書《近代名人文化紀事》書名的緣由，我細數本書所收錄近代中外的名人超過百位。猶記得 1970 年當我從臺南負

笈北上，就讀臺北輔仁大學圖書館系時，有一門介紹中西文參考書的課程，曾介紹美國哥倫比亞大學刊行的一套《民國人物傳記辭典》（*Biographical Dictionary of Republican China*），以及介紹王雲五和楊家駱分別主持臺灣商務印書館與臺灣世界書局的叢書出版。

加上，我後來利用在學校刊物掙來稿費，省吃儉用的存夠了錢，買了一套 1971 年由臺北傳記文學出版社【傳記文學叢刊之十八】，所出版歷史學家吳相湘教授撰寫的《民國百人傳》，這套書精裝共四大冊，對於中國近代名人傳記的資料蒐集，不但廣泛，而且撰寫極為詳實。尤其是在學術教育人士方面，幾乎占了書裡人物的四分之一。

古人說：「立德、立功、立言」為「三不朽」，我不敢唐突，僅說「紀事」為前事不忘，後事之師的微言存之與否？有關我這本《近代名人文化紀事》的人物選取，和內容敘述，主要受到王雲五、楊家駱和吳相湘等三位教授，在觀念引導和文獻運用上的啟迪甚多。他們都是臺灣圖書館學和歷史學界令人敬仰的前輩。

我總記得我們圖書館學系的老師，常鼓勵我們學生說：「圖書館系的學生，在文學造詣方面比不上中文系；在語文表達方面比不上外文系；在資料考證方面比不上歷史系；在邏輯辯證方面比不上哲學系，但是圖書館系學生在知書博學和搜尋資料的功夫上，是別科系學生所不能及的，這就是圖書館學通識的專業。」

我始終牢牢記得老師課堂上講的這句話，乃至於以後我在

大學教書也都秉持這個理念，一直選擇擔任有關通識教育方面的課程，以不愧於出身圖書館系，做為一位長期懷抱閱讀與書寫樂趣的讀書人。

　　說到我這本書的特點，是磨刀石亦是敲門磚，可以做相互砥礪，和拋磚引玉。旨在於幫助讀者認識這些近代中外名人的生活點滴，是一本引導讀者勵志向學與文化休閒的入門書。我很慶幸這本書能以電子書出版，我首先應該要感謝元華文創公司蔡佩玲總編輯，和她的編輯團隊。這次電子書的出版對我而言，是我在出版論述性和自述性文本之外的嘗試。

　　我更高興的是這次電子書出版，能夠實踐我當年研習圖書館學（library science）與資訊科學（information science）的理論，讓我體驗數位化時代文明俱進的閱讀與書寫，更提升了我對閱讀與書寫的另一種喜悅。

2018 年 1 月自序於臺北城市大學圖書館研究室

2022 年 3 月修稿於臺北蟾蜍山南麓迎風樓安溪書齋

六、《生活隨筆》（電子書）序

　　本書是由【生活隨筆】與【城鄉紀事】的兩單元彙集而成。【生活隨筆】的文字是緣於我應《臺灣商報》的邀請，從 2017 年 4 月 26 日至 2018 年 2 月 14 日止，以專欄稿方式於每周三見報。在這期間裡，我一共發表了 43 篇。

　　仔細閱讀我在這【生活隨筆】專欄的書寫內容，當知我之所以會以【生活隨筆】為名，顧名思義在敘述我自 2016 年，從大學專職教書的生涯中退休下來，無形中我的生活腳步就自然放慢了，但隨著我靜慮思得時間的增多，自己幾十年來已經養成在專欄上發表言論的習慣，更是屢屢出現欲罷不能的心思與感受。

　　我沒有文學領路人，只是一路漫遊。這種可以自由沉思的生活境地，彰顯了自己在進入向晚年紀的寶貴時刻，我當然亟欲把握這容易稍縱即逝的千載難逢機會。於是我答應報社的撰寫這一專欄，從一開始我就採取以不避拘泥文章形式，也不想在內容上遭受任何的干預與約束。因而，要求報社接受我的隨想隨筆論述。

　　這種任我遨遊的自由思想世界，我有時候還是難免會有自況杜甫〈旅夜書懷〉中所述，「名豈文章著，官應老病休，飄飄何所似？天地一沙鷗」的感嘆，而將自己生活中對國家社會的許多感觸，自然流露於字裡行間。

　　然而，這不也正是我自從青年時代開始，即所嚮往自由主義者追求要過的生活，與積極追求自己人生的理想目標嗎？現在，這種選擇自由閱讀與書寫的方式，也已表現在我審修「城鄉紀事」的 16 篇文字。

　　【城鄉紀事】書寫的陸續完成，都是近年來我利用參加研討會發表論文、獲邀擔任與談人，以及接受委託的機會，記述我參訪時所到城市或鄉間的見聞，是在我教學與研究生涯中，所進行田野調查和生活紀遊的一部分，也是我對這些城市與鄉

村景點的歷史文化紀事。

在這 16 篇的【城鄉紀事】裡，其中有：〈天津的文化紀事〉、〈新港、北港的文化紀事〉、〈湄州、莆田、廈門的文化記述〉、〈青島的文化紀事〉、〈台兒莊的文化紀事〉、〈寧波、奉化的文化紀事〉、〈上海的文化紀事〉、〈首爾、慶州的文化紀事〉、〈東京、箱根的文化紀事〉、〈福州、安溪的文化紀事〉、〈漳州、泉州的文化紀事〉等 11 篇，曾經收錄在我 2013 年已出版的《文創產業與城市行銷》一書中，我要藉此機會感謝當時協助我出版的蘭臺出版社。

現在我已經將其文字略作修訂之後，併同新增〈澎湖「山東流亡學生」的文化紀事〉、〈中國東北的文化紀事〉、〈廈門旅遊博覽會的文化紀事〉、〈北投、關渡的文化紀事〉、〈臺東天聖宮的文化紀事〉等 5 篇的文字，彙集成這一單元的【城鄉紀事】。

我在《臺灣商報》撰寫「生活隨筆」的專欄，雖然已經告一段落，但我並未停止在該報的專欄書寫，而是改以題名「政經論衡」專欄的繼續撰寫，未來希望這一部分的文字，也能很快以紙本專書的方式呈現在讀者眼前，敬請大家繼續給我指教。

最後，我還是要再度感謝方集出版社蔡佩玲發行人，和她所領導的工作團隊，在出版我的【拙耕園瑣記系列】的《我的百歲母親手記——拙耕園故事》、《臺南府城文化記述》、《近代名人文化記述》之後，繼續出版我的【蟾蜍山瑣記系列】。

2018 年 4 月自序於臺北蟾蜍山南麓迎風樓安溪書齋
2022 年 3 月修稿於臺北城市大學圖書館研究室

校後記

　　《生活隨筆》是由【生活隨筆】與【城鄉紀事】的兩部分
彙集而成。會以【生活隨筆】為名，實在是很想學林語堂先生
在其《生活的藝術》書裡所描述那「家庭之樂」、「生活的享受」、
「旅行的享受」、「生命的享受」、「悠閑的重要」等人間所過的
有如神仙生活。

　　我想林語堂對生活的體會這這麼深刻，或許與他在 1927 年
之前曾幹過武漢政權陳友仁外交部長的六個月秘書有關，讓他
對革命家深感厭倦，才會在 1927 年以後的全心投入寫作，也才
會有 1958 年的 64 歲那年第一次到臺灣參觀訪問，乃至於願意
在他人生最後階段的 72 歲至 82 歲間，在臺灣安居的 10 年歲月。

　　回溯這過去一年的專欄書寫期間，我日子的生活腳步確實
是放慢了，也有比較多的思考時間。可是這一年，我們的臺灣
社會過得並不平靜，從南到北都有許多不同訴求的抗爭活動，
我不能不在專欄的字裡行間充滿了不平則鳴，但也讓我體會只
有在這書寫的時刻，當感受那是我與自己生命的對話。

　　林語堂先生就曾在《生活的藝術》的〈自序〉開頭說：本
書是一種私人的供狀，供認我自己的思想與生活所得的經驗。
我不想發表客觀意見，也不想創立不朽真理。我實在瞧不起自
許的客觀哲學；我只想表現我個人的觀點。

　　這也呼應他於 1933 年在〈國文講話〉的一文中，嘲諷當時
知識份子對於國家社會的無感，對「曲達」、「吞吐」、「輕鬆」
這些話術背後的姑息態度感到憤怒。

除外，我在【城鄉紀事】文字，則是記述我近年來參訪活動的生活記遊，所到之處包括：天津、湄州、莆田、廈門、青島、台兒莊、寧波、奉化、上海、首爾、慶州、東京、箱根、福州、漳州、泉州，乃至於中國東北等地方。

但當我校完了【城鄉紀事】的這一部分文字之後，卻讓我油然興起一股要對自己家鄉臺南的紀事，特別是希望能有機會造訪素有南臺灣文學聖地，背依大凍山，左鄰枕頭山與麒麟山，位在白河區關子嶺明清別墅的「笠園」——陳秀喜詩人故居。

或許這是在校過《生活隨筆》（電子書）之後，勉勵自己要完成《嘉南記憶》的一篇城鄉紀事吧。

（2022.03.23）

七、《生命筆記》（電子書）序

我自 2014 年 7 月起迄 2017 年 3 月止，在臉書（Facebook）的以《拙耕園瑣記》為題，總計發表了近 300 篇的自述性文字。

前些日子，經過方集出版社的採取【拙耕園瑣記系列】方式，依其內容分別編成，命名為：《我的百歲母親手記——拙耕園故事》、《臺南府城文化記述》，和《近代名人文化紀事》等三本書，同時以紙本書或電子書發行。

【拙耕園瑣記系列】書的完成編輯出版，能記下我幼年時期在臺南老家的生活情景，在我心中自有幾分喜悅的時刻。於

是我為了延續我的閱讀熱忱與書寫生命，我心裡更是急迫要加緊整理累積已久的作品，並且在我臉書上陸續發表我的《蟾蜍山瑣記》。

現在，我決定亦採取同【拙耕園瑣記系列】的方式，彙集成【蟾蜍山瑣記系列】書的分類編成，命名為：《文創漫談》、《生活隨筆》，和《生命筆記》等三本書。

這三本書的其中《生命筆記》，主要結構是由【生命筆記】專欄文，與【通識治學路徑】的兩大單元所組成。

在內容歸類的編排上，我又將【生命筆記】單元的專欄文，分類為：哲人生死智慧、文學生命啟發、親人生活追憶，以及自述人生點滴等四部分。

這四部分文字稿的寫成，可回溯我於 2000 年 2 月起，從中央警察大學兼職轉為專職的起迄退休，我就一直是留在學校的通識教育中心。儘管我曾受朱拯民校長之託代理過通識中心主任一職，和以後我又有兩次先後的受謝秀能校長和刁建生校長徵詢機會，我也都分別婉拒了，乃至於我退休之後的受聘臺北城市大學通識教育中心榮譽教授，迄今我仍然是一本初衷地想專注於通識課程的教學與研究。

回溯 2001 年的秋季，我開始在警察大學通識中心講授「生命科學哲理」，和後來開設「生死學」的課程。雖然這領域的授課，對於我是一項全新的考驗，我必須要發費了很多的時間與精力做準備，我也非常專注地整理了許多的教材與資料，備為上課的講義之用。

我在整理教材和授課的這一段日子，讓我深深感受到自己

真受用於高中時期以後，喜歡廣泛閱讀與收藏文史哲書籍的習慣，和其所累積下來的基礎；我也更能體會出胡適之先生所說：「為學當如金字塔，要能廣大要能高」的意涵。

　　胡適提倡讀書即要「專精」，也要「博通」的治學方法，影響我一生的閱讀與書寫。我的「生命筆記」專欄文發表，大抵是學習胡適的這種研究精神，而將我目前留在身邊的讀書箚記整理而成。

　　另外，在本書歸類為第五部分【通識治學路徑】的 8 篇文字，是我自 2014 年 2 月起至 2016 年 4 月為止，在《警大雙月刊》〔通識教育中心通訊〕園地，陸陸續續發表的稿件。我檢視這些文字的內容，也都是運用我多年來所剪輯的資料和檔案，採取「通識治學」的研究途徑來撰寫。

　　「通識治學途徑」正如我在這書裡〈胡適一生的通識治學〉一文中，特別提到我的閱讀與書寫，自從大學階段的研讀圖書館學與文史哲、繼研究所階段的專注管理學與政治經濟學，乃至於以後教學階段的通識學科，都是延續我浸潤在人文學與社會科學的跨域整合性通識治學。

　　余英時在《重尋胡適歷程——胡適生平與思想再認識》的著作中指出，胡適在人文學的領域內，可以說是以均衡的通識見長。這「以均衡的通識見長」，是為什麼以專門絕業自負的人士都對他不服氣，但又似乎不便徹底否定他的整體貢獻。

　　這或許也是為什麼胡適會寫《中國哲學史》、《白話文學史》，都僅完成〈上卷〉出版的原因吧！儘管這使胡適遭來「胡半部」的譏諷，但是仍不會影響我對胡適治學「以均衡的通識

見長」的崇敬，以及不損其學術「但開風氣之先不為師」的成就。

余英時的「通識治學」也是我學習的典範，余先生除了秉持胡適自由主義思想與精神之外，他的「不只作窄而深」的專業人文研究，亦如他的老師錢穆一樣，同時兼治史學通識和現實關懷。

我在通識教育和通識治學的生涯中，一直努力學習這三位通識治學大師的典範精神。現在我將在警察大學通識中心授課的部分內容，和發表在《警大雙月刊》〔通識教育中心通訊〕的文稿，審修完成之後的彙集成書，也對我這階段的教學與研究歷程，留下了一段美好的文字記憶。

我想讀者從在這書的字裡行間，也不難發現我仍是延續著《拙耕園瑣記系列》、《蟾蜍山瑣記系列》的自述性書寫文字方式。儘管網際網路的科技進步，許多資料的取得和閱讀習慣都有了很大的改進。但是我仍不斷地自我期許，不要疏懶離散了閱讀與書寫的熱忱。

只是有些時候，歲月讓我越來越感受到，在我向晚時分人間的物換星移。時光的不饒人，令我不禁有杜甫〈贈衛八處士〉詩中「少壯能幾時，鬢髮各已蒼；訪舊半為鬼，驚呼熱中腸」的相互感嘆人生滄桑。

對照我的原始撰稿，與審修這部分文稿的時間，正是我住家於 2004 年 7 月從臺北羅斯福路 3 段附近的溫州街，搬到了 5 段附近的萬隆蟾蜍山南麓，這地方也成為記憶著，我在過了半百歲月的生命省察與生活體驗。

胡適說：「生命的意義就是從生命的這一階段看生命的次一

階段的發展。」當我的人生到了向晚的年紀，檢視過去從年輕時代的喜歡閱讀胡適、徐志摩、覃子豪等人的詩作，在經過了一段滄桑歲月之後，轉而可以更體會蘇東坡、杜甫的人生歷練與創作心境。

尤其近年來我的思考生命問題，甚而經常很容易就受到人道主義者史懷哲（Albert Schweitzer）醫生尊重生命的信念，以及對其直接獻身服務人群的精神而感動不已；我也喜歡不斷地引述印度詩人泰戈爾（R. Tagore）作品中的寓有豐富哲理，正如我在這書裡有不少段落的直接摘錄。

泰戈爾說：「我好像夜裡的路，在靜默中正傾聽著記憶的足音。」這一句話，經常日夜縈繞於我的耳際，似乎催促著我結束書寫《拙耕園瑣記系列》、《蟾蜍山瑣記系列》，在進入新階段的閱讀與書寫時刻，除了要繼續書寫有待完成我職場階段《溫州街瑣記系列》的記述之外，還要自我鞭策地書寫向晚歲月的《芙蓉埤瑣記系列》，以完成我自述性散文體的「人生四部曲」，來建構「臺灣文化記述系列」的宏願。

最後，我要感謝方集出版社前總編輯蔡佩玲和李欣芳主編所領導的團隊，我的透過自述人生，來側寫臺灣 400 多年來文化記述的構想，這完全是出自於她們的專業建議，我欣然接受。

如果讀者還有興趣，想進一步深入探討比較嚴謹的學術性拙作，可以閱讀元華文創公司所出版的《臺灣政治經濟思想史論叢》系列，也深盼讀者的繼續批評指教。

　　2018 年 4 月自序於臺北城市大學圖書館研究室
　　2022 年 3 月審修於臺北蟾蜍山南麓迎風樓安溪書齋

校後記

　　校過了【蟾蜍山瑣記系列之參】的《生命筆記》電子書，讓我有一種又回到當年初返學校教書的感受，那是我人生中一段非常珍貴的工作經驗與回憶。

　　然而，一晃時間很快就過去，如今我已從學校專職退下來，也因此有了比較從容的功夫，來審修之前在學校時候為上課需要所準備的教材，現在《生命筆記》這書，就是我以當年時開設「生命科學哲理」和「生死學」的課程資料所整理完成。

　　校稿的心情是愉快的，因為眼見自己辛苦書寫的東西，能夠變成為一部作品被印行出來；但是對自己眼力的考驗是極為殘酷的，儘管是校校停停、停停校校，但偶爾抬起頭來，望著書房窗外的翠綠蟾蜍山景，也自有一番樂此不疲的滋味在心頭。

　　回首自己在 1970 年代末期，在臺北有了一份固定工作，有了穩定的薪水來養家餬口。這時期也正是國家體制面臨轉型的關鍵時刻，我都以事件邊緣人旁觀的歷經美麗島事件、解嚴、李登輝國民黨主席之爭、總統直選，乃至於 1999 年國民黨陷入連戰與宋楚瑜的黨內提名之爭，讓我對國內政治生態感到厭倦。

　　回到學校教書的機緣，我感謝我的臺南同鄉，已故的前中央警察大學校長謝瑞智教授。他是臺南麻豆人，我們在臺北的時候，常有機會聚在臺南縣旅北同鄉會的餐會上，尤其是在楊寶發先生擔任旅北同鄉會理事長的期間，每次的見面，楊理事長都還會特地要我們一起多聊聊。

　　謝瑞智教授是法學專家，更是國內憲法權威，在李登輝總

統主持修憲階段，他經常受邀重要的黨政會議，參與提供意見。謝教授著作等身，先後完成《警察百科全書》、《法律百科全書》等法學著作百餘部。

謝瑞智教授不幸於 2012 年病逝，享壽 78 歲。今天我校好了我的《生命筆記》稿件，讓我更加懷念起謝瑞智校長的學術研究精神，和為國家培育警政英才的貢獻。

（2022. 03. 25）

八、《稻浪嘉南平原》序

這書裡蒐集的主要是起於 2018 年 4 月 11 日至 2019 年 8 月 7 日止，我陸陸續續以【嘉南記憶】為主題發表在 FB 的系列，記憶我家鄉稻浪嘉南平原的文字，總計約在百篇以上。

嘉南平原早期以生產稻米、甘蔗，和少量的甘藷。現在則以生產稻米為主，素有「臺灣穀倉」的美譽。嘉南平原的生活圈主要以雲林、嘉義、臺南等三縣市為活動範圍，其面積大於我所之前所常記述「臺南府城」和「下茄苳堡」的軼事。

嘉南平原一覽無遺的廣闊種植稻米，特別是孕育著、滋養著我生長和家鄉親情的許許多多難忘回憶。我的土地平原、我的家鄉思念，可惜的是，我並沒有足夠的才華，我既不是詩人，也不是散文家，我只是服膺 20 世紀美國著名文學家海明威（Ernest Miller Hemingway）說的：「最好的寫作，注定來自你愛

的時候，每一個字都敲擊你，彷彿它們是剛從小河，撈上來的石子。」

海明威的這句「來自你愛的時候」，總是不斷震撼著我的生命，觸動著要我去書寫的最大動力。廣袤平原上有我留下奔跑的足跡，尤其是在父親過世的 20 年之後，而在母親晚年體力已漸衰退的日子，更是激發我要以最貼近母親心靈的方式，聆聽她的內心世界，嘗試記述她點點滴滴的一生，來崇敬與懷思於 2019 年以嵩齡 102 歲離開我們的母親。

本書一共包括四大部分：

第一部分〔文青記憶〕，從〈稻浪嘉南平原〉到〈創業甘苦〉等 10 篇。其中〈閱報啟蒙〉、〈書櫥聯想〉、〈理想與現實〉、〈中央廣播電臺結緣記〉等，曾先後發表於早期的報紙副刊或其他刊物。

現在我將這些文字記述下來的最大意義，是它記憶著我在稻浪嘉南平原的一段成長歲月。英國作家喬治‧歐威爾（George Orwell, 1903-1950）指出，現代文學本質上是私人事物，如果不能真實地表達個人所思所感，它便一無是處。嘉南平原有過我始終揮之不去，那青年時期嚮往學術報國與追求文學創作的心思歷程。我在〈稻浪嘉南平原〉和〈創業甘苦〉的兩篇較長文字，特別記述了 1970 年代中期在我的即將從軍中退伍下來時刻，當我人生面臨掙扎選擇就業與學業的兩難心境。

其實我並沒有優異條件給我做太多的選擇，在那個年代我們大學念圖書館學系畢業的同學，功課好和家庭經濟比較許可的同學大都出國念書去了，平凡如我者則答應了與同學一起創

業。

　　這其中的艱辛我透過文字書寫，記述那段我打拼的甘苦，現在我不能用對或錯的二選一方式來作結論，我只能說我們都必須好好珍惜每一次來臨的工作機會，有些寶貴經驗的累積，豈是日後有否必要去反悔「塞翁失馬，焉知非福」的幸運？

　　第二部分〔家族記憶〕，從〈祖厝的共同記憶〉到〈嘉南記憶臉書卷尾語〉等 70 篇，其內容主要是以父母親的一生為題材，記述他們的生活智慧和堅忍精神。這相處時光裡總讓我有道不盡許許多多的親情與鄉情，感受真有如「唯有穿鞋的人才知道是的哪一處會擠腳？」，而母親享有高齡歲月的獨特人生體驗，正是她老人家留給我們最珍貴的資產。

　　第三部分〔師友記憶〕，從〈圖書館週的記憶〉到〈胡適、瓊瑤與林志玲〉等 21 篇，全是我這二年來發表於 FB 的文字。這些斷斷續續記述下來的文字，有的寫我尊敬老師、有的是賢長者、有的是好朋友、有的是熱情鄉親，我是多麼盼望能從這良師益友的為學與處世中，不斷地學習和增長自己。

　　在我眼裡的所謂「來往無白丁」，盡是嘉南平原孕育我的年少輕狂時期，讓我的鄉間生活過得那麼多采多姿。稻浪嘉南平原生活也陪我度過了許多漫長孤寂的夜晚，更豐富了我的閱讀、學思與書寫的人生。

　　第四部分〔詩的記憶〕，計收 45 首，是我文學的夢裡夢外，是我文青階段熱愛胡適、徐志摩、林語堂等人，學習他們在 1930 年代獨領風騷的白話文寫詩，記述我 1970 年代那屬於年輕浪漫，憧憬自由愛情的充滿理想時代，到了古稀的年紀也更加深

信在自己的靈魂深處，總有一處隱藏的景緻，是自己終其一生都在尋找的。的確，我亦漸體會在愛情中，過於追求完美，其實是對自己的殘忍，是一段「覺來無處追尋」的夢。

陸游有〈夜吟〉詩：「六十餘年妄學詩，功夫深處獨心知；夜來一笑寒燈下，始是金丹換骨時。」我的感懷詩篇，我也深知寫得真是不好。陸游是謙虛說自己「六十餘年妄學詩」，而對照我自己的壓根兒腦力不夠，又未能認真練習，和加入任何詩社的與人砥礪切磋。

胡適認為「文學是達意表情的工具」。詩是文學中的精華。現在，我將它選錄在這裡，除了記述自己的喜愛文學之外，還一心想為文青時期殘留下來的這些詩作，也給書寫自己人生增添一點兒彩色回憶，更代表著嘉南平原稻浪聲的為我譜出生命樂章。

據說詩人的生活通常由三個「W」組成：酒（Wine）、女人（Women）和文字（Words），我左思右想，我可能勉強只算有文字（Words）了。回首我不斷努力閱讀、學思與書寫的動力，總讓我不得不記取 2001 年諾貝爾文學獎得主奈波爾爵士（Sir V. S. Naipaul），瑞典學院對他非常貼切描述的這段話：「之所以為敘事界的泰斗，是因他個人的回憶，他記住人們所遺忘的戰敗者歷史。」

我的文字書寫歷程，也深深受到奈波爾的強調學會寫作時，便主宰了自己命運的影響，我總是嘗試在字裡行間能夠尋找到自己孤獨心靈的歸宿，也正如 1946 年諾貝爾文學獎得主赫塞（Hermann Hesse）著作《鄉愁》（*Peter Camenzind*）中的「只

要能以愛心填滿你的心靈，從此就不再畏懼任何苦惱或死亡」。

我的人生到了古稀年紀，我才真正體會到愛情熱忱要學習徐志摩，生活態度要學習林語堂，治學精神要學習胡適的智慧。我願藉此機會回視自己走過的足跡，翻閱一頁頁我飄泊生活的時光回憶。《追憶似水年華》作者普魯斯特（Marcel Proust）認為，人的生活只有在回憶中才形成「真實的生活」，回憶中的生活比當地的現實生活更為現實。我也因為生活中有書寫而有回憶。因為那是「我的愛、我的夢、我的家」。所以，我把自己記述的居家歲月分三個階段：

第一階段的居家歲月生活，大抵是屬於 1970 年代中期以前，以我青少年時期大部分居住在臺南後壁老家拙耕園為主的求學生涯，我把對它的記述文字稱之為【拙耕園瑣記系列】。

第二階段的居家歲月生活，大概是在 1970 年代中期以後到2004 年，以我結婚立業時期定居臺北市羅斯福路 3 段臺灣大學溫州街附近為主的上班族生涯，我把對它的記述文字稱之為【溫州街瑣記系列】。

第三階段的居家歲月生活，大部分是屬於 2004 年以後迄今遷居羅斯福路 5 段萬隆捷運站蟾蜍山南麓附近為主的教書生涯，我把對它文字的書寫完成後稱之為【蟾蜍山瑣記系列】，和準備退居後的【芙蓉埤瑣記系列】。

如今，我已經先出版【蟾蜍山瑣記系列】的《文創漫談》、《生活隨筆》、《生命筆記》、《兩岸論衡》等電子書，以及屬於【拙耕園瑣記系列】有：《我的百歲母親手記——拙耕園故事》、《臺南府城文化記述》、《近代名人文化紀事》（電子書），《稻浪

嘉南平原》，和《流轉的時光——臺南府城文化風華》的出版，
我要感謝方集出版社李欣芳主編的促成，才得以如願與大家見
面。

2020 年 7 月自序於臺北蟾蜍山南麓迎風樓安溪書齋

2022 年 3 月審修於臺北城市大學圖書館研究室

九、《流轉的時光：臺南府城文化風華》序

　　這 2018 年 4 月 11 日起我繼【拙耕園瑣記】之後的書寫【嘉
南記憶】，但自 2019 年 8 月 3 日隨著母親的遠行，我幾次嘗試
提筆的想繼續書寫，但腦中盡是一片空白，我告訴自己這是我
該停止書寫【嘉南記憶】的時候了。

　　我大學時期接受國文老師的指導，鼓勵我閱讀文言散文集
的《古文觀止》。這是一部由清人吳楚材、吳調侯叔侄所主編的
著作。該書完成於康熙 14 年（1695），上起【卷一】的周文《左
傳》，下迄【卷十二】明文的張傳〈五人墓碑記〉，共收錄 222
篇的經典作品。

　　《古文觀止》旨在「正蒙養而裨後學」的作為家塾訓蒙讀
本，並以啟發後人精進修身與學養。我認為臺灣當前社會對於
自己生長的家鄉，和對於歷史文化的認知，有需要加強深入的
了解，從而做進一步的連結。

　　【嘉南記憶】的部分文字，經過我審修之後，交請方集出

版社以《臺南府城文化記述》、《稻浪嘉南平原》與《紀事下茄苳堡》三書，委由 HyRead ebook 電子書發行之外，現在我又繼《臺南府城文化記述》的紙本書印行之後，將其他的部分文字審修為本書《流轉的時光：臺南府城文化風華》。

　　這書的第一部分【府城歷史叢談】，其中所選讀多本與臺灣政經發展歷史有關的著作，尤其聚焦與臺南府城有特別關係密切的部分。讀者將不難理解我書寫《流轉的時光：臺南府城文化風華》的目的，不敢說亦有「正蒙養而裨後學」的宏旨，但殷盼臺南人不忘從政治經濟領域的廣泛閱讀，來深入了解與臺南府城有關的歷史文化。

　　歷史紋理是城市發展必要的元素，而非人定勝天的思維。從《東番記》陳第筆下大員的考察記述、《熱蘭遮城日誌》臺灣歷史重中之重、《荷蘭人在福爾摩沙》重商主義思潮、《臺灣外紀》的東寧政權與轉型移墾、《裨海紀遊》登陸鹿耳門與西部誌奇、《東游草》記事與楊廷理的府城築牆、《臺灣文化志》的蔡牽八度入鹿耳門、《臺灣總督府警察沿革誌》玉井事件、《臺灣日記與稟啟》與胡適維桑與梓、《窺園留草》與許南英父子府城行止，到拙作《臺灣政治經濟思想史論叢》導論篇等 11 篇的文字，其時間系列一一延續下來地方誌的敘述，也在凸顯與我故鄉府城歷史的發展相結合。

　　第二部分【府城文創風華】，其中所記述的城市，是我多年來藉由參加的研討會、會議，和旅遊的機會，從文化角度記下的參觀所得，我都會不忘隨時與自己成長於臺南老家的城市作比較，總覺得希望自己家鄉能更展現歷史文化的風貌與城市特

色。

【府城文創風華】的這部分，選擇了我曾到訪過的上海、天津、湄洲、廈門、青島、寧波、哈爾濱、韓國慶州、日本箱根、福州、漳州、泉州等大城市的文化記述，並聚焦在與臺南府城做相關連結，進而相互對照比較，作為臺南府城展現文創的城市風華，特別是城市變遷、文明演進與現代性的彰顯臺南城市發展的歷史意義。

同時，藉由參訪這些城市活動，雖然有些是在小地方，但都有其不同的景色與生活經驗。我們透過參訪可以彰顯旅行本是一種生活學習的態度，而這些不同的體驗與感受如何梳理轉化為自身想法的展現，於是書寫旅遊紀錄成為是自己強調思路與情感結晶的境地，讓旅行與書寫揉合成為自己人生旅程重要的一部分。

蘇東坡說他「人生如逆旅，我亦是行人」，蘇東坡一生顛沛流離境遇與文學才華，無人能比，他說這話卻能服人啊！我的人生之旅，當然挫折不斷，才智平庸，但總有那種不容自己不寫出來，不能放下，不能繞過自己的壓迫感。我自勉努力的閱讀、學思與書寫，但求無愧自己的人生。

第三部分【拙耕園話滄桑】，我將其時間序列分為：拙耕園的緣起、陳氏先祖考證、曾祖父的續弦、南縣模範父親、母親104嵩歲、拙耕園的荒蕪等六小單元。

這樣有關故鄉與家族記述的文字安排，是延續【拙耕園瑣記】有關地方誌臺南府城文化記述的系列作品，都是我多年來旅外對家鄉懷念的文集。創立鹽分地帶文學的臺南鄉賢吳新榮

有首描述〈故鄉〉的詩：

> 睽違八年／ 我重又成為故鄉的人／ 坑凹不平寬廣的道路上／ 搖晃的骯髒底
>
> 公共汽車／ 不載一個人駛去／ 一片片變得狹窄的田地上／ 欠缺奎寧的病患者／ 都以一樣的表情在對罵。

　　我經常翻讀他的作品，也常讓我勾起同對我自己老家在臺南市後壁區的鄉愁來。

　　我要承認和強調的是，自己和我的家族都是一個極為平凡的家庭，書寫家族史只是平實的記述下來，作為勉勵自己努力達成名符其實的耕讀世家。

　　印度詩哲泰戈爾有詩：

> 讓我不致羞辱您吧，父親，您在您的孩子們身上顯出您的光榮。

　　或許這是我對先父母雙親最謙卑的心願和一份責任吧！

　　第四部分【閱讀學思書寫】，我將自己追求知識人生的劃分成四個階段。第一階段是我閱讀書寫的養成，第二階段是雜文專欄的撰寫，第三階段是論文專著的發表，第四階段是自述瑣記與主編，最後我在古稀年整理〈陳天授 70 論著目錄表〉，主要是記錄著自己喜愛閱讀、學思與書寫的人生，檢視到底還有哪些是可以努力的空間吧！

　　這樣劃分是呈現我樂在追求知識階段方式，在時間上的分配上並不能很妥當的採完全切割模式，因為這四階段在過程上又是可能存在著重疊性的記述。我勉強這樣的作法，純粹是為了凸顯我自己樂在追求知識的人生歷程，相較發生在每個人身上的順序和歷程也並不盡然相同。

　　宋代蔣捷寫《虞美人・聽雨》的聽雨情境，凸顯少年、壯年與晚年的人生三階段境界。「少年聽雨歌樓上，紅燭昏羅帳。壯年聽雨客舟中，江闊雲低斷雁叫西風。而今聽雨僧廬下，鬢已星星也。悲歡離合總無情，一任階前點滴到天明。」

　　不論我是如何劃分自己樂在追求知識的人生階段，總希望我環繞的主題都是聚焦在強調「我的書我的命」思維，正如我喜歡聽日本歌手美空雲雀的歌，和她感性所說出的：「我的歌我的命」一樣，我是如何的想達到自己樂在閱讀、學思與書寫的知識人生境界。

　　臺南府城有我許多的青春記憶，在書寫這些文化記述的時候，總不斷會浮起自己回想過去學生時代生活的日子，也曾想像我們每個人有可能某一天都會離開自己生長的家鄉，走向一個生疏或完全陌生的異地去實現自己的夢想與發展，一切都得靠自己勇敢地迎向更廣闊的未知世界，尤其是對一個來自封閉農村小孩的處境。

　　但是我們每個人得從認識自己家鄉起，雖是個小地方，卻是我們了解自己生命的根源，而只有選擇透過閱讀、學思與書寫的追求知識途徑或方法，才有機會可以跨界我們的生活視野和具備因應環境的能力，深入去認識到這個奧妙世界和去想像

這個充滿希望的未來，好為自己營造一個安身立命的地方。

是為序。也謹以此書告慰先父母親的在上天之靈，並作為我七秩的紀念作品。

2021 年 04 月自序於臺北蟾蜍山麓迎風樓安溪書齋

附　錄

附錄一：【臺灣政經史系列叢書】發刊詞

　　【臺灣政經史系列叢書】的印行，源自於拙作《臺灣政治經濟思想史論叢》（卷一）至（卷三）的出版之後，為了廣納更多海內外同好的關心這領域著作的出版，於是有了這系列叢書的出版計畫。

　　回顧臺灣過去 400 多年來的歷史發展，歷經了原住民時期、荷蘭西班牙時期、鄭氏東寧王國時期、大清時期、日本時期、中華民國時期的政治經濟發展。在這每一個歷史的階段，都曾經為我們留下許多珍貴的檔案文獻資料和著作。

　　檢視人類文明史的發展，國際情勢發展到了 1980 年代以後新自由主義的全球化政治經濟浪潮，已經很明顯的出現了世界性金融資本的掠奪，和社會貧富不均的嚴重現象，凸顯了資本主義市場經濟的失靈與民主政治的失能，而且充斥著根本兩者就不公平，和頻頻顯露貪婪資本家與無恥政客相互利益勾結的危機。

　　面對當前政治與經濟體系運轉的失效，引發我們檢討過去政治經濟發展歷史的缺失之外，更關心 21 世紀政治經濟學對於國家與社會發展重要性的深切思考，以及相對特別關注其對於未來臺灣政治經濟發展與人民生活所產生的影響。

　　有鑒於此，本系列叢書的涵蓋內容，主要針對政治經濟思想、政治經濟體制、臺灣政經史與兩岸關係發展等方面的相關

著作出版；在編輯方向除了採納多位作者、多篇論文的彙集成
冊出書之外，對於採取作者個人論文集和以學術專書的不同方
式出版，亦都在非常歡迎之列。

　　【臺灣政經史系列叢書】的出版，期望在大家的全力支持
與努力灌溉之下，慢慢地能累積出一些成績來，這是我們的至
盼，並請不吝指教。

陳天授　謹識

2019 年 10 月 25 日於臺北市

附錄二：【臺灣政治經濟思想史論叢】
（卷一至卷七）總目錄

（2022.03.26 輯）

（二）生產技術的改進
（三）調整政府與產業之間的關係
（四）全球資本主義的迷失

●兩岸經貿史的結構與變遷
一、前言
二、原住民時期兩岸經貿關係
（一）氏族式產業結構
（二）土著資本為主的兩岸閉塞關係
三、荷治臺灣時期兩岸經貿關係
（一）掠奪式產業結構
（二）荷蘭資本為主的兩岸獎勵關係
四、明清時期兩岸經貿關係
（一）君主式產業結構
（二）英美資本為主的兩岸隔離關係
五、日治臺灣時期兩岸經貿關係
（一）殖民式產業結構
（二）日本資本為主的兩岸轉移關係
六、戰後初期兩岸經貿關係
（一）統制式產業結構
（二）國府資本為主的兩岸依存關係
七、蔣介石時期兩岸經貿關係
（一）家父長式產業結構
（二）美援資本為主的兩岸對抗關係

八、蔣經國時期兩岸經貿關係

　　（一）大小夥伴式產業結構

　　（二）臺灣資本為主的兩岸對峙關係

九、李登輝時期兩岸經貿關係

　　（一）策略聯盟式產業結構

　　（二）國際資本為主的兩岸調整關係

十、結論

●近代經濟思潮與臺灣經濟特色

　一、前言

　二、近代西洋經濟思潮分期及其理論

　三、16-17 世紀重商主義與荷治臺灣時期經濟特色

　　（一）重商主義的主要經濟理論

　　（二）荷治臺灣時期的經濟特色

　四、17-18 世紀重農學派與明清時期臺灣經濟特色

　　（一）重農學派的主要經濟理論

　　（二）明清時期臺灣的經濟特色

　五、18-19 世紀古典學派與日治時期臺灣經濟特色

　　（一）古典及新古典學派主要經濟理論

　　（二）日治時期臺灣的經濟特色

　六、20 世紀凱因斯學派與國民政府時期臺灣經濟特色

　　（一）凱因斯及後凱因斯學派主要經濟理論

　　（二）國民政府時期臺灣的經濟特色

　七、結論

●近代臺灣地方自治與治安關係

一、前言

二、地方自治的界說

　　（一）戴炎輝的界說

　　（二）蕭公權的界說

　　（三）伊能嘉矩的界說

三、近代臺灣地方自治與治安關係的分期

四、清治時期地方自治與治安關係（1683-1895）

　　（一）消極治臺階段地方自治與治安關係

　　　　　（1683-1860）

　　（二）積極治臺階段地方自治與治安關係

　　　　　（1860-1895）

五、日治時期地方自治與治安關係（1895-1945）

　　（一）中央集權式地方自治與警政合一

　　　　　（1895-1920）

　　（二）地方分權式地方自治與郡警一體

　　　　　（1920-1945）

六、戒嚴時期地方自治與治安關係（1945-1987）

　　（一）硬式威權地方自治與警政一元化

　　　　　（1949-1974）

　　（二）軟式威權地方自治與警政現代化

　　　　　（1974-1987）

七、解嚴後地方自治與治安關係（1987-迄今）

　　（一）轉型期地方自治與軍警分立

　　（二）民主化地方自治與警察專業化

八、結論

●臺灣警察法制歷史的省察

一、前言

（一）警察與我、我與警察

（二）歷史制度學的研究途徑

二、歷史警學與臺灣警察法制的演進

（一）歷史警學的意義

（二）臺灣警察法制演進的歷史分期

三、臺灣警察法制的傳統治安時期（-1895）

（一）原住民村社治安法制的階段（-1624）

（二）荷治商社治安法制的階段（1624-1662）

（三）鄭領軍屯治安法制的階段（1662-1683）

（四）清治移墾治安法制的階段（1683-1895）

四、臺灣警察法制的軍管治安時期（1895-1987）

（一）日治殖民治安法制的階段（1895-1945）

（二）國治戒嚴治安法制的階段（1945-1987）

五、臺灣警察法制的警管治安時期（1987-迄今）

（一）轉型治安法制的階段（1987-2008）

（二）法治治安法制的階段（2008-迄今）

六、結論

第二部分　臺灣政經發展斷代史

●明清時期漳商在臺落業發展之探討

一、前言

二、本文的研究途徑與結構說明

三、漳商「在臺落業」與農業發展

　　（一）在臺灣南部地區的墾殖

　　（二）在臺灣中部地區的墾殖

　　（三）在臺灣北部地區的墾殖

　　（四）在臺灣東部地區的墾殖

四、漳商行郊與洋行的商業結構轉型

五、漳商與臺灣近代化工業的推動

六、結論

●荷鄭時期臺灣經濟政策與發展

一、前言

二、制度理論與本文結構說明

　　（一）制度變遷理論

　　（二）本文結構說明

三、荷鄭時期臺灣經濟發展與世界體系的接軌

　　（一）17 世紀的西方經濟思潮

　　（二）17 世紀臺灣的經濟情勢

四、重商主義的緣起與發展

五、荷治臺灣重商主義的政策分析

　　（一）公司型態的政府體制

　　（二）王田與初級農業培育政策

　　（三）全球市場為導向的貿易政策

六、鄭氏臺灣重商主義政策的中挫

　　（一）冊封體制取代公司政府型態

　　（二）農業生產取代商品經濟模式

（1860-1895）

五、隘制晚期以民族運動為主的治安與族群關係

（1895-1920）

六、結論

第三部分　戰後臺灣政經發展

●戰後臺灣政經體制與產業發展的演變

一、前言

二、政經體制與產業發展的分期

三、確立權衡體制與戰後復員的軍事力主軸

四、鞏固權衡體制與發展輕工業的經濟力主軸

五、調整權衡體制與發展重工業的政治力主軸

六、轉型權衡體制與發展策略性工業的社會力主軸

七、建立民主體制與發展高科技工業的競爭力主軸

八、結論

●戰後初期吳新榮的政治參與與文學創作

一、前言

二、臺灣地方自治與臺南縣參議員

三、二二八事件與第二次牢獄之災

四、鹽分地帶文學發展與吳新榮角色

五、結論

●戰後臺灣企業與政府之間的關係

一、前言

二、戰後臺灣企業與政府之間關係的分期

（一）政治經濟學理論

（二）整合性與主體性的研究途徑

（三）政府對企業的角色與分期

三、戰後重建期（1945-1952）企業與政府關係

（一）確立威權體制

（二）政府對企業的偏重汲取性角色

四、發展輕工業期（1953-1972）企業與政府關係

（一）鞏固威權體制

（二）政府對企業的偏重保護性角色

五、發展重工業期（1973-1983）企業與政府關係

（一）調整威權體制

（二）政府對企業的偏重生產性角色

六、發展高科技工業期（1984-迄今）企業與政府關係

（一）轉型威權體制

（二）政府對企業的偏重綜合性角色

七、結論

●戰後臺灣政經發展策略的探討

一、前言

（一）何謂「臺灣經驗」

（二）臺灣經濟發展成功的經驗

（二）臺灣經濟發展的成功因素

二、經濟發展觀點

（一）發展經濟學理論

（二）國家發展經濟理論

三、主張計畫性自由經濟理論

臺灣政治經濟思想史論叢（卷二）──社會科學與警察篇

臺灣政治經濟思想史論叢（卷三）──自由主義與民主篇

（一）前現代臺灣傳統治安階段（-1895）

（二）現代臺灣軍管治安階段（1895-1987）

（三）後現代臺灣警管治安階段（1987-迄今）

●臺灣治安史的檔案文獻探討

一、前言

二、臺灣治安史定義與範圍

三、傳統治安史時期檔案文獻

（一）原住民階段治安檔案文獻

（二）荷西階段治安檔案文獻

（三）明清階段治安檔案文獻

四、軍管治安時期檔案文獻

（一）殖民階段治安檔案文獻

（二）戰後戒嚴階段檔案文獻

五、警管治安時期檔案文獻

六、結論

（一）臺灣治安檔案文獻特色

（二）政府與民間角色

（三）研究者使用角色

（四）「臺灣學」成為一門顯學

●臺灣傳統治安史的分析（1624-1895）

一、前言

二、前現代臺灣傳統治安史的分期

三、原住民時期村社治安的分析（-1624）

四、荷西時期商社治安的分析（1624-1662）

臺灣政治經濟思想史論叢（卷四）──民族主義與兩岸篇

自序

第一部分　臺灣特色資本主義發展

●近代臺灣特色資本主義發展史略

一、前言

（一）政治與經濟的關係

（二）時間與空間的關係

二、臺灣前資本主義發展時期（-1624）

（一）原始經濟的演進

（二）氏族式原始農業發展

（三）臺灣前資本主義自足化

三、臺灣商業資本主義發展時期（1624-1662）

（一）大航海時代資本主義思潮

（二）荷西時期商業資本主義的意義

（三）掠奪式商業資本主義政策

（四）商業資本主義多國化

四、臺灣農業資本主義前期發展（1662-1683）

（一）近世國家資本主義思潮

（二）東寧時期受封資本主義的意義

（三）宗主式農業發展政策

（四）臺灣資本主義土著化

五、臺灣農業資本主義中期發展（1683-1895）

（一）西方近代資本主義思潮

臺灣政治經濟思想史論叢（卷五）──臺灣治安史略

臺灣政治經濟思想史論叢（卷六）──人文主義與文化篇

自序

第一部分　《近代學人著作書目提要》補述

●胡適 1970 年代臺灣重要著作提要的補述

　一、前言

　二、恩師曹昇與胡適掌理上海中國公學

　　（一）恩師的中華文化底蘊

　　（二）恩師的鼓勵寧鳴而生

　三、恩師藍乾章掌理南港中研院史語所傅斯年圖書館

　　（一）恩師的圖書館學專業

　　（二）恩師的鼓勵編輯刊物

　四、胡適 1970 年代臺灣重要著作提要的文化補述

　　（一）【文星叢刊】版《胡適選集》（全 13 冊）

　　（二）【商務印書館】版《胡適留學日記》（全 4 冊）

　　（三）【胡適紀念館】版《神會和尚集》

　　（四）【人人文庫】版《詞選》

　　（五）【遠東圖書公司】版《四十自述》

　五、結論

●近代學人 1970 年代重要著作與胡適的文化記述

　一、前言

　二、傅斯年殷海光著作與胡適的文化記述

　　（一）【文星叢刊】版《傅斯年選集》（全 10 冊）

臺灣政治經濟思想史論叢（卷七）──政治經濟學與本土篇

四、解嚴前後溫州街文化記憶

五、結論

國家圖書館出版品預行編目(CIP)資料

紀事下茄苳堡：臺南府城歷史情懷/陳添壽
著. -- 初版. -- 新竹縣竹北市：方集出版
社股份有限公司, 2022.04
　　面；　公分

ISBN 978-986-471-353-0 (平裝)

1.CST: 歷史　2.CST: 人文地理　3.CST: 臺南市

733.9/127.2　　　　　　　　　111004444

紀事下茄苳堡：臺南府城歷史情懷

陳添壽　著

發 行 人：賴洋助
出 版 者：方集出版社股份有限公司
聯絡地址：100 臺北市中正區重慶南路二段 51 號 5 樓
公司地址：新竹縣竹北市台元一街 8 號 5 樓之 7
電　　話：(02) 2351-1607　　傳　真：(02) 2351-1549
網　　址：www.eculture.com.tw
E - m a i l：service@eculture.com.tw
主　　編：李欣芳
責任編輯：立欣
行銷業務：林宜葶
出版年月：2022 年 04 月 初版
定　　價：新臺幣 400 元

ISBN：978-986-471-353-0 (平裝)

總經銷：聯合發行股份有限公司
地　址：231 新北市新店區寶橋路 235 巷 6 弄 6 號 4F
電話：(02)2917-8022　　　　　傳　真：(02)2915-6275